Les outils pour maîtriser le foncier

Pratique
du droit

Les outils pour maîtriser le foncier

Expropriation – Préemption – Délaissement

Barbara Rivoire
Jonathan Azogui

EDITIONS
LE MONITEUR

Directrice des éditions : Claire de Gramont
Directeur éditorial : Thierry Kremer
Éditeur : Mahfoud Daoua
Édition et coordination des illustrations : Alain Bouteveille
Conception de la maquette : Image In Air
Conception de la couverture : Catherine Lattuca
Réalisation de la couverture : STDI (Claire Anne)
Mise en pages : STDI
Réalisation des illustrations : Shishu Vilmain - Julie Kroschwald
Fabrication : Anne-Lise Gonnet

Photographie de couverture : © Olivier-Tuffé - stock.adobe.com

ISSN : 2267-0149
ISBN papier : 978-2-281-13666-1
ISBN numérique : 978-2-281-13667-8

Sommaire

Introduction

Cet ouvrage a pour vocation de constituer un guide pratique afin de sécuriser l'action foncière menée dans le cadre des opérations de construction et d'aménagement qui impliquent l'intervention concomitante de personnes publiques et privées.

Il ne se veut pas exhaustif sur tous les dispositifs juridiques existant en la matière mais entend mettre l'accent sur les principaux mécanismes de mobilisation et de reconversion du foncier et les stratégies foncières envisageables en amont, les règles de procédure et de fond induites, ainsi que sur les différentes problématiques rencontrées.

Le choix a également été fait d'appréhender ces outils de maîtrise foncière à travers le prisme des collectivités territoriales, des aménageurs locaux et des établissements publics fonciers (EPF) qui constituent les principaux acteurs publics de l'action foncière, et ce, en conséquence, à l'exclusion de l'État, qui est par ailleurs généralement soumis à des règles spécifiques.

Cet ouvrage se concentre donc sur quatre thèmes principaux :

– la valorisation par voie contractuelle et « dérogatoire », par voie d'autorisation, ainsi que la stratégie foncière pouvant être anticipée (*cf. partie 1*) ;
– l'appropriation par voie d'expropriation (*cf. partie 2*) ;
– l'acquisition par voie de préemption (*cf. partie 3*) ;
– la réquisition d'achat par voie de délaissement (*cf. partie 4*).

PARTIE 1

Valorisation foncière par voie non contraignante

Le foncier doit être valorisé prioritairement par la voie amiable, puisque celle-ci fait une place essentielle à la volonté de chacune des parties en présence.

Les cessions à des opérateurs privés de biens immobiliers appartenant au domaine privé des collectivités territoriales, tout comme l'acquisition par ces dernières de biens appartenant auxdits opérateurs, relèvent des procédés de droit privé. Des règles de procédure spécifiques doivent toutefois être respectées, tenant à la qualité de personne publique de l'un des intervenants. *A contrario*, les biens du domaine public sont inaliénables et imprescriptibles, de telle sorte que, en principe, ils ne peuvent être cédés par les collectivités territoriales à des personnes privées, dans le cadre de leurs projets de construction ou d'aménagement. Certains aménagements et dérogations permettent néanmoins d'assouplir ce principe. Enfin, l'appropriation foncière peut également être facilitée par le désintérêt exprimé par le propriétaire pour son bien *(cf. chapitre 1)*.

La valorisation du foncier peut, en outre, prendre la forme de cession de droits réels. Comme son nom l'indique, ce type de droits confère à leurs titulaires un pouvoir réel sur le bien immobilier sur lequel il porte *(cf. chapitre 2)*.

En toute hypothèse, les personnes publiques ont intérêt à anticiper la problématique du foncier en mettant en place, en amont, une stratégie visant à faciliter en aval son appropriation (*cf. chapitre 3*).

CHAPITRE 1

Ventes amiables et « dérogatoires »

La vente peut prendre une forme simple *(cf. § 1.1)* sous réserve de certaines obligations en matière de publicité et de mise en concurrence préalable lorsque la cession implique la réalisation d'un ouvrage ou d'équipements au bénéfice de la collectivité territoriale *(cf. § 1.2)*.

Au surplus, il existe des modes d'appropriation de biens immobiliers par les collectivités territoriales, généralement non onéreux, qui présentent des caractéristiques très spécifiques. Dans ces hypothèses, la cession découle soit d'une volonté expresse du propriétaire, soit du désintérêt qu'il a exprimé pour son bien *(cf. § 1.3)*.

1.1 Vente de droit commun

La cession d'immeubles par un opérateur privé à une collectivité territoriale ou, à l'inverse, d'un bien immobilier du domaine privé d'une collectivité territoriale à l'opérateur, prend le plus souvent la forme d'une vente amiable formalisée par acte authentique, précédée ou non d'une promesse. Dans le cadre du parti d'aménagement arrêté par la collectivité, cette dernière peut, en effet, avoir intérêt à vendre des biens lui appartenant à des opérateurs privés qui réaliseront des opérations s'inscrivant dans les orientations qu'elle a ainsi préalablement définies.

Il peut également s'agir d'un échange entre les parties.

Le procédé d'acquisition ou de cession est soumis aux règles du droit civil *(cf. § 1.1.1)*.

Il induit néanmoins certaines obligations particulières dès lors qu'une personne publique est concernée *(cf. § 1.1.2)*.

Un mode d'acquisition par échange répond aux mêmes règles de droit commun et spécificités de procédure *(cf. § 1.1.3)*.

A contrario, est exclue des règles du droit civil la vente portant sur une dépendance du domaine public *(cf. § 1.1.4)*.

1.1.1 Principe : application des règles de droit privé

La vente suppose tout d'abord un accord de volonté sur la chose et sur le prix[1].

Elle ne deviendra toutefois opposable aux tiers qu'une fois publié l'acte authentique de vente au service de la publicité foncière, sachant que cet acte est, en pratique, souvent précédé d'une promesse de vente[2].

1.1.1.1 Accord de volonté

La vente se définit comme une convention par laquelle une personne s'oblige à livrer une chose, et une autre à la payer[3].

En principe, elle est parfaite entre les parties, et la propriété est acquise de droit par l'acheteur à l'égard du vendeur, dès qu'on est convenu de la chose et du prix, quoique la chose n'ait pas encore été livrée ni le prix payé.

REMARQUE

Ce principe trouve à s'appliquer sous certaines réserves.

Le consentement doit, tout d'abord, émaner d'une personne ayant la capacité de contracter.

Ensuite, il ne doit pas avoir été vicié par une erreur, par un dol, ou par la violence.

Enfin, il convient de tenir compte de la lésion éventuelle de certains contrats ou à l'égard de certaines personnes.

La vente peut être faite purement et simplement, ou sous conditions, notamment suspensives ou résolutoires.

COMMENTAIRE

Le caractère consensuel de la vente d'un bien immobilier est ainsi très limité par les règles protectrices pour l'acquéreur non professionnel, qui imposent de nombreuses conditions suspensives légales : obtention de prêt, délai de rétractation de dix jours, etc.

Elle emporte, en principe, transfert de propriété par le seul échange des consentements.

Ce transfert immédiat de propriété ne devient toutefois opposable aux tiers, en matière immobilière, qu'après l'accomplissement de la formalité de publicité foncière.

1.1.1.2 Forme authentique ou administrative

La vente d'immeuble prend, en principe, la forme d'un acte authentique.

En effet, tout acte de vente doit, pour donner lieu aux formalités de publicité foncière, résulter d'un acte reçu en la forme authentique par un notaire exerçant en France.

IMPORTANT

L'acte de vente auquel une personne publique est partie peut également prendre une forme administrative[4].

En pratique, les collectivités territoriales font rarement usage de cette faculté.

---

(1) Code civil, art. 1128 et 1583.

(2) CGPPP, art. L. 1111-1 ; Code civil, art.710-1.

(3) Code civil, art. 1582 et s.

(4) CGPPP, art. L. 1212-1.

La forme notariée ou administrative est donc nécessaire pour assurer l'opposabilité de la cession aux tiers.

REMARQUE

À défaut de publier l'acte au service de la publicité foncière, la vente n'a de portée qu'entre le vendeur et l'acquéreur avec notamment les conséquences ci-après :
- l'acquéreur ne peut pas transmettre l'immeuble acquis à un tiers, ni le grever d'un droit réel ;
- les créanciers du vendeur peuvent continuer à prendre des inscriptions hypothécaires sur l'immeuble ;
- etc.

1.1.1.3 Promesse de vente (unilatérale et synallagmatique)

Préalablement à la passation de l'acte de vente en lui-même, les parties peuvent vouloir contracter un avant-contrat afin d'encadrer leur accord et d'en organiser les modalités d'exécution.

Cet avant-contrat prend généralement la forme d'une promesse de vente. Il peut s'agir d'une promesse unilatérale de vente ou d'une promesse synallagmatique, appelée également compromis de vente.

Dans le cadre d'une promesse unilatérale de vente, seul le promettant s'engage à vendre, souvent de manière irrévocable. Le bénéficiaire accepte la promesse, mais se réserve la possibilité de lever ou non l'option de la vente dans un temps déterminé.

COMMENTAIRE

En pratique, le délai de levée d'option est généralement de trois mois.

A contrario, dans le cadre de la promesse synallagmatique de vente, le promettant s'engage à vendre un bien dans des conditions acceptées par le bénéficiaire. Elle vaudra vente dès lors qu'il y a accord des parties sur la chose et sur le prix.

Selon le contrat passé, compromis de vente ou promesse unilatérale de vente, les conséquences sont différentes pour l'acquéreur et le vendeur.

Promesse unilatérale

Dans le cadre d'une promesse unilatérale de vente, le propriétaire du bien ne peut plus, durant le délai fixé pour la levée d'option, renoncer à la vente ou proposer son bien à un autre acquéreur.

En contrepartie de cette restriction au droit de propriété, le bénéficiaire de l'option doit verser au propriétaire une indemnité d'immobilisation.

Cette indemnité doit être prévue dans la promesse unilatérale de vente à peine de nullité.

Elle doit être d'un montant minimal de 5 % du prix de vente. Elle pourra faire l'objet d'un versement ou d'une caution déposés entre les mains du notaire.

REMARQUE

En pratique, l'indemnité d'immobilisation est de l'ordre de 10 % du prix de vente.

La somme correspondant à l'indemnité d'immobilisation sera défalquée du prix de vente si le bénéficiaire de l'option se décide à acquérir.

A contrario, s'il ne lève pas l'option dans le délai imparti, il perd le montant de l'indemnité d'immobilisation, qui sera ainsi conservé par le propriétaire.

Enfin, la promesse de vente doit être enregistrée auprès de la recette des impôts, dans le mois suivant la signature si l'avant-contrat est un acte notarié et dans les dix jours de sa signature si elle est passée par acte sous seing privé.

REMARQUE

Les frais d'enregistrement, à la charge de l'acquéreur, s'élèvent à ce titre à la somme de 125 euros.

Compromis de vente

Dans le cadre d'un compromis de vente, l'avant-contrat vaut vente de telle façon que si l'une des parties renonce à la transaction, l'autre peut l'y contraindre par voie de justice. La partie fautive peut également être condamnée au paiement de dommages et intérêts.

L'avant-contrat est généralement assorti d'une clause pénale réciproque : la partie qui viendrait à être défaillante devra verser une somme globale et forfaitaire à l'autre partie.

COMMENTAIRE

En pratique, le compromis de vente comporte généralement une clause prévoyant un dépôt de garantie par l'acquéreur, de l'ordre de 5 % à 10 % du prix de vente, qui sera imputée sur le prix lors de la signature de l'acte notarié.

Le compromis n'a pas l'obligation d'être enregistré auprès des services fiscaux.

COMMENTAIRE

La promesse passée sous acte authentique doit, en principe, être publiée au service de la publicité foncière.

Les parties peuvent toutefois y renoncer, au regard du coût subséquent et procéder simplement à son enregistrement auprès de la recette des impôts pour un coût de 125 euros seulement.

Promesses unilatérale et synallagmatique

Dans tous les cas, la promesse, dont la validité est supérieure à dix-huit mois, ou toute prorogation d'une telle promesse portant sa durée totale à plus de dix-huit mois, est nulle et de nul effet si elle n'est pas constatée par un acte authentique, lorsqu'elle est consentie par un particulier[5].

JURISPRUDENCE

« Mais attendu qu'ayant relevé que la promesse synallagmatique de vente avait été conclue par M. X… pour une durée supérieure à dix-huit mois et exactement retenu qu'elle était soumise de plein droit à l'article L. 290-1 du code de la construction et de l'habitation, lequel est applicable à toute promesse de vente ayant pour objet la cession d'un immeuble ou d'un droit réel immobilier par un particulier, et devait être constatée par acte authentique, la cour d'appel a déduit à bon droit de ce seul motif que la demande de nullité de l'acte sous seing privé devait être accueillie »[6].

CONSEIL

Pour les non-professionnels, il est prudent d'avoir recours au service d'un notaire pour la rédaction de la promesse unilatérale ou d'une promesse synallagmatique.

---

(5) CCH, art. L. 290-1.

(6) Cass. 3e civ., 18 février 2015, n° 14-14.416.

Modèle de compromis de vente (promesse synallagmatique)

Compromis de vente avec réitération par acte authentique

(Ce modèle doit être adapté et complété en fonction des spécificités de la vente.)

Compromis de vente entre les soussignés : *(Identification des parties)*

Vendeur

<à compléter>

Acquéreur

<à compléter>

Présence et représentation

<à compléter>

Terminologie (*Définir le sens de certains des termes utilisés*)

État et capacité

Les contractants confirment l'exactitude des indications les concernant respectivement telles qu'elles figurent ci-dessus.

Ils déclarent en outre qu'ils ne font l'objet d'aucune mesure ou procédure susceptible de restreindre leur capacité ou de faire obstacle à la libre disposition de leurs biens.

Délai de rétractation

La présente convention étant relative à l'achat d'un bien immobilier à usage d'habitation, l'acquéreur qui n'a pas la qualité de professionnel de l'immobilier dispose du droit de se rétracter dans un délai de dix jours conformément aux dispositions de l'article L. 271-1 du Code de la construction et de l'habitation.

REMARQUE

L'article L. 271-1 du Code de la construction et de l'habitation ne mentionnant dans son champ d'application que les immeubles à usage d'habitation, ses dispositions ne sont pas applicables aux immeubles à usage mixte(7).

Le délai de dix jours court à compter du lendemain de la première présentation de la lettre lui notifiant l'acte (*selon le cas par LRAR, par acte d'acte d'huissier de justice ou par remise contre récépissé*).

EXPOSÉ *(Précisions sur le contexte)*

<à compléter>

COMPROMIS DE VENTE D'IMMEUBLE

Cela précisé, il a été convenu ce qui suit :

Le vendeur vend, sous les conditions notamment suspensives ci-après exprimées, à l'acquéreur qui accepte et s'engage à acquérir du vendeur, le bien immobilier dont la désignation suit.

(7) Cass. 3e civ., 30 janvier 2008, n° 06-21.145.

Désignation des biens

<à compléter>

L'acquéreur déclare avoir visité les lieux à sa convenance et dispense le vendeur d'une plus ample désignation ou d'autres précisions concernant la consistance du bien vendu.

État de l'immeuble

<à compléter>

Origine de propriété

Le vendeur s'oblige à justifier de l'origine de propriété trentenaire et régulière.

Informations particulières relatives à l'immeuble

Conformément à l'article L. 271-4 du Code de la construction et de l'habitation, un dossier de diagnostic technique a été fourni par le vendeur à l'acquéreur, annexé au présent compromis de vente.

(Viser l'ensemble des diagnostics réalisés.)

Ces documents ont été établis par un technicien répondant aux critères de compétence prévus par la loi, ce qui est corroboré par une attestation annexée au présent compromis de vente.

Délai et conditions de réalisation

La vente sera réalisée au plus tard le <*date*>, par la signature de l'acte authentique qui sera reçu par Maître <*nom*>, notaire à <*ville*>, réitérant les présentes et portant transfert de propriété, ainsi que paiement du prix et des frais.

Jouissance

L'acquéreur aura la jouissance du bien vendu à compter de la réitération des présentes par acte authentique constatant la réalisation de la vente, comme il est dit ci-dessus.

L'entrée en jouissance s'effectuera le même jour par la prise de possession.

L'immeuble devra être entièrement libre de toute location ou de toute occupation, le vendeur faisant son affaire personnelle de la libération des lieux.

(Une jouissance différée peut également être prévue.)

Prix de la vente

La vente, si elle se réalise, aura lieu moyennant le prix principal de <*à compléter*> euros, se décomposant comme suit :

<à compléter>

Le prix de la vente sera payable comptant le jour de l'acte authentique constatant la réalisation de la vente.

Conditions de la vente

La vente, si elle se réalise, aura lieu aux conditions ordinaires et de droit et, en outre, aux conditions suivantes que l'acquéreur sera tenu d'exécuter :

(Préciser les conditions générales de la vente : garantie d'éviction, situation hypothécaire, situation locative, état de l'immeuble, contenance foncière, servitudes, impôts et autres charges, contrats d'abonnement, assurance, contrats liés à l'immeuble, etc.)

(Préciser les conditions particulières de la vente, le cas échéant.)

Conditions suspensives

Le présent compromis de vente est soumis aux conditions suspensives suivantes :

<à compléter>

(Droit de préemption, certificat d'urbanisme, permis de construire, absence de servitudes d'urbanisme, absence d'inscription hypothécaire, absence de prescriptions archéologiques, obtention d'un prêt bancaire, etc.)

IMPORTANT

Lorsque le prix est payé sans l'aide d'un prêt, le compromis doit porter, de la main de l'acquéreur, une mention par laquelle celui-ci reconnaît avoir été informé que s'il recourt néanmoins à un prêt il ne peut se prévaloir des dispositions protectrices du Code de la consommation afférentes. En l'absence de cette indication ou si la mention susvisée manque ou n'est pas de la main de l'acquéreur et si un prêt est néanmoins demandé, le contrat est considéré comme conclu sous la condition suspensive d'obtention d'un prêt.

(Préciser les délais de réalisation des conditions suspensives.)

Dépôt de garantie

Les parties conviennent de fixer le montant du dépôt de garantie à la somme de *<à compléter>* % du prix d'acquisition du bien, soit la somme de *<à compléter>* euros.

L'acquéreur procédera au versement de ce dépôt de garantie au plus tard le *<date>*, entre les mains de *<à compléter>* (*Préciser le séquestre désigné*), selon les modalités de paiement ci-après (*À préciser*).

Cette somme ne sera pas productive d'intérêts et restera entre les mains du séquestre désigné jusqu'à la réitération de l'acte authentique de vente.

Elle sera versée à titre d'acompte sur le prix de la vente. Lors de la passation de l'acte authentique, elle sera imputée sur le montant du prix stipulé payable comptant.

En aucun cas cette somme ne pourra être considérée comme un versement d'arrhes permettant aux parties de se délier de leur engagement.

Faute par l'acquéreur d'avoir signé l'acte authentique de vente avec paiement du prix et des frais dans le délai et les conditions précisés ci-dessus, la somme versée sera remise au vendeur à titre d'indemnité d'immobilisation.

Si l'une des conditions suspensives n'est pas accomplie suivant les modalités prévues, la somme versée sera restituée à l'acquéreur.

Séquestre

(Désigner le séquestre et préciser l'étendue de sa mission.)

Obligations du vendeur

(À préciser.)

Négociation

(Préciser si une commission d'intermédiaire est due.)

Déclaration

(Le cas échéant, à préciser.)

Frais

Les frais du présent acte et de ses suites seront supportés par <*à compléter*>

Élection de domicile

Pour l'exécution du présent acte, les parties font élection de domicile en leurs sièges et/ou demeures respectives.

Autres stipulations *(le cas échéant)*

Annexes *(Le cas échéant, préciser qu'elles font partie intégrante du compromis de vente et les lister.)*

Tab. 1.1. Récapitulatif sur les promesses de vente

	Promesse unilatérale	**Promesse synallagmatique**
Engagements du promettant	Il s'engage à vendre le bien : – il ne peut plus renoncer à la vente pendant le délai fixé pour la levée d'option ; – il ne peut plus proposer son bien à la vente pendant le délai fixé pour la levée d'option.	Il s'engage à vendre un bien aux conditions acceptées par le bénéficiaire.
Engagements du bénéficiaire	Il ne s'engage pas à acquérir mais simplement à lever l'option.	Il s'engage à acquérir le bien.
Délai d'option	Il est fixé par l'avant-contrat. Il est en général de 3 mois.	–
Contrepartie	Une indemnité d'immobilisation doit obligatoirement être versée. Elle doit être, au minimum, de 5 % du prix.	Il est généralement prévu le versement d'un dépôt de garantie de l'acquéreur. Il est en général de l'ordre de 5 à 10 % du prix.
Délai de rétractation pour l'acquéreur particulier	Le délai de rétractation est de 10 jours.	
Forme de la promesse	Elle peut être passée sous seing privé ou par acte authentique.	

	Promesse unilatérale	Promesse synallagmatique
Formalités d'enregistrement	Enregistrement auprès de la recette des impôts sous peine de nullité : – dans le mois de la signature (acte notarié) ; – dans les 10 jours de la signature (acte sous seing privé).	Seules les promesses passées sous acte authentique peuvent être publiées au service de la publicité foncière. Les parties peuvent toutefois y renoncer, au regard du coût et procéder simplement à son enregistrement.
Réitération par acte authentique pour les promesses d'une validité supérieure à 18 mois	La réitération est obligatoire lorsqu'elle est consentie par une personne physique.	
Avantage pour l'acquéreur	Il dispose d'une simple faculté d'acquérir.	–
Avantage pour le vendeur	Il peut retrouver sa liberté de vendre facilement en cas de non-réalisation de la vente à l'issue du délai imparti de levée d'option.	Il est certain de l'engagement définitif de l'acquéreur.

1.1.2 Spécificités procédurales

Les collectivités territoriales peuvent, en principe, acquérir à l'amiable des biens immobiliers auprès d'opérateurs privés, de même qu'elles peuvent leur céder librement ceux relevant de leurs domaines privés respectifs. La vente s'opère alors suivant les règles du droit civil(8).

Néanmoins, cette qualité de personne publique impose, dans le cadre du processus de vente, l'accomplissement de certaines formalités et la soumission à certaines règles de droit public.

Six contraintes essentielles peuvent être évoquées à ce titre.

Au surplus, il peut être relevé que les établissements publics fonciers cèdent également les biens portés pour le compte des collectivités partenaires selon les règles de droit privé, en étant toutefois contraint en sus par les stipulations conventionnelles qui les lient.

(8) CGPPP, art. L. 1111-1.

1.1.2.1 Consultation préalable du service des Domaines

Les projets d'opérations immobilières doivent être précédés, avant toute entente amiable, d'une demande d'avis auprès du Service des Domaines, lorsqu'ils sont poursuivis par les collectivités territoriales[9] ou par un établissement public de l'État[10].

COMMENTAIRE

Sont concernées par cette obligation les ventes à l'amiable portant sur des immeubles ou parties d'immeubles, d'une valeur totale égale ou supérieure à 180 000 euros, ainsi que les tranches d'acquisition d'un montant inférieur, mais faisant partie d'une opération d'ensemble d'un montant égal ou supérieur[11].

L'avis du service des Domaines est réputé être donné à l'issue d'un délai d'un mois à compter de la saisine de cette autorité. Si, à l'issue du délai légal d'un mois imparti, le service des Domaines n'a rendu aucun avis, la formalité de consultation sera néanmoins considérée comme accomplie et la procédure sera regardée comme régulière.

Il s'agit d'un avis simple qui porte sur les conditions financières de l'acquisition projetée. Si la collectivité territoriale est tenue de le recueillir, elle n'a aucune obligation de le suivre.

CONSEIL

Il est toutefois recommandé d'éviter une divergence significative entre le montant de l'avis et le prix retenu par la collectivité territoriale.

1.1.2.2 Approbation par délibération du principe de la cession

Toute cession d'immeubles par une collectivité territoriale doit donner lieu à une délibération motivée de son organe délibérant sur les conditions de la vente et ses caractéristiques essentielles[12].

Ces dernières portent notamment sur la situation physique et juridique du bien cédé, son prix, la désignation de l'acquéreur, ainsi que les éventuelles conditions suspensives, résolutoires ou autres conditions imposées dans l'utilisation du bien.

JURISPRUDENCE

À défaut d'une saisine préalable du service des Domaines et d'une motivation actant du principe de la cession, la procédure est irrégulière[13].

Si les élus appelés à siéger lors de la séance où le principe de la cession doit être acté n'ont pas à être nécessairement destinataires de l'avis sollicité préalablement à la cession, ils doivent néanmoins avoir pu être en mesure d'en connaître le sens avant de se prononcer. En d'autres termes, ils doivent avoir été mis à même de connaître l'estimation de la valeur du terrain par le service des Domaines[14].

(9) CGPPP, art. L. 1211-1 et R. 1211-1. et CGCT, art. L. 1311-9.

(10) CGPPP, art. R. 1211-1 et s.

(11) Arrêté du 5 décembre 2016 relatif aux opérations d'acquisitions et de prises en location immobilières poursuivies par les collectivités publiques et divers organismes, art. 2.

(12) CGCT, art. L. 2241-1, alinéa 3, art. L. 3213-1, art. L. 4221-1 et art. L. 1311-9 à L. 1311-11.

(13) CAA Bordeaux, 27 novembre 2008, Association des amis de Saint-Palais-sur-Mer, n° 07BX00870.

(14) CE 11 mai 2011, Commune de Vélizy-Villacoublay, n° 324173.

Le Conseil d'État a toutefois admis la validité d'une délibération dont l'objet était de régulariser une délibération précédente adoptée sans que cette estimation ait été régulièrement communiquée aux membres du conseil municipal(15).

Cette obligation s'impose tant pour la cession elle-même que pour la promesse de vente qui serait signée préalablement dès lors qu'elle vaut vente.

COMMENTAIRE

A contrario, une promesse unilatérale de vente qui réserve à l'acquéreur la faculté de lever l'option serait exclue du champ d'application de cette obligation.

1.1.2.3 Cession à un juste prix

Une collectivité locale ne saurait céder un bien lui appartenant à une personne poursuivant des fins d'intérêts privés pour un prix inférieur à sa valeur.

JURISPRUDENCE

Le Conseil constitutionnel a ainsi rappelé que la Constitution s'oppose à ce que des biens ou des entreprises faisant partie du patrimoine public soient cédés à des personnes poursuivant des fins d'intérêt privé pour des prix inférieurs à leur valeur. Il a précisé que cette règle découle du principe d'égalité, qu'elle trouve également un fondement dans les dispositions de la Déclaration des droits de l'homme et du citoyen de 1789 relatives au droit de propriété et que cette protection ne concerne pas seulement la propriété privée des particuliers mais aussi, à un titre égal, celle de l'État et des autres personnes publiques(16).

Si le prix versé à la collectivité territoriale doit correspondre à la valeur du bien, ce principe n'impose pas à celle-ci, dans l'hypothèse où plusieurs acquéreurs se seraient fait connaître à elle, de donner la préférence au mieux-disant, aucune disposition législative ou réglementaire ne posant une telle obligation.

De même, la cession par une commune d'un terrain pour un prix inférieur à sa valeur ne saurait être regardée comme méconnaissant le principe selon lequel une collectivité publique ne peut pas céder un élément de son patrimoine à un prix inférieur à sa valeur à une personne poursuivant des fins d'intérêt privé lorsque la cession est justifiée par des motifs d'intérêt général, et comporte des contreparties suffisantes(17).

JURISPRUDENCE

Un tel motif d'intérêt général est retenu dans les hypothèses suivantes :

– la cession de terrain autorisée par délibération a pour contrepartie l'engagement d'une entreprise de créer cinq emplois dans le délai de trois ans, assorti, en cas d'inexécution de cet engagement, de l'obligation de rembourser à la commune le prix du terrain tel qu'il a été évalué par le service des domaines(18) ;

– la cession de parcelles destinées à accueillir la construction d'une piscine communautaire ou permettre la réalisation d'un carrefour giratoire, présente des avantages importants pour la commune, et ce, même si le prix de vente des parcelles est effectivement, pour l'une d'entre elles, symbolique, pour les deux autres, inférieur au prix du marché. En effet, le bénéfice attendu pour les habitants de la commune de ces équipements d'intérêt général est de nature à constituer une contrepartie suffisante à l'économie générale de cette cession(19) ;

(15) CE 10 avril 2015, Commune de Levallois-Perret, n° 370223, *Lebon T.*

(16) Cons. const., déc. n° 86-207 DC du 26 juin 1986.

(17) CE 12 juin 1987, Commune de Cestas, n° 71507.

(18) CE 3 novembre 1997, Commune de Fougerolles, n° 169473, *Lebon*, p. 391.

(19) CE 15 mai 2012, n° 351416.

– la cession de terrains d'un lotissement communal à un prix fixé de manières différenciées selon que ceux-ci étaient acquis ou non par des jeunes ménages souhaitant y édifier leur résidence principale. Le juge administratif a considéré que cette décision avait pour finalité d'augmenter le chiffre de la population sédentaire de la commune et de favoriser l'accroissement du nombre d'enfants scolarisés à l'école primaire, sachant que, d'une part, un tel objectif n'est pas étranger aux intérêts généraux dont la commune a la charge et, d'autre part, en instituant une telle aide en faveur des jeunes ménages, la délibération attaquée n'a pas, eu égard aux objectifs d'intérêt général poursuivis, porté atteinte ni au principe selon lequel une collectivité publique ne peut pas céder un élément de son patrimoine à un prix inférieur à sa valeur à une personne poursuivant des fins d'intérêt privé, ni au principe d'égalité de traitement des citoyens[20].

In fine, deux conditions cumulatives sont exigées pour que la cession d'une parcelle du domaine privé à un prix « réduit » soit légale :
– la finalité de la vente doit être justifiée par des motifs d'intérêt général ;
– les modalités de la vente doivent révéler l'existence de contreparties suffisantes, c'est-à-dire des avantages que, eu égard à l'ensemble des intérêts publics dont la collectivité cédante a la charge, la vente est susceptible de lui procurer, et de s'assurer, en tenant compte de la nature des contreparties et, le cas échéant, des obligations mises à la charge des cessionnaires, de leur effectivité[21].

1.1.2.4 Rôle de l'exécutif

Même s'il n'est pas décisionnaire, l'exécutif de la collectivité territoriale (maire, président du conseil départemental, président du conseil régional ou président de l'EPCI) est amené à jouer un rôle dans le processus de vente.

Ainsi, il est chargé d'exécuter la décision de l'assemblée délibérante qui a approuvé la vente, notamment en passant et en signant l'acte d'acquisition ou de cession.

1.1.2.5 Publicité de la cession

Les acquisitions et cessions opérées sur le territoire d'une commune de plus de 2 000 habitants, d'un département, d'une région, ou d'un EPCI, par lesdites collectivités, ou par une personne publique ou privée agissant dans le cadre d'une convention avec elles, doivent donner lieu chaque année à l'établissement d'un bilan approuvé par délibération du conseil délibérant[22].

Ce bilan est annexé au compte administratif de la collectivité territoriale compétente. Il doit permettre à l'organe délibérant de la collectivité territoriale concernée de se forger une opinion sur l'action foncière menée.

1.1.3 Possibilités d'échanges

Les collectivités territoriales ont la faculté de procéder avec des opérateurs privés à des échanges portant sur des biens immobiliers[23].

(20) CAA Nantes, 30 juin 2000, Préfet de la Vendée, n° 98NT01300.
(21) CE 2 juillet 2014, n° 366150 ; CE 14 octobre 2015, n° 375577, *Lebon*.
(22) CGCT, art. L. 2241-1, L. 3213-2 et L. 4221-4.
(23) CGPPP, art. L. 1111-4.

L'échange se définit comme un contrat par lequel les parties se donnent respectivement une chose pour une autre[24].

Il s'opère, en principe, par le seul consentement, de la même manière et sous les mêmes réserves que la vente.

L'échange impliquant une collectivité territoriale est notamment poursuivi dans les conditions ci-après :
- décision motivée prise par l'organe délibérant ;
- passation et signature de l'acte d'échange par l'autorité exécutive, soit dans la forme administrative, soit dans la forme notariée ;
- soumission préalable à l'avis du service des Domaines.

1.1.4 Particularismes des biens du domaine public

1.1.4.1 Principe d'interdiction d'une cession

Le domaine public d'une personne publique est constitué des biens lui appartenant qui sont soit affectés à l'usage direct du public, soit affectés à un service public pourvu qu'en ce cas ils fassent l'objet d'un aménagement indispensable à l'exécution des missions de ce service public.

Font également partie du domaine public les biens qui, concourant à l'utilisation d'un bien appartenant au domaine public, en constituent un accessoire indissociable[25].

REMARQUE

Il existe un domaine public spécifique, soumis à des dispositions législatives spéciales : domaine public routier, domaine public fluvial, domaine public maritime, etc.

Les biens n'appartenant pas au domaine public relèvent du domaine privé.

REMARQUE

Il existe également des catégories de biens qui appartiennent au domaine privé des collectivités territoriales par détermination de la loi.

À titre d'exemple, les chemins ruraux font partie du domaine privé de la commune.

Les biens du domaine public sont, par principe, inaliénables et imprescriptibles[26].

Il s'en appert que les collectivités territoriales ne pourront procéder à leur cession à un opérateur privé qu'après leur désaffectation et déclassement préalables[27].

COMMENTAIRE

Le déclassement se définit comme l'acte administratif qui fait perdre à un bien son caractère de dépendance du domaine public, tandis que la désaffectation est l'opération qui consiste à ne plus utiliser un bien à l'usage direct du public ou en vue de l'accomplissement d'une mission de service public.

---

(24) Code civil, art. 1702 et 1703.

(25) CGPPP, art. L. 2111-1 et s.

(26) CGPPP, art. L. 3111-1.

(27) CGPPP, art. L. 3112-1.

1.1.4.2 Aménagements au principe d'interdiction

Certains aménagements à l'interdiction de cession ont été fixés par la jurisprudence et/ou par le législateur.

En premier lieu, ces aménagements permettent de procéder à un transfert de propriété d'un bien appartenant au domaine public alors même qu'il n'a pas été procédé à son déclassement préalable(28).

Ainsi, une cession sera possible sous trois conditions(29) :
– la cession a lieu entre personnes publiques ;
– les biens concernés sont destinés à l'exercice des compétences de la personne publique ;
– les biens acquis sont destinés à entrer dans le domaine public de cette dernière.

De même, un échange avant déclassement peut être envisagé lorsqu'en plus des trois conditions sus-énoncées, deux autres conditions sont remplies(30) :
– elle doit permettre l'amélioration des conditions d'exercice d'une mission de service public ;
– l'acte d'échange comporte des clauses permettant de préserver l'existence et la continuité du service public.

En deuxième lieu, par dérogation au principe selon lequel un bien d'une personne publique qui n'est plus affecté à un service public ou à l'usage direct du public, ne fait plus partie du domaine public à compter de l'intervention de l'acte administratif constatant son déclassement, le législateur a prévu une possibilité de « déclassement anticipé »(31).

Ainsi, le déclassement d'un immeuble appartenant au domaine public artificiel des personnes publiques et affecté à un service public ou à l'usage direct du public peut être prononcé dès que sa désaffectation a été décidée alors même que les nécessités du service public ou de l'usage direct du public justifient que cette désaffectation ne prenne effet que dans un délai fixé par l'acte de déclassement. Ce délai ne peut excéder trois ans.

Toutefois, lorsque la désaffectation dépend de la réalisation d'une opération de construction, restauration ou réaménagement, cette durée est fixée ou peut être prolongée par l'autorité administrative compétente en fonction des caractéristiques de l'opération, dans une limite de six ans à compter de l'acte de déclassement. En cas de vente de cet immeuble, l'acte de vente stipule que celle-ci sera résolue de plein droit si la désaffectation n'est pas intervenue dans ce délai. L'acte de vente comporte également des clauses relatives aux conditions de libération de l'immeuble par le service public ou de reconstitution des espaces affectés à l'usage direct du public, afin de garantir la continuité des services publics ou l'exercice des libertés dont le domaine est le siège.

En troisième lieu, un bien relevant du domaine public peut également faire l'objet d'une promesse de vente ou d'attribution d'un droit réel civil dès lors que la désaffectation du

(28) CGPPP, art. L. 2141-1 et s.

(29) CGPPP, art. L. 3112-1.

(30) CGPPP, L. 3112-3 et s.

(31) CGPPP, art. L. 2141-2, dans sa version modifiée par l'ordonnance n° 2017-562 du 19 avril 2017 relative à la propriété des personnes publiques.

bien concerné est décidée par l'autorité administrative compétente et que les nécessités du service public ou de l'usage direct du public justifient que cette désaffectation permettant le déclassement ne prenne effet que dans un délai fixé par la promesse. Néanmoins, à peine de nullité, la promesse doit comporter des clauses précisant que l'engagement de la personne publique propriétaire reste subordonné à l'absence, postérieurement à la formation de la promesse, d'un motif tiré de la continuité des services publics ou de la protection des libertés auxquels le domaine en cause est affecté qui imposerait le maintien du bien dans le domaine public. Cette possibilité est prévue à l'article L. 3112-4 du Code général de la propriété des personnes publiques, dans sa version en vigueur modifiée par l'ordonnance du 19 avril 2017 susvisée.

Cette hypothèse avait néanmoins déjà été mis en place en pratique antérieurement à la réforme, afin d'optimiser le planning opérationnel.

Ainsi, la collectivité territoriale consentait une promesse de vente sur une dépendance de son domaine public, sous condition suspensive de son déclassement préalable.

JURISPRUDENCE

Le Conseil d'État avait ainsi jugé que la promesse de vente passée entre une commune et un constructeur sur des parcelles appartenant au domaine public communal, devait être réalisée sous la condition suspensive que ces parcelles fassent l'objet d'un déclassement, dont le principe doit avoir été acté par ladite commune(32). « Il apparaît [...] qu'une promesse de vente sous condition suspensive peut porter sur une dépendance du domaine public, dès lors qu'au moment de sa conclusion la collectivité s'engage à la déclasser avant une date fixée dans l'acte de façon à permettre sa réitération et la vente du bien [...].

En outre, cette promesse devrait préciser que la vente elle-même, c'est-à-dire le transfert de propriété et le prix versé, ne sera constatée qu'à la réitération par acte authentique ; cette formulation ou qualification de la promesse de vente s'imposant par ailleurs compte tenu du fait que le transfert de propriété ne peut intervenir qu'après désaffectation et déclassement du domaine public communal »(33). À la suite de la réforme opérée par l'ordonnance du 19 avril 2017 susvisée, le Conseil d'État a précisé qu'« aucune disposition du code général de la propriété publique ni aucun principe ne faisaient obstacle à ce que, antérieurement à l'entrée en vigueur de ces dispositions, des biens relevant du domaine public fassent l'objet d'une promesse de vente sous condition suspensive de leur déclassement, sous réserve que le déclassement soit précédé de la désaffectation du bien et que la promesse contienne des clauses de nature à garantir le maintien du bien dans le domaine public si un motif, tiré notamment de la continuité du service public, l'exigeait »(34).

1.2 Ventes potentiellement soumises à des règles de publicité ou de mise en concurrence préalable

Les collectivités territoriales sont soumises, ainsi que cela vient d'être démontré, aux règles du droit civil en ce qui concerne la cession des biens immobiliers relevant de leur domaine privé.

À ce titre, elles disposent, en principe, d'une certaine liberté quant aux modalités de ladite cession, notamment en ce qui concerne le choix de l'acquéreur.

(32) CE 23 avril 2003, Ville de Marseille, n° 249918.

(33) P. Hocreitere, *L'urbanisme et les collectivités locales*, Éditions Sofiac, tome 3, fascicule 1.2, n° 78.

(34) CE 15 novembre 2017, n° 409728.

JURISPRUDENCE

Les collectivités territoriales ne sont pas tenues de faire précéder la vente de leurs biens de mesures de publicité et d'organiser une mise en concurrence des opérateurs privés éventuels(35).

Dans certaines hypothèses, ces cessions peuvent cependant être soumises aux règles de publicité et de mise en concurrence préalables.

Dans de tels cas, l'acte de vente peut en effet, en fonction de son objet principal, se muer en contrat de la commande publique. La problématique se pose notamment s'agissant des contrats mixtes ayant à la fois un objet immobilier et un volet travaux : la collectivité territoriale vend un bien immobilier lui appartenant à un opérateur privé à charge pour ce dernier de réaliser un équipement public destiné à revenir à ladite collectivité.

Dès lors, le principe de liberté ne vaut plus nécessairement et la vente projetée est susceptible de faire l'objet d'une requalification en contrat public, et donc d'être soumise aux règles de publicité et de concurrence préalables.

Il s'agira *in fine* de déterminer quel est l'objet principal du contrat, c'est-à-dire de savoir si la cession du bien immobilier par la collectivité a pour but principal de le valoriser par la construction d'un programme immobilier ou de se faire construire un équipement public.

Il faut réserver le cas particulier de l'appel à projets, mécanisme qui n'est pas défini juridiquement par la réglementation. Ainsi, en pratique, les collectivités territoriales, alors même qu'elles n'ont aucune obligation en la matière, peuvent s'astreindre à une procédure d'appel à projets dans un objectif de valoriser au mieux leur patrimoine immobilier.

Pour ce faire, elles vont organiser une consultation auprès d'opérateurs en vue de la cession d'un bien immobilier leur appartenant (ou de droits réels). Elles céderont alors ledit bien à l'opérateur qui aura proposé le meilleur projet en termes financiers mais surtout qui répondra aux mieux aux objectifs de valorisation qu'elles escomptent en termes architecturaux, urbanistiques ou encore environnementaux. Dans le cadre de cet appel à projets, les collectivités doivent donc simplement faire part en termes généraux de leurs attentes et en aucun cas, imposer des contraintes qui définiraient précisément les caractéristiques des aménagements ou ouvrages attendus afin de répondre à l'un de leurs besoins spécifiques, les propositions devant émaner des opérateurs consultés. À défaut, le risque susvisé de requalification en contrat de la commande publique pourrait survenir.

1.3 Acquisitions « dérogatoires » à titre onéreux ou non

Ces acquisitions spécifiques concernent principalement :
– les biens sans maître *(cf. § 1.3.1)* ;
– les dons et legs reçus des collectivités territoriales *(cf. § 1.3.2)* ;
– les parcelles déclarées en état d'abandon *(cf. § 1.3.3)* ;
– les voies privées ouvertes à la circulation *(cf. § 1.3.4)*.

Elles sont soumises à des procédures spécifiques.

(35) CE 8 février 1999, Ville de Lourdes, n° 168043 ; CAA Nancy, 24 mars 2004, Ville de Corre, n° 99NC01278 ; CAA Bordeaux, 3 février 2011, Ville de Chambonchard, n° 10BX01818.

1.3.1 Acquisition des biens sans maître ou présumés sans maître

1.3.1.1 Champ d'application

Les biens pouvant recevoir la qualification de biens sans maître ou présumés sans maître appartiennent à la commune sur le territoire de laquelle ils sont situés(36).

Cette procédure vise les biens immobiliers, à l'exclusion des biens mobiliers. Ce régime a été « retoiletté » par la loi n° 2022-217 du 21 février 2022 relative à la différenciation, la décentralisation, la déconcentration et portant diverses mesures de simplification de l'action publique locale, dite « loi 3DS ».

Ce mode d'acquisition concerne les immeubles suivants :

• **les immeubles sans maître proprement dit**, c'est-à-dire ceux qui font partie d'une succession ouverte depuis plus de trente ans et pour laquelle aucun successible ne s'est présenté(37).

COMMENTAIRE

Ce délai est ramené à dix ans lorsque les biens se situent dans le périmètre d'une grande opération d'urbanisme (GOU) ou d'une opération de revitalisation de territoire (ORT), dans une zone de revitalisation rurale ou dans un quartier prioritaire de la politique de la ville (QPPV).

• **les immeubles présumés sans maître**(38), c'est-à-dire ceux qui n'ont pas de propriétaire connu et pour lesquels depuis plus de trois ans les taxes foncières n'ont pas été acquittées ou ont été acquittées par un tiers.

REMARQUE

La loi « 3DS » a supprimé la distinction entre les biens selon qu'ils sont soumis à la taxe foncière sur les propriétés bâties ou non bâties.

IMPORTANT

Le régime des biens sans maître ou présumés sans maître est à distinguer :
– des parcelles en état d'abandon manifeste(39) et des terrains ayant fait l'objet d'un abandon au profit de la commune(40) ;
– des biens en déshérence qui appartiennent à l'État, c'est-à-dire des biens immobiliers individualisés des personnes qui sont décédées depuis moins de trente ans, sans héritiers ou dont les héritiers ont abandonné la succession(41).

RÉFÉRENCES

La catégorie des biens présumés sans maître paraît critiquable dès lors que le critère d'appartenance repose sur la base du non-paiement des taxes foncières, ce qui n'a jamais été le critère du droit de propriété(42).

---

(36) Code civil, art. 713 et 780.

(37) CGPPP, art. L. 1123-1-1°.

(38) CGPPP, art. L. 1123-1-2°.

(39) CGCT, art. L. 2243-1.

(40) Code général des impôts, art. 1401.

(41) Code civil, art. 539.

(42) Voir commentaires sous l'article L. 1123-1 dans *Code général de la propriété des personnes publiques 2023, annoté et commenté*, Dalloz, 13e éd., mai 2023.

1.3.1.2 Modalités d'acquisition

Biens sans maître proprement dits

Ils n'ont pas à faire l'objet d'une procédure d'acquisition particulière dès lors qu'ils remplissent les critères requis. Dès lors que les conditions susvisées sont remplies, la commune en obtient donc la propriété.

CONSEIL

En pratique, il est conseillé de formaliser l'appropriation par délibération du conseil municipal autorisant le Maire à incorporer le bien dans le domaine communal, et de dresser un procès-verbal ou d'édicter un arrêté municipal de prise de possession.

La commune peut toutefois, par délibération de son conseil municipal, renoncer à exercer ses droits, sur tout ou partie de son territoire, au profit de l'EPCI à fiscalité propre dont elle est membre. Les biens sans maître sont alors réputés appartenir à ce dernier. Si la commune ou l'EPCI renoncent à exercer leurs droits, la propriété est transférée de plein droit au Conservatoire de l'espace littoral et des rivages lacustres (CELRL) ou au Conservatoire régional d'espaces naturels agréé (CREN), lorsque ceux-ci sont territorialement compétents et qu'ils en font la demande et, à défaut, à l'État. Ces personnes publiques obtiendront de plein droit la propriété desdits biens sans formalité particulière.

REMARQUE

La loi « 3DS » a élargi la liste des bénéficiaires de ce type d'appropriation aux CELRL et CREN.

JURISPRUDENCE

Le Conseil d'État a refusé de poser une question prioritaire de constitutionnalité concernant le mode d'acquisition de cette catégorie de bien. En effet, il a commencé par rappeler qu'il existe deux catégories de biens pouvant être regardées comme étant sans maître, la première, correspondant au 1° de l'article L. 1123-1, étant celle des biens sans maître proprement dits, dont les règles d'acquisition sont fixées à l'article 713 du Code civil, lequel retient une appropriation de plein droit par les communes n'impliquant à ce titre l'accomplissement d'aucune formalité préalable de leur part, et la seconde, correspondant au 2° de cet article, étant celle des biens pour lesquels, eu égard à leur nature particulière, d'une part, est organisée une procédure préalable d'enquête avant leur incorporation dans le domaine communal afin de permettre au propriétaire, s'il existe, de se faire connaître et, d'autre part, est expressément prévue, en cas d'appropriation irrégulière par la commune, une indemnisation du propriétaire si le bien ne peut lui être restitué.

La première catégorie de biens comprend ceux dont le propriétaire, identifié, est décédé depuis plus de trente ans sans héritier ou en laissant des héritiers n'ayant pas accepté, expressément ou tacitement, la succession pendant ce délai et qui doivent être regardés, de ce fait, comme y ayant renoncé. De ce fait, en ne prévoyant pas d'autres modalités, notamment d'enquête et de publicité préalables, que celles énoncées à l'article 713 du Code civil pour l'acquisition par les communes de ces biens, qui ne peuvent plus, compte tenu de leur situation juridique, être revendiqués par un héritier, le législateur n'a pas méconnu le droit de propriété garanti par l'article 17 de la Déclaration des droits de l'homme et du citoyen.

Par ailleurs, si le législateur n'organise de procédure de restitution que pour les biens de la seconde catégorie, les dispositions afférentes n'ont ni pour objet, ni pour effet d'exclure tout droit à restitution des biens en cause dans le cas où la commune les aurait irrégulièrement incorporés dans son domaine. Le législateur n'a donc pas davantage méconnu le droit de propriété[43].

(43) CE 23 mars 2011, n° 345979.

Biens présumés sans maître

L'appropriation de ce bien par la commune ou l'EPCI se fera selon la procédure fixée à l'article L. 1123-3 du Code général de la propriété des personnes publiques(44).

Un arrêté du maire ou du président de l'EPCI à fiscalité propre compétent constate que l'immeuble satisfait aux conditions légales (propriétaire inconnu et taxe foncière non acquittée depuis plus de trois ans ou acquittée par un tiers).

Cet arrêté est pris après avis de la commission communale des impôts directs.

Il est procédé par les soins du maire ou du président de l'EPCI compétent à une publication et à un affichage de cet arrêté et, s'il y a lieu, à une notification aux derniers domiciles et résidence du dernier propriétaire connu. Une notification est également adressée, si l'immeuble est habité ou exploité, à l'habitant ou à l'exploitant ainsi qu'au tiers qui aurait acquitté les taxes foncières.

IMPORTANT

Les formalités de publicité ont un caractère substantiel de telle sorte que l'arrêté pris sans qu'elles aient été accomplies interviendrait à la suite d'une procédure irrégulière, et serait, en conséquence, entaché d'illégalité en tant qu'il déclare vacantes et sans maître les parcelles en cause et constate l'appartenance de ces parcelles à la personne publique.

Cet arrêté municipal doit, dans tous les cas, être notifié au préfet. Le propriétaire dispose de six mois pour se faire connaître à dater de l'accomplissement de la dernière des mesures de publicité susvisées. À défaut, l'immeuble est présumé sans maître.

La commune ou l'EPCI compétent peut, par délibération de son organe délibérant, décider de l'incorporer dans son domaine.

IMPORTANT

Cette délibération doit elle-même intervenir dans un délai de six mois à compter de la notification de la vacance présumée du bien.

À défaut de délibération prise, la propriété de celui-ci est attribuée à l'État par arrêté préfectoral.

Cette incorporation doit alors être constatée par arrêté du maire ou du président de l'EPCI compétent.

Il existe, en tout état de cause, un droit de restitution ouvert aux propriétaires ou à leurs ayant droits, prévu à l'article L. 2222-20 du CGCT, leur permettant de solliciter la restitution d'un bien sans maître lorsque les biens ont été acquis à l'issue de la procédure prévue à l'article L. 1123-3 susvisée (biens présumés sans maître) et, depuis l'entrée en vigueur de la loi « 3DS », lorsque les immeubles ont été acquis de plein droit par les communes ou un EPCI ou par le CELRL, le CREN ou l'État en cas de succession ouverte depuis moins de trente ans (biens sans maître)(45).

L'aliénation de l'immeuble ou son utilisation fait toutefois obstacle à cette restitution.

(44) CGPPP, art. L. 1123-1 et s., R. 1123-1.

(45) CGPPP, art. L. 2222-20.

Dans cette hypothèse, ils peuvent toutefois obtenir de la commune, de l'EPCI ou de l'État le paiement d'une indemnité représentant la valeur de l'immeuble au jour de l'acte d'aliénation ou, le cas échéant, du procès-verbal constatant la remise effective de l'immeuble au service ou à l'établissement public utilisateur.

À défaut d'accord amiable, l'indemnité est fixée par le juge de l'expropriation.

COMMENTAIRE

La restitution de l'immeuble, ou à défaut, le paiement de l'indemnité, est subordonnée au paiement par le propriétaire ou ses ayants droit du montant des charges auxquelles ils ont échappées du fait de la mise en œuvre de la procédure d'appropriation du bien en cause, ainsi que des dépenses nécessaires à la conservation du bien engagées par la personne publique qui en a été bénéficiaire.

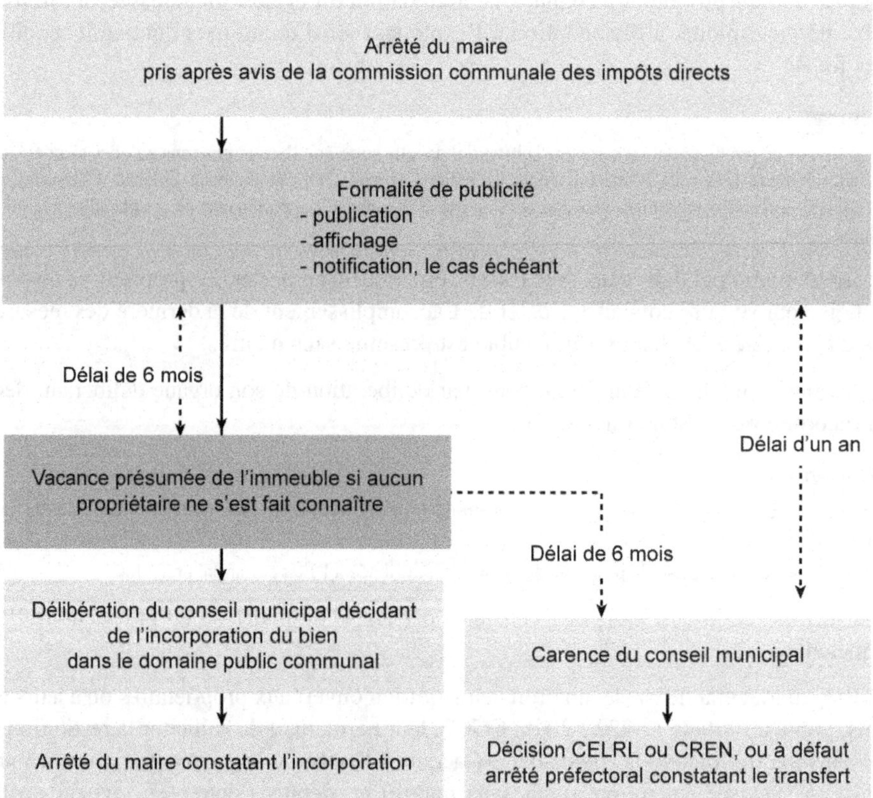

Fig. 1.1. Schéma récapitulatif – Immeubles présumés sans maîtres

1.3.2 Acceptation des dons et legs

Le legs est une gratification testamentaire qui, en principe, porte dérogation aux règles légales de la dévolution successorale.

Le don ou la donation constitue la transmission d'un bien ou d'un droit, consentie par une personne au profit d'une autre.

Il appartient à l'assemblée délibérante de statuer sur l'acceptation de ces dons et legs(46).

Un legs peut être consenti sans condition ou être assorti de charges, ou encore prévoir une clause d'inaliénabilité(47).

Les conditions du legs doivent être respectées par la collectivité territoriale, sauf si celle-ci décide d'en demander la révision judiciaire.

À défaut, si les conditions du legs ne sont pas révisées et qu'elles ne respectent pas les charges afférentes, les héritiers peuvent en demander la révocation judiciaire dans un délai de trente ans(48).

1.3.2.1 Révision des conditions du legs

La collectivité territoriale bénéficiaire d'un legs peut demander la révision des charges et des conditions grevant celui-ci lorsque, suite à un changement de circonstances, l'exécution en est devenue pour elle très difficile ou sérieusement dommageable.

Les causes de révision peuvent être multiples et liées à un simple changement de circonstances qui rend l'exécution de la prestation extrêmement difficile ou sérieusement dommageable.

JURISPRUDENCE

La demande de révision d'un legs consenti à un établissement hospitalier est admise dès lors qu'il était établi l'impossibilité pour celui-ci, du fait de la configuration tant extérieure qu'intérieure des maisons léguées, d'y établir une maison de retraite répondant aux normes de sécurité et de confort exigées en matière d'établissement recevant du public et des personnes âgées(49).

Le juge a donc le pouvoir de modifier les conditions ou la charge imposées au légataire :
– réduction en quantité ou périodicité des prestations grevant la libéralité ;
– modification de l'objet en s'inspirant de l'intention du disposant ;
– regroupement avec des prestations analogues résultant d'autres libéralités ;
– autorisation d'aliéner tout ou partie des biens faisant l'objet de la libéralité en ordonnant que le prix en soit employé à des fins en rapport avec la volonté du disposant.

La demande de révision doit être introduite dans un délai de dix ans.

Le bénéficiaire du legs devra publier un avis dans un journal publié dans le département du dernier domicile ou de la dernière résidence connue en France du disposant. Cette publication doit avoir lieu six mois au plus, et trois mois au moins, avant la date de l'assignation, à peine de nullité de celle-ci.

(46) CGPPP, art. L. 1121-4, L. 1121-5, L. 1121-6 et CGCT, art. L. 2242-1 et s.

(47) Code civil, art. 900-1 et s.

(48) Code civil, art. 1046.

(49) Cass. 1re civ., 7 mars 2000, n° 97-20.038.

1.3.2.2 Révocation judiciaire du legs

Si la collectivité territoriale ne respecte pas les conditions et charges stipulées dans un legs, et n'a pas introduit de procédure de révision de ses conditions, elle s'expose à la révocation judiciaire de la libéralité à la demande des héritiers. Cette action est ouverte aux héritiers dans un délai de trente ans.

L'action doit être intentée devant le tribunal judiciaire du lieu d'ouverture de la succession. Le juge judiciaire applique la théorie de la cause impulsive et déterminante pour justifier la révocation du legs.

Aussi, pour que la révocation puisse prospérer, le legs doit comporter de véritables charges, dont la collectivité a bien connaissance et dont l'inexécution lui est imputable.

La notion de charges recouvre une grande diversité de possiblités et dépend des volontés exprimées par le testateur.

Elle se caractérise toujours par une obligation imposée au légataire et peut faire l'objet d'une interprétation par le juge, au regard de la volonté réellement exprimée dans le testament.

COMMENTAIRE

La qualification de charge suppose donc un caractère obligatoire. Par conséquent, le simple vœu ou souhait ne constitue pas une charge et ne s'impose pas juridiquement au légataire.

JURISPRUDENCE

Il n'y a pas de contradiction avec l'intention profonde du testateur en présence d'un legs à une fondation privée d'un immeuble et du mobilier à charge d'en constituer un musée qui par suite se trouve inclus dans un plan de réorganisation et de fusion des musées de la ville. La volonté du testateur n'est pas alors méconnue du fait que ces charges ont dû être remplies sous une forme différente imposée par la conjoncture(50).

La révocation du legs a un effet rétroactif.

REMARQUE

Les biens doivent être restitués dans l'état où ils se trouvaient à l'époque du legs. Le cas échéant, la révocation donne lieu à une série de remboursements entre les parties.

La collectivité territoriale peut être aussi tenue à des dommages-intérêts si la sanction de la révocation est insuffisante pour réparer le préjudice causé par l'inexécution.

1.3.3 Parcelles déclarées en état d'abandon manifeste

1.3.3.1 Initiative de la procédure

La procédure de déclaration de parcelles en état d'abandon manifeste est à la seule initiative de la commune et menée en principe par le maire. La commune peut toutefois désigner un EPCI pour mener ladite procédure sous réserve qu'il dispose de compétences en lien avec l'opération justifiant l'expropriation.

(50) Cass. 2e civ., 24 janvier 1979, n° 76-13049.

La procédure d'abandon manifeste peut porter sur des immeubles, des parties d'immeubles, des voies privées assorties d'une servitude de passage public, des installations et terrains sans occupant à titre habituel, dès lors qu'ils ne sont manifestement plus entretenus[51].

REMARQUE

Le propriétaire de la parcelle visée par la procédure tendant à la déclaration d'état d'abandon manifeste ne peut arguer que les constructions ou installations implantées sur sa parcelle auraient été édifiées sans droit ni titre par un tiers pour être libéré de l'obligation de mettre fin à l'état d'abandon de son bien.

La procédure de déclaration en état d'abandon manifeste qui ne pouvait être mise en œuvre qu'à l'intérieur du périmètre d'agglomération de la commune, peut désormais l'être, depuis la loi « 3DS », sur le territoire de toute la commune.

1.3.3.2 Procès-verbal provisoire

Le maire doit dresser un premier procès-verbal de constat d'abandon, dit procès-verbal provisoire.

Ce constat ne peut être effectué qu'après qu'il a été procédé à la détermination de la parcelle ainsi qu'à la recherche dans le fichier immobilier ou au livre foncier des propriétaires, des titulaires de droits réels et des autres intéressés.

COMMENTAIRE

En pratique, la commune doit se livrer à une véritable enquête.

Ce procès-verbal doit impérativement indiquer la nature des désordres affectant le bien auxquels il convient de remédier pour faire cesser l'état d'abandon manifeste.

IMPORTANT

L'absence d'indications sur la nature des travaux entache le procès-verbal d'irrégularité.

Ce procès-verbal provisoire doit, une fois dressé, faire l'objet de mesures de publicité :
– affichage pendant trois mois à la mairie et sur les lieux concernés ;
– insertion dans deux journaux régionaux ou locaux diffusés dans le département ;
– notification aux propriétaires, aux titulaires de droits réels et aux autres intéressés.

IMPORTANT

À peine de nullité, cette notification reproduit intégralement les termes des articles L. 2243-1 à L. 2243-4 du Code général des collectivités territoriales.

Si l'un des propriétaires, titulaires de droits réels ou autres intéressés n'a pu être identifié ou si son domicile n'est pas connu, la notification le concernant est valablement faite à la mairie.

Ce délai laisse un laps de temps aux propriétaires pour mettre fin, le cas échéant, à l'état d'abandon ou s'engager à effectuer les travaux nécessaires.

(51) CGCT, art. L. 2243-1 à L. 2243-4.

1.3.3.3 Suspension de la procédure

La procédure de déclaration d'abandon manifeste ne pourra pas être poursuivie si, pendant le délai de trois mois susvisé, les propriétaires ont mis fin à l'état d'abandon ou se sont engagés à effectuer les travaux propres à y mettre fin définis par convention avec le maire, dans un délai fixé par cette dernière.

COMMENTAIRE

La procédure pourra néanmoins être reprise si les travaux n'ont pas été réalisés dans le délai prévu.

En d'autres termes, la procédure peut être suspendue si les propriétaires :
– soit ont « mis fin à l'état d'abandon », pendant le délai de trois mois en ayant effectué les travaux requis par le procès-verbal provisoire pour supprimer cet état de fait ;
– soit se sont engagés par convention avec le maire à effectuer les travaux propres à mettre fin à l'état d'abandon dans un délai déterminé.

REMARQUE

La procédure tendant à la déclaration d'état d'abandon manifeste sera reprise si les travaux ne sont pas réalisés dans le délai prévu.

1.3.3.4 Modèle de procès-verbal provisoire

Nous, <*nom*>, maire de la commune de <*ville*>, le <*date*>

Vu le Code général des collectivités territoriales, et notamment ses articles L. 2243-1 à L. 2243-4 ;

Vu le courrier du <*date*> notifié par LRAR du <*date*> au propriétaire du bien *sis* <*à compléter*>, lui demandant de remédier aux désordres affectant ce bien ;

Rapportons les faits suivants :

Le bien *sis* <*à compléter*> à <*à compléter*> cadastré section <*à compléter*> n° <*à compléter*>, appartenant à <*à compléter*>, n'est manifestement plus entretenu et de surcroît, n'a plus d'occupant à titre habituel.

L'état d'abandon se caractérise par <*à compléter*>

Afin de mettre fin à cet état d'abandon manifeste, il est indispensable que <*nom*>, propriétaire de la parcelle susvisée, procède aux travaux suivants :
– <*à compléter*> ;
– <*à compléter*> ;
– etc.

À la suite de quoi nous avons dressé le présent procès-verbal le <*date*>, à <*heure*> heures, qui sera affiché en mairie et sur le terrain pendant trois mois et inséré dans deux journaux paraissant dans le département.

Il sera également notifié au propriétaire, titulaires de droits réels et autres intéressés.

Fait à <*ville*>, le <*date*>

Le maire

<*Signature*>

1.3.3.5 Procès-verbal définitif

À l'issue d'un délai de trois mois à compter de l'exécution de ces formalités de publicité et de notification du procès-verbal provisoire, le maire adopte un nouveau procès-verbal, constatant définitivement l'abandon manifeste de la parcelle.

COMMENTAIRE

Le délai court à compter de la dernière notification ou publication réalisée.

IMPORTANT

Le caractère prématuré du procès-verbal définitif est susceptible d'entacher d'irrégularité la délibération ultérieure du conseil municipal décidant l'expropriation.

JURISPRUDENCE

Les procès-verbaux provisoire et définitif ne sont pas des actes faisant grief mais de simples actes préparatoires à la décision du conseil municipal(52).

Le procès-verbal définitif d'abandon manifeste pourra également intervenir à l'expiration de la date fixée par la convention passée avec le maire pour la réalisation des travaux si ceux-ci n'ont pas été réalisés.

1.3.3.6 Intervention du conseil municipal

Une fois édicté le procès-verbal définitif, le maire saisit le conseil municipal qui décide s'il y a lieu de déclarer la parcelle en état d'abandon manifeste et l'expropriation du terrain au profit de la commune, de tout organisme y ayant vocation ou d'un concessionnaire d'une opération d'aménagement.

Le but de cette expropriation est alors soit la réalisation d'un projet de construction ou de réhabilitation aux fins d'habitat, soit de tout objet d'intérêt collectif relevant d'une opération de restauration, de rénovation ou d'aménagement, mais également depuis la loi « 3DS », la création de réserves foncières permettant la réalisation de telles opérations.

JURISPRUDENCE

La délibération par laquelle le conseil municipal déclare en état définitif d'abandon manifeste un immeuble et décide de son expropriation au profit de la commune, ne peut se contenter de mentionner que cette expropriation est décidée soit pour la construction de logements, soit pour tout objet d'intérêt collectif relevant d'une opération de restauration, de rénovation ou d'aménagement. Il s'agit là, en effet, d'une formulation générale, qui se borne à reproduire les dispositions de l'article L. 2243-4 du CGCT et qui, par suite, ne permet pas de connaître la destination que le conseil municipal a entendu déterminer pour la parcelle qui, déclarée en état d'abandon manifeste, doit faire l'objet de la procédure d'expropriation(53).

(52) CE 18 février 2009, Société Bellingsmattschapijj Belensas BV, n° 301466.

(53) CAA Douai, 11 décembre 2013, Commune de Boulogne-sur-Mer, n° 13DA00030.

1.3.3.7 Modèle de délibération déclarant la parcelle en état d'abandon manifeste et décidant d'engager la procédure d'expropriation

L'an deux mille *<à compléter>* le *<date>*, les membres du conseil municipal de *<ville>* se sont réunis sous la présidence du maire, pour la séance à laquelle ils ont été régulièrement convoqués.

<à compléter> expose :

La commune a engagé la procédure prévue aux articles L. 2243-1 à L. 2243-4 du Code général des collectivités territoriales à l'encontre de l'immeuble bâti, *sis <à compléter>* et cadastré section *<à compléter>*, parcelle n° *<à compléter>*

Il résulte des procès-verbaux dressés à titre provisoire et définitif les *<à compléter>* et *<à compléter>*, que cet immeuble se trouve actuellement en état d'abandon manifeste ;

En effet, son propriétaire, *<nom>*, n'a exécuté aucun des travaux indispensables pour mettre fin à cet état d'abandon manifeste, dans le délai de trois mois à compter de la notification, publication et affichage du procès-verbal provisoire d'abandon manifeste. Il ne s'est pas non plus engagé par convention à effectuer lesdits travaux dans un délai déterminé.

Il est donc proposé au conseil municipal de déclarer la parcelle en l'état d'abandon manifeste et d'en poursuivre l'expropriation au profit de la commune en vue de *<à compléter>* *(Préciser la destination de la parcelle).*

Le conseil municipal ayant entendu l'exposé de *<à compléter>* ;

Vu les articles L. 2243-1 à L. 2243-4 du Code général des collectivités territoriales ;

Vu le procès-verbal provisoire d'état d'abandon manifeste en date du *<date>* ;

Vu le procès-verbal définitif d'état d'abandon manifeste en date du *<date>* ;

Décide qu'il y a lieu de déclarer l'immeuble *sis <à compléter>* et cadastré *<à compléter>*, appartenant à *<à compléter>* en état d'abandon manifeste. Ce bien abandonné pourra être utilisé pour participer à *<à compléter>*

Autorise Monsieur le maire à poursuivre la procédure d'expropriation pour cause d'utilité publique de l'immeuble susvisé dans les conditions prévues par l'article L. 2243-4 du Code général des collectivités territoriales et par le Code de l'expropriation pour cause d'utilité publique.

1.3.3.8 Procédure d'expropriation

Formalisme allégé pour le lancement de la procédure

L'expropriation décidée à la suite d'une déclaration d'abandon manifeste se fait selon un formalisme allégé, fixé non pas par des dispositions du Code de l'expropriation pour cause d'utilité publique, mais par celles du Code général des collectivités territoriales :
– constitution par le maire d'un dossier présentant le projet simplifié d'acquisition publique, ainsi que l'évaluation sommaire de son coût ;

– mise à disposition du dossier au public, pendant une durée minimale d'un mois ;
– pendant cette période, le public est appelé à formuler ses observations dans des conditions précisées par la délibération du conseil municipal.

COMMENTAIRE

Sur demande du maire ou si celui-ci n'engage pas la procédure dans un délai de six mois à compter de la déclaration d'état d'abandon manifeste, le président de l'EPCI compétent en matière d'habitat ou le conseil départemental du lieu de situation du bien peut également constituer un dossier.

Par arrêté, le préfet :
– déclare l'utilité publique du projet et détermine la liste des immeubles ou parties d'immeubles, des parcelles ou des droits réels immobiliers à exproprier ainsi que l'identité des propriétaires ou titulaires de ces droits réels et prononce leur cessibilité ;
– indique la collectivité publique ou l'organisme au profit duquel est poursuivie l'expropriation ;
– fixe le montant de l'indemnité provisionnelle allouée aux propriétaires ou titulaires de droits réels immobiliers ;

COMMENTAIRE

Cette indemnité ne peut pas être inférieure à l'évaluation effectuée par le service des Domaines.

– fixe la date à laquelle il pourra être pris possession du bien.

COMMENTAIRE

Cette date doit être postérieure d'au moins deux mois à la publication de l'arrêté déclaratif d'utilité publique.

L'arrêté préfectoral doit faire l'objet des mesures de publicité suivantes :
– publication au recueil des actes administratifs du département ;
– affichage à la mairie du lieu de situation des biens ;
– notification aux propriétaires et aux titulaires de droits réels immobiliers.

Poursuite de la procédure dans les conditions de droit commun

Dans le mois qui suit la prise de possession, l'autorité expropriante est tenue de poursuivre la procédure d'expropriation dans les conditions prévues par le Code de l'expropriation pour cause d'utilité publique.

L'ordonnance d'expropriation ou la cession amiable consentie après l'intervention de l'arrêté préfectoral susvisé éteint, par elle-même et à sa date, tous droits réels ou personnels existant sur les immeubles expropriés.

De même, les modalités de transfert de propriété des immeubles ou de droits réels immobiliers et d'indemnisation des propriétaires sont régies par le droit commun de l'expropriation.

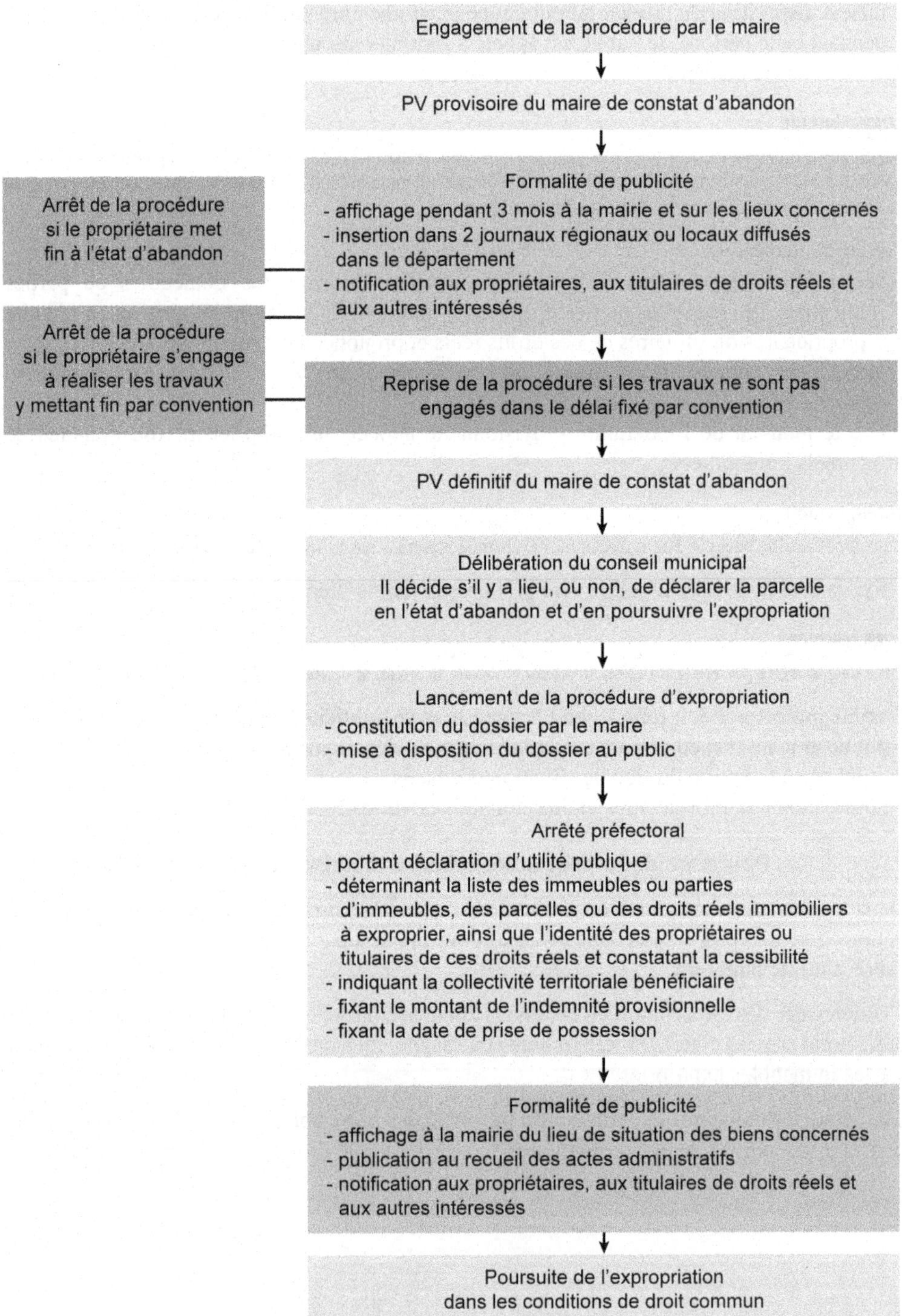

Fig. 1.2. Schéma récapitulatif de la procédure de déclaration de parcelles en l'état d'abandon manifeste

1.3.4 Transfert des voies privées ouvertes à la circulation

1.3.4.1 Principe

Les collectivités territoriales et les EPCI peuvent recourir à une procédure de transfert d'office, dans leur domaine public, des voies privées ouvertes à la circulation publique et situées dans un ensemble d'habitations ou dans des zones d'activités ou commerciales depuis la loi n° 2018-1021 du 23 novembre 2018 portant évolution du logement, de l'aménagement et du numérique dite « loi Élan »(54).

Notion de voies privées ouvertes à la circulation

L'ouverture des voies privées à la circulation suppose que leurs propriétaires aient manifesté leur consentement.

JURISPRUDENCE

Une voie servant depuis de nombreuses années de passage d'usage commun ne constitue pas une voie ouverte à la circulation si les propriétaires de cette voie n'ont pas manifesté leur consentement, au moins tacite, à l'ouverture de la voie à la circulation générale et, ce faisant, leur renoncement à un usage purement privé de celle-ci(55).

Notion d'ensemble d'habitations

La notion d'ensemble d'habitations ne se réduit pas au lotissement.

Elle englobe également, par exemple, les immeubles édifiés en vertu d'un permis de construire valant division.

JURISPRUDENCE

Entrent également dans le champ d'application de cette procédure les regroupements de parcelles opérés dans le cadre d'un ancien lotissement, même si les terrains en cause n'en constituent plus un.

A contrario, un lotissement industriel ne saurait être concerné par la procédure prévue à l'article L. 318-3 du Code de l'urbanisme, lequel concerne exclusivement le transfert de la propriété des voies privées ouvertes à la circulation publique dans des ensembles d'habitations(56).

Les équipements annexes à la voie peuvent également faire l'objet de cette procédure en application de la théorie de l'accessoire.

RÉFÉRENCES

L'administration a adopté cette position, à titre d'illustration, pour un ouvrage d'art. Ainsi, après avoir rappelé que le classement dans le domaine public communal d'une voie privée englobe non seulement la chaussée proprement dite mais aussi les ouvrages accessoires utiles ou nécessaires à l'usage du bien principal, elle a estimé qu'en application de la règle de l'accessoire, le classement d'une voie privée dans le domaine public communal a pour objet de soumettre aux règles de la domanialité publique l'ouvrage d'art supportant ladite voie(57).

---

(54) Code de l'urbanisme, art. L. 318-3 et s. et R. 318-10 et s.

(55) CE 3 juin 2015, Saint-Selve, n° 369534.

(56) CE 12 décembre 1997, Commune de Sayat, n° 171962 ; CE 4 novembre 1992, AFU Le Moulin à vent, n° 124419.

(57) Rép. min. à QE n° 34180 et n° 60649, *JO AN* du 21 septembre 1992.

1.3.4.2 Procédure

Le transfert de propriété ne peut avoir lieu qu'après enquête publique(58). Cette enquête a pour objet d'assurer l'information et la participation du public ainsi que la prise en compte des intérêts des tiers, notamment des propriétaires de la voie privée en cause, lors de l'élaboration de la décision de transfert.

Les observations et propositions recueillies au cours de l'enquête seront ainsi prises en considération par la commune, ou le cas échéant par le préfet, avant la prise de décision.

Cette enquête ne relève ni du Code de l'expropriation ni du Code de l'environnement, mais du Code des relations entre le public et l'administration.

Elle est ouverte et organisée par le maire, après délibération du conseil municipal, à la mairie de la commune sur le territoire de laquelle les voies privées objet du transfert sont situées.

Le conseil municipal doit donner son avis sur le projet de transfert dans un délai de quatre mois.

REMARQUE

L'enquête peut être ouverte, le cas échéant, à la demande des propriétaires intéressés.

Le dossier soumis à l'enquête comprend obligatoirement :
– la nomenclature des voies et des équipements annexes dont le transfert à la commune est envisagé ;
– une note indiquant les caractéristiques techniques de l'état d'entretien de chaque voie ;
– un plan de situation ;
– un état parcellaire.

1.3.4.3 Bénéficiaire du transfert

Le transfert s'opère d'office, sans indemnité, dans le domaine public de la commune sur le territoire de laquelle ces voies sont situées.

COMMENTAIRE

Il s'agit d'une exception au principe régissant l'expropriation aux termes duquel celle-ci ne peut s'exercer que moyennant une juste et préalable indemnité.

Néanmoins, dans le cadre d'une question prioritaire de constitutionnalité, le Conseil constitutionnel a considéré que cette exception, tout comme l'ensemble de la procédure de transfert de propriété, n'était pas inconstitutionnelle et, plus précisément, n'était pas contraire à l'article 17 de la DDHC de 1789 dès lors que :
– un tel transfert est conditionné, sous le contrôle du juge administratif, par l'ouverture à la circulation générale de ces voies, laquelle résulte de la volonté exclusive de leur propriétaire d'accepter l'usage public de son bien et de renoncer par-là à son usage purement privé ;
– le législateur a entendu en tirer les conséquences en permettant à l'autorité administrative de conférer à ces voies privées ouvertes à la circulation publique un statut juridique conforme à leur usage ;
– ce transfert libère les propriétaires de toute obligation et met à la charge de la collectivité publique l'intégralité de leur entretien, de leur conservation et de leur éventuel aménagement ;

(58) Code des relations entre le public et l'administration, art. L. 134-1 et s.

– au demeurant, le législateur n'a pas exclu toute indemnisation dans le cas exceptionnel où le transfert de propriété entraînerait pour le propriétaire une charge spéciale et exorbitante, hors de proportion avec l'objectif d'intérêt général poursuivi ; que, dans ces conditions, les dispositions contestées ne sont pas contraires à l'article 17 de la Déclaration de 1789(59).

Le principe d'une expropriation sans indemnité doit donc être nuancé.

En effet, les propriétaires de la voie privée frappée du transfert de propriété peuvent prétendre à une indemnisation dans le cas exceptionnel où il résulte de l'ensemble des conditions et circonstances dans lesquelles le transfert a été opéré et mis en œuvre, qu'ils supportent une charge spéciale et exorbitante, hors de proportion avec l'objectif d'intérêt général poursuivi.

JURISPRUDENCE

Une mesure d'ingérence dans le droit au respect des biens doit ménager un juste équilibre entre les exigences de l'intérêt général de la communauté et les impératifs de la sauvegarde des droits fondamentaux de l'individu.

Sans le versement d'une somme raisonnablement en rapport avec la valeur du bien, une privation de propriété constitue normalement une atteinte excessive. Par suite, un manque total d'indemnisation ne saurait se justifier sur le terrain de l'article 1er du protocole additionnel à la Convention européenne de sauvegarde des droits de l'homme et des libertés fondamentales, que dans des circonstances exceptionnelles.

Or, dans l'hypothèse où le propriétaire de la voie concernée a volontairement décidé d'ouvrir cette dernière à la circulation publique et de maintenir cette ouverture de façon pérenne, sa décision doit être prise en compte pour l'appréciation concrète de la valeur de la voie, qui s'en trouve nécessairement amoindrie. En effet, eu égard au choix ainsi opéré, le transfert à la collectivité publique de la charge de l'intégralité de l'entretien de la voie, de sa conservation et de son éventuel aménagement est généralement regardé par les propriétaires des voies transférées comme constituant, eu égard à l'usage qu'ils font de leur bien, une juste indemnisation de leur dépossession, raisonnablement en rapport avec la valeur du bien transféré.

En tout état de cause, si un propriétaire estime cette contrepartie insuffisante, il lui est possible d'obtenir une indemnisation en démontrant que le transfert de propriété entraîne pour lui une charge spéciale et exorbitante, hors de proportion avec l'objectif d'intérêt général poursuivi(60).

1.3.4.4 Marge de manœuvre des propriétaires

En premier lieu, les propriétaires de la voie privée peuvent s'opposer à ce transfert en formulant, sur le registre d'enquête, ladite opposition.

La conséquence sera que la décision de transfert devra être prise par arrêté préfectoral, à la demande de la commune.

JURISPRUDENCE

La circonstance que certains propriétaires se soient opposés dans le cadre de l'enquête publique au transfert de la voie dans le domaine public communal a eu pour seule conséquence de conférer la compétence au préfet pour prononcer ledit transfert(61).

En second lieu, le transfert des voies privées dans le domaine public communal est subordonné à l'ouverture de ces voies à la circulation publique, laquelle traduit la volonté de leurs propriétaires d'accepter l'usage public de leur bien et de renoncer à son usage purement privé.

(59) Cons. const., déc. n° 2010-43 QPC du 6 octobre 2010.

(60) CE sect., 3 juillet 1998, Commune de Béthemont-la-Forêt, n° 158592 ; CAA Marseille, 9 juillet 2012, Préfet de Corse, n° 11MA02796 ; CAA Marseille, 1er décembre 2015, Lotissement Les Bas Pras, n° 14MA01791.

(61) CAA Lyon, 17 mars 2016, Préfet de la Côte-d'Or, n° 15LY0117.

Une voie privée ne peut donc être réputée affectée à l'usage du public que si son ouverture à la circulation publique résulte du consentement, au moins tacite, des propriétaires.

Le propriétaire d'une voie privée ouverte à la circulation est en droit d'en interdire à tout moment l'usage au public.

Il en résulte que l'administration ne peut transférer d'office des voies privées dans le domaine public communal si les propriétaires de ces voies ont décidé de ne plus les ouvrir à la circulation publique et en ont régulièrement informé l'autorité compétente avant que l'arrêté de transfert ne soit pris, quand bien même cette décision serait postérieure à l'engagement de la procédure de transfert, et notamment de l'ouverture de l'enquête publique.

JURISPRUDENCE

– Des propriétaires qui se sont constamment opposés à la circulation de tiers sur leur parcelle ne sauraient être regardés comme ayant exprimé leur volonté d'accepter l'usage public de leur bien et de renoncer par-là à son usage purement privé, de sorte que la voie litigieuse ne peut être regardée comme ouverte à la circulation publique[62].
– Les propriétaires des voies litigieuses avaient décidé, par une décision transmise au préfet, de fermer ces voies à la circulation générale et de matérialiser cette fermeture par l'apposition de panneaux. Une telle décision ne saurait être regardée comme abusive et ayant pour seul objet de faire échec au transfert envisagé, en l'absence de circonstances particulières. Par suite, l'autorité préfectorale ne pouvait plus prendre l'arrêté de transfert d'office de ces voies dans le domaine public communal, en dépit, d'une part, de ce que la décision des propriétaires susvisée était postérieure au lancement de la procédure de transfert, d'autre part, de ce qu'elle n'avait pas été matérialisée par la fermeture physique des voies[63].
– Des clôtures interdisaient l'accès des voies litigieuses lesquelles se terminaient en impasses et une partie au moins des propriétaires avaient entendu ainsi se prémunir contre toute ouverture à la circulation publique. La possibilité de passage, prévue par l'arrêté préfectoral approuvant la création du lotissement, de bennes d'enlèvement des ordures ménagères, des véhicules d'approvisionnement en combustibles et de lutte contre l'incendie, ne peut avoir pour effet de faire regarder ces voies privées comme étant ouvertes à la circulation publique générale et permanente. De même, la prise en charge financière de l'aménagement et de l'entretien des voies litigieuses par la commune ne permet pas, à elle seule, d'admettre que se soit ainsi manifestée dans l'attitude des propriétaires, la faculté d'abandon de leurs droits et l'expression d'un consentement même tacite, à l'ouverture des voies en cause à la circulation publique. Il n'est donc nullement établi que les propriétaires aient sous quelque forme que ce soit exprimé leur volonté réelle et sans équivoque de consentir à l'ouverture de ces voies à la circulation publique[64].
– *A contrario*, lorsque la voie privée est ouverte depuis longtemps à la circulation publique en étant notamment empruntée quotidiennement par les transports scolaires selon le plan de circulation élaboré en concertation avec le conseil général et que les propriétaires de cette voie ou certains d'entre eux n'ont pas clairement manifesté leur volonté de ne plus l'ouvrir à la circulation publique, le préfet est fondé à procéder au transfert d'office de la voie privée dans le domaine public communal[65].

1.3.4.5 Décision de transfert

La décision de transfert est prise par délibération du conseil municipal.

IMPORTANT

Par dérogation, si un propriétaire intéressé a fait connaître son opposition, la décision est prise par arrêté préfectoral, à la demande de la commune.

La décision de transfert vaut classement dans le domaine public de la commune.

(62) CE 3 juin 2015, *précité.*

(63) CE 17 juin 2015, Parc de Villeflix, n° 373187.

(64) CE sect., 15 février 1989, Commune de Mouvaux, n° 71992.

(65) CAA Lyon, 17 mars 2016, Préfet de la Côte-d'Or, n° 15LY0117.

REMARQUE

L'acte portant classement d'office comporte également une approbation d'un plan d'alignement dans lequel l'assiette des voies publiques est limitée aux emprises effectivement livrées à la circulation publique.

Comme une ordonnance d'expropriation, la décision de transfert éteint, par elle-même et à sa date, tous droits réels et personnels existant sur les biens transférés.

Par ailleurs, lorsque l'entretien des voies ainsi transférées entraîne pour la commune une charge excédant ses capacités financières, une subvention exceptionnelle pourra lui être allouée par arrêté ministériel.

CHAPITRE 2

Constitution de droits réels

La cession de droits réels peut s'avérer être un moyen efficace de maîtrise foncière dans le cadre d'un projet.

Elle se traduit essentiellement par la valorisation du foncier par :
- la conclusion de baux permettant, notamment, à son titulaire d'y édifier des constructions ou de réaliser des travaux sur des constructions existantes (*cf. § 2.1.*) ;
- l'autorisation de l'occuper temporairement (*cf. § 2.2*).

2.1 Valorisation par les baux

Quatre catégories de baux conduisent principalement à une valorisation du foncier :
- le bail à construire ;
- le bail emphytéotique ;
- le bail à réhabilitation ;
- le bail réel solidaire.

Ils ne sont toutefois pas tous adaptés à la situation des collectivités territoriales.

2.1.1 Bail à construction

Il se définit comme le bail par lequel le preneur s'engage, à titre principal, à édifier des constructions sur le terrain du bailleur et à les conserver en bon état d'entretien pendant toute la durée du bail[(1)].

Le bail à construction repose ainsi sur une dissociation de la propriété du foncier et du bâti.

(1) CCH, art. L. 251-1 et s.

2.1.1.1 Durée

Il est conclu pour une durée comprise entre dix-huit et quatre-vingt-dix-neuf ans.

COMMENTAIRE

Il ne peut faire l'objet d'une tacite reconduction.

2.1.1.2 Sort du bien à l'échéance du bail

Le bailleur devient propriétaire, en fin de bail, des constructions édifiées si aucune convention ne prévoit un autre sort pour la construction à cette échéance.

2.1.1.3 Nature des droits réels conférés au preneur

Le bail confère au preneur un droit qui va, pendant toute la durée du contrat, au-delà du simple droit de jouissance sur le bien immobilier :
– il lui confère la propriété des constructions à édifier ;

COMMENTAIRE

Le bail doit, en revanche, régler la nature de ses droits sur les constructions déjà existantes.

JURISPRUDENCE

Le preneur peut librement exploiter les constructions existantes ou réalisées, sauf clause contraire au bail(2).

– il peut constituer des servitudes passives indispensables à la réalisation de ces constructions ;
– il peut, en tout ou partie, hypothéquer ou apporter en société son droit réel immobilier.

2.1.1.4 Obligations du preneur

Les obligations principales du preneur sont les suivantes :
– il doit édifier une construction sur le terrain loué ;
– il doit s'acquitter d'un loyer en contrepartie du droit qui lui est conféré ;
– il est tenu de s'acquitter des charges, taxes et impôts relatifs tant aux constructions qu'au terrain ;
– il doit entretenir les constructions sur le terrain et effectuer les réparations nécessaires à cet entretien ;

REMARQUE

Un défaut d'entretien peut entraîner la résiliation du bail.

– il doit aussi reconstruire les constructions si elles sont détruites, sauf cas de force majeure ou cas fortuit.

2.1.1.5 Formalités de publicité

Le bail doit être publié au service de la publicité foncière.

---

(2) Cass. 3e civ., 7 avril 2004, n° 02-16283.

2.1.1.6 Recours au bail à construction par les collectivités territoriales

Il est admis que les collectivités territoriales puissent recourir au bail à construction pour des terrains appartenant à leur domaine privé[(3)].

Toutefois, dans la mesure où les caractéristiques essentielles et impératives du bail à construction consistent en une obligation pour le preneur d'édifier des constructions sur le terrain du bailleur, le recours au bail à construction peut, pour une collectivité territoriale, receler un double risque juridique :
– tout d'abord, celui de la requalification du contrat dès lors que la construction est appelée à intégrer, au terme du bail, le patrimoine de la personne publique ;
– ensuite, celui de la légalité de l'objet même du bail dès lors que la personne publique ne peut agir que dans le cadre de ses compétences.

2.1.2 Bail emphytéotique

Le bail emphytéotique se définit comme un bail à longue durée qui confère au preneur un droit réel immobilier.

Il peut être conclu par une collectivité territoriale qui entend donner ainsi à bail une dépendance immobilière de son domaine privé ou public.

2.1.2.1 Similitudes avec le bail à construction

Le bail emphytéotique de droit commun[(4)] partage certaines similitudes avec le bail à construction :
– sa durée : 18 à 99 ans ;
– les droits conférés : il s'agit de droits réels immobiliers ;
– ces droits peuvent être librement cédés ou apportés en société ;
– l'emphytéote peut consentir des servitudes sur le bien donné à bail ;
– il est tenu de s'acquitter des charges, taxes et impôts relatifs au bien ;
– il doit procéder à toutes réparations et à l'entretien des constructions, à défaut de quoi le bailleur peut demander la résolution du contrat ;
– le bailleur accédera en fin de bail à la propriété des biens édifiés.

2.1.2.2 Différence majeure

Le preneur n'a aucune obligation d'édifier des constructions.

Il s'agit là d'une simple faculté.

JURISPRUDENCE

Si le bail peut impliquer la charge d'édifier des constructions, il ne doit pas s'agir de l'objet essentiel du bail, car à défaut, celui-ci pourra être requalifié en bail à construction[(5)].

---

(3) CAA Bordeaux, 10 juin 1996, SEMICA, n° 95BX00685.

(4) Code rural et de la pêche maritime, art. L. 451-1 et s.

(5) CA Paris, 24 février 2005, n° 04/09190.

2.1.2.3 Recours au bail emphytéotique administratif par les collectivités territoriales

Un bien immobilier appartenant à une collectivité territoriale peut faire l'objet d'un bail emphytéotique administratif(6) :
– en vue de la réalisation d'une opération d'intérêt général relevant de sa compétence ;
– en vue de l'affectation à une association cultuelle d'un édifice du culte ouvert au public ;

Un tel bail peut être conclu même si le bien sur lequel il porte constitue une dépendance du domaine public(7). C'est d'ailleurs tout l'intérêt d'un tel bail.

IMPORTANT

Cette possibilité de conclure un bail emphytéotique sur le domaine public connaît une exception : cette dépendance doit demeurer hors du champ d'application de la contravention de voirie.

Ces baux présentent certaines particularités, dont notamment les suivantes :
– les droits résultant du bail ne peuvent être cédés, avec l'agrément de la collectivité territoriale, qu'à une personne subrogée au preneur dans les droits et obligations découlant de ce bail et, le cas échéant, des conventions non détachables conclues pour l'exécution du service public ou la réalisation de l'opération d'intérêt général. Par dérogation, les droits résultant du bail ne peuvent faire l'objet d'une cession lorsque le respect des obligations de publicité et de sélection préalables à la délivrance d'un titre s'y oppose ;
– le droit réel conféré au titulaire du bail de même que les ouvrages dont il est propriétaire sont susceptibles d'hypothèque uniquement pour la garantie des emprunts contractés par le preneur en vue de financer la réalisation ou l'amélioration des ouvrages situés sur le bien loué ;

REMARQUE

Le contrat constituant l'hypothèque doit, à peine de nullité, être approuvé par la collectivité territoriale.

– seuls les créanciers hypothécaires peuvent exercer des mesures conservatoires ou des mesures d'exécution sur les droits immobiliers résultant du bail.

REMARQUE

La collectivité territoriale a la faculté de se substituer au preneur dans la charge des emprunts en résiliant ou en modifiant le bail et, le cas échéant, les conventions non détachables.

Ce bail ne peut avoir pour objet l'exécution de travaux, la livraison de fournitures, la prestation de services, ou la gestion d'une mission de service public, avec une contrepartie économique constituée par un prix ou un droit d'exploitation, pour le compte ou pour les besoins d'un acheteur ou d'une autorité concédante soumis au Code de la commande publique.

En d'autres termes, le bail emphytéotique administratif ne pourra définitivement plus être utilisé au soutien d'une opération de commande publique, c'est-à-dire être utilisé pour la réalisation de montages « aller-retour » par lesquels des opérateurs privés financent la construction d'ouvrages ou d'équipements qui répondent manifestement à un besoin défini par un pouvoir adjudicateur.

(6) CGCT art. L. 1311-2 et s. et CGPPP, art. L. 2122-20.
(7) CGCT, art. L. 1311-2 et s.

2.1.3 Bail à réhabilitation

2.1.3.1 Définition

Il se définit comme le contrat par lequel soit un organisme d'habitations à loyer modéré, soit une société d'économie mixte dont l'objet est de construire ou de donner à bail des logements, soit une collectivité territoriale, soit un organisme de foncier solidaire, soit un organisme bénéficiant de l'agrément relatif à la maîtrise d'ouvrage s'engage à réaliser dans un délai déterminé des travaux d'amélioration sur l'immeuble du bailleur et à le conserver en bon état d'entretien et de réparations de toute nature en vue de louer cet immeuble à usage d'habitation pendant la durée du bail.

En d'autres termes, il s'agit d'un contrat par lequel un preneur loue un immeuble pour assurer sa rénovation, pour permettre sa location, notamment à des personnes défavorisées, avant de le restituer au propriétaire en bon état d'entretien[8].

2.1.3.2 Durée

Elle est de douze ans et ne peut se prolonger par tacite reconduction.

2.1.3.3 Caractéristiques

Il présente un certain nombre de similitudes avec le bail à construction et le bail emphytéotique et, notamment :
– il confère au preneur un droit réel immobilier, qui peut le céder (seulement à certains organismes et avec l'accord du bailleur) ou l'hypothéquer ;
– il est tenu d'entretenir et de réparer les biens immobiliers loués pendant la durée du bail ;
– il doit s'acquitter d'un loyer, le cas échéant ;
– le bail doit être publié au service de la publicité foncière ;
– etc.

2.1.3.4 Différence fondamentale avec le bail à construction et le bail emphytéotique

Le bail à réhabilitation concerne nécessairement des terrains sur lesquels ont d'ores et déjà été édifiés des bâtis que le preneur aura la charge de réhabiliter.

En effet, son objet principal est la réalisation de travaux d'amélioration dont la nature et les caractéristiques sont indiquées dans le contrat de bail.

REMARQUE

Ces améliorations bénéficient au bailleur sans indemnisation à la fin du contrat.

(8) CCH, art. L. 252-1 et s.

2.1.4 Bail réel solidaire

Il s'agit d'un bail qui s'inscrit dans une politique de logements des collectivités territoriales tendant à faciliter l'accès des ménages les plus modestes sous plafond de ressources à la propriété en zone tendue, grâce à un prix abordable.

C'est plus particulièrement la dissociation du foncier et du bâti qui permet de baisser ce prix, l'acquéreur achetant par exemple uniquement le logement, tandis que l'organisme foncier solidaire conserve la propriété du terrain qu'il loue au preneur sous la forme d'une redevance assez modique.

2.1.4.1 Définition

Organisme de foncier solidaire

Il s'agit d'un organisme dont l'objet principal, représentant tout ou partie de leur activité, est de gérer des terrains ou des biens immobiliers dont ils sont propriétaires, le cas échéant après avoir procédé à leur acquisition, en vue de réaliser, y compris par des travaux de réhabilitation ou de rénovation, des logements destinés à des personnes aux ressources modestes, sous conditions de plafond, et des équipements collectifs conformément aux objectifs de l'article L. 301-1 du Code de la construction et de l'habitation (favoriser la satisfaction des besoins de logements, promouvoir la décence du logement, la qualité de l'habitat, l'habitat durable et l'accessibilité aux personnes handicapées, améliorer l'habitat existant, favoriser la rénovation énergétique des bâtiments et prendre en charge une partie des dépenses de logement en tenant compte de la situation de famille et des ressources des occupants, ainsi que favoriser une offre de logements qui, par son importance, son insertion urbaine, sa diversité de statut d'occupation et de répartition spatiale, soit de nature à assurer la liberté de choix pour toute personne de son mode d'habitation)(9).

Bail réel solidaire

Il se définit comme le contrat par lequel le bail par lequel un organisme de foncier solidaire consent à un preneur, des droits réels en vue de la location ou de l'accession à la propriété de logements, avec s'il y a lieu obligation pour ce dernier de construire ou réhabiliter des constructions existantes(10).

REMARQUE

L'ordonnance n° 2023-80 du 8 février 2023 relative au bail réel solidaire d'activité a créé, comme son intitulé l'indique, un nouveau bail par lequel un organisme de foncier solidaire consent à un preneur des droits réels en vue de la location ou de l'accession à la propriété de locaux à usage professionnel ou commercial, sous conditions de plafond de prix de cession et avec, s'il y a lieu, obligation pour le preneur de construire ou de réhabiliter des constructions existantes. Cet outil d'aménagement dit « BRSA » tend ainsi à faciliter la construction et la réhabilitation non plus de logements mais de locaux à usage professionnel ou commercial(11).

(9) Code de l'urbanisme, art. L. 329-1.
(10) CCH, art. L. 255-1 et s. et R. 255-1 et s.
(11) CCH, art. L. 256-1 et s.

2.1.4.2 Bénéficiaires

Le bail réel et solidaire (BRS) peut être consenti aux personnes suivantes :
– un preneur qui occupe le logement dans la limite de plafonds de prix de cession des droits réels et de ressources du preneur fixés réglementairement (l'organisme foncier solidaire peut toutefois, en fonction de ses objectifs et des caractéristiques de chaque opération, appliquer des seuils inférieurs) ;
– un opérateur qui, le cas échéant, construit ou réhabilite des logements et qui s'engage à vendre les droits réels immobiliers attachés à ces logements à des bénéficiaires répondant aux conditions de ressources et à un fixés dans les conditions susvisées, ou à proposer la souscription de parts ou actions permettant la jouissance du bien par ces bénéficiaires.
– un opérateur qui, le cas échéant, construit ou réhabilite des logements et qui s'engage à les mettre en location en respectant les plafonds du loyer applicable et des ressources du locataire susvisés.

Quant au bail réel solidaire d'activité (BRSA), il peut être consenti à :
– une micro-entreprise, selon le cas échéant des critères d'éligibilité pouvant être créés par l'OFS et fondés notamment sur le chiffre d'affaires, le statut ou le type d'activité. Le preneur doit occuper le local objet des droits réels et ne peut le louer ;
– à un opérateur (établissement public y ayant vocation, SEML, SPL ou SEMOP) qui, le cas échéant, construit ou réhabilite des locaux à usage professionnel ou commercial et qui s'engage à les mettre en location à une microentreprise ;
– un opérateur qui, le cas échéant, construit ou réhabilite des locaux à usage professionnel ou commercial et qui s'engage à vendre les droits réels immobiliers attachés à ces locaux à une micro-entreprise répondant aux conditions sus-évoquées ou à proposer la souscription de parts ou actions permettant la jouissance du bien par ces bénéficiaires.

2.1.4.3 Durée

Il s'agit d'un contrat conclu pour une durée comprise entre dix-huit et quatre-vingt-dix-neuf ans.

Les logements sont destinés, pendant toute la durée du contrat, à être occupés à titre de résidence principale.

REMARQUE

Le preneur au BRS peut revendre le logement à tout moment à une personne répondant aux critères sus-analysés pour en bénéficier sous réserve que le prix de vente soit limité au prix d'acquisition éventuellement actualisé en appliquant l'indice choisi par l'OFS et majoré de la valorisation des travaux effectués entre l'acquisition et la cession.

Le preneur au BRSA doit occuper le local objet des droits réels et ne peut le louer.

2.2 Valorisation par l'autorisation d'occupation temporaire

Les collectivités territoriales peuvent délivrer des autorisations d'occupation constitutives de droits réels dans certaines conditions strictement encadrées par la loi(12).

Leur durée ne saurait excéder 70 ans.

Les AOT constitutives de droits réels peuvent être délivrées par la collectivité territoriale, soit sur son propre domaine public, soit sur celui qui lui a été mis à disposition par une autre personne publique(13) :
– en vue de l'accomplissement pour son compte d'une mission de service public ;
– pour la réalisation d'une opération d'intérêt général relevant de sa compétence ;
– seulement sur des dépendances du domaine public artificiel.

Elles confèrent au titulaire de l'autorisation un droit réel sur les ouvrages, constructions et installations de caractère immobilier qu'il réalise pour l'exercice de l'activité concernée.

COMMENTAIRE

Pour la durée de l'autorisation, et dans les conditions et les limites précisées par le législateur, le titulaire de l'autorisation se voit conférer les prérogatives et obligations ci-après :
– le droit réel est cessible ou transmissible uniquement à une personne agréée par la collectivité territoriale, en vue d'une utilisation compatible avec l'affectation du domaine occupé ;
– lors du décès du titulaire du titre d'occupation, celui-ci peut être transmis aux héritiers, sous réserve de l'accord de la collectivité territoriale ;
– le droit réel sur le titre, les ouvrages, constructions et installations, peut être hypothéqué pour garantir les emprunts contractés par le titulaire de l'autorisation, en vue de financer la réalisation, la modification ou l'extension des ouvrages, constructions et installations immobilières situés sur la dépendance domaniale occupée ;
– etc.

Elles peuvent prendre une forme unilatérale ou la forme de conventions de toute nature ayant pour effet d'autoriser l'occupation du domaine public.

REMARQUE

Le domaine public d'une collectivité territoriale peut également donner lieu à un usage privatif, après autorisation, sans qu'aucun droit réel ne soit conféré.

L'autorisation peut être de nature unilatérale (permission de voirie) ou bilatérale (concession d'occupation domaniale).

Cette autorisation est nécessairement temporaire et précaire. Elle est, par suite, révocable unilatéralement par la personne publique qui l'a délivrée, sur le fondement de motifs d'intérêt général. Son bénéficiaire ne possède aucun droit à son maintien, son renouvellement ou son transfert.

Par ailleurs, elle doit prendre une forme expresse et revêt un caractère personnel. Le bénéficiaire de l'autorisation ne saurait, sauf exception prévue par la réglementation, la céder :

« Considérant qu'en l'absence de texte contraire ou de prescription prévue par le titre, une autorisation d'occupation du domaine public est par nature personnelle et ne peut être transmise à un tiers ; que, dans ce cas, lorsqu'un tel titre est délivré à une société, il prend fin au plus tard à la dissolution de cette dernière, sans que puissent y faire obstacle les dispositions de l'article 1844-5 du code civil »(14).

L'AOT simple n'est donc pas adaptée aux hypothèses où des travaux doivent être réalisés sur la dépendance domaniale.

---

(12) CGCT, art. L. 1311-5 à L. 1311-8.

(13) CGPPP, art. L. 2122-20.

(14) CE 10 janvier 2011, Ville de Paris, n° 323831.

Tab. 2.1. Récapitulatif sur la valorisation foncière par la cession de droits réels

	Bail à construction	Bail emphytéotique	Bail à réhabilitation	Bail réel solidaire	AOT constitutive de droits réels	AOT simple
Droit applicable au contrat	– Art. L. 251-1 et s. du CCH.	– Art. L. 451-1 et s. du Code rural et de la pêche maritime ; – Art. L. 1311-2 et s. du CGCT ; – Art. L. 2122-20 du CGPPP.	– Art. L. 252-1 et s. du CCH.	– Art. L. 255-1 et s. et R. 255-1 et s. du CCH ; – Art. L. 256-1 et s. du CCH ; – Art. L. 301-1 du CCH ; – Art. L. 329-1 du Code de l'urbanisme.	– Art. L. 1311-5 et s. du CGCT ; – Art. L. 2122-20 du CGPPP.	– Art. L. 2122-1 à L. 2122-4 du CGPPP.
Objet principal du contrat	Construction par le preneur d'un bien immobilier sur le terrain donné à bail	Valorisation d'un bien immobilier	Rénovation d'un bien immobilier	– BRS : la location ou l'accession à la propriété des logements ; – BRSA : location ou accession à la propriété de locaux à usage professionnel ou commercial.	Occupation temporaire du domaine public pour la réalisation d'une opération d'intérêt général	– Occupation temporaire qui n'est pas nécessairement accordée en vue de répondre aux besoins d'un service public ; – elle doit toutefois être compatible avec l'affectation de la dépendance publique.
Durée du contrat	De 18 à 99 ans	De 18 à 99 ans	Minimum 12 ans	De 18 à 29 ans	Maximum 70 ans	Occupation temporaire et précaire
Droits conférés au preneur	Droits réels	Droits réels	Droits réels	Droits réels	Droits réels	– Droit d'occupation exclusive de la dépendance ; – Propriété des installations superficielles éventuellement édifiées pendant la durée de l'autorisation

	Bail à construction	Bail emphytéotique	Bail à réhabilitation	Bail réel solidaire	AOT constitutive de droits réels	AOT simple
Obligations du preneur	Pendant la durée du bail : – édification de construction ; – loyer ; – charges, taxes et impôts ; – entretien des constructions.	Pendant la durée du bail : – édification de construction (facultatif) ; – redevance ; – charges, taxes et impôts ; – entretien des constructions ; – obligations spécifiques pour les BEA.	Pendant la durée du bail : – réalisation de travaux de rénovation ; – loyer, le cas échéant ; – entretien des constructions.	Pendant la durée du bail : – s'il y a lieu, obligation de construire ou de réhabiliter les constructions existantes ; – règlement d'une redevance.	Pendant la durée de l'autorisation : – redevance ; – accomplissement d'une mission de service public.	Pendant la durée de l'autorisation : – redevance ; – occuper personnellement la dépendance.

CHAPITRE 3

Outils d'une stratégie foncière

Les collectivités ont tout intérêt à anticiper leur action foncière en élaborant très en amont une stratégie qui facilitera ensuite la maîtrise du foncier en vue de la réalisation d'un projet d'aménagement et permettra une meilleure réactivité face aux opportunités. Cette anticipation est d'autant plus importante que le foncier est devenu une ressource rare et précieuse dans un territoire qui doit désormais être appréhendé à une échelle globale et de manière résiliente. Il existe ainsi un certain nombre d'outils d'urbanisme, notamment au travers du PLU, qui permettent de mettre en place cette stratégie foncière, à savoir par exemple le sursis à statuer (*cf. § 3.1.*) et le périmètre d'attente de projet d'aménagement global (PAPAG) (*cf. § 3.2*). Ces deux outils permettent ainsi, par anticipation, de geler ou de limiter les constructions sur les fonciers concernés, ce qui facilitera ultérieurement leur appropriation par la collectivité et donc la réalisation d'un projet ou de travaux publics, ou d'un projet privé intégrant le parti d'urbanisme de ladite collectivité.

3.1 Sursis à statuer

Le sursis à statuer est un outil qui peut être utilisé par l'autorité compétente en matière d'autorisations d'urbanisme afin de geler provisoirement les constructions, et ce, dans des cas limitativement prévus par le législateur. Cet outil permet ainsi de différer la décision de ladite autorité compétente.

Il existe ainsi plusieurs hypothèses permettant de recourir à cet outil (*cf. § 3.1.1.*), chacune d'entre elles recouvrant des situations différentes (*cf. § 3.1.2*).

RÉFÉRENCES

« Le sursis à statuer ne constitue ni une décision négative, ni une décision positive : l'autorité compétente refuse temporairement d'examiner la demande. Ce refus se fonde sur le souci de préserver les décisions ou opérations futures. Il permet donc à l'administration de ne pas appliquer la règle en vigueur au moment où elle est saisie pour pouvoir appliquer plus tard la règle future, qui, le cas échéant, pourra interdire l'opération pourtant permise par les textes lorsqu'elle est envisagée »(1).

3.1.1 Différentes hypothèses de sursis

Quelle que soit l'hypothèse de sursis à statuer envisagée, la décision se fonde sur le souci de préserver les décisions ou opérations futures. Il s'agit d'une faculté offerte à la personne compétente en matière d'autorisation d'urbanisme, qui décide discrétionnairement d'utiliser ou non cet outil(2).

REMARQUE

L'autorité compétente en la matière est celle en charge de la délivrance des autorisations d'urbanisme afférentes (permis de construire, permis d'aménager, permis de démolir et déclaration préalable). Elle doit rendre sa décision dans le délai d'instruction de cette autorisation.

Un sursis à statuer peut être prononcé lorsque les travaux, constructions ou installations afférents sont susceptibles de compromettre ou de rendre plus onéreux :
– la réalisation d'une opération d'aménagement à l'intérieur d'une OIN ;
– l'aménagement et l'équipement d'une ZAC ;
– l'exécution du futur PLU ;
– la réalisation d'une opération d'aménagement ;
– l'exécution de travaux publics.

Le gel des constructions induit permet ainsi d'éviter de compromettre des projets de construction et des opérations d'aménagement, ainsi que des règles d'urbanisme susceptibles de les encadrer selon le parti d'aménagement de la collectivité.

Le sursis à statuer peut également être prononcé dans le cadre d'une procédure d'expropriation, dès la date d'ouverture de l'enquête préalable à la DUP, s'agissant des travaux, constructions ou installations à réaliser sur des terrains compris dans le périmètre de cette opération(3).

Cet outil n'est donc pas à négliger dans le cadre d'une stratégie foncière sur le long terme.

Le sursis à statuer doit être motivé(4). Plus précisément, cette motivation doit indiquer l'intégralité des motifs. Il indique en outre quelle est sa durée et le délai dans lequel le demandeur pourra confirmer sa demande.

En tout état de cause, le sursis à statuer ne peut excéder deux ans, de sorte que l'autorité compétente ne peut, à l'expiration du délai de validité du sursis ordonné, opposer à une

(1) Voir commentaires sous l'article L. 424-1 dans le *Code de l'urbanisme 2023, annoté et commenté*, Dalloz, 32e éd., avril 2023.

(2) Code de l'urbanisme, art. L. 424-1 et L. 424-3.

(3) Voir chapitre 4.

(4) Code de l'urbanisme, art. R. 424-5.

même demande d'autorisation un nouveau sursis fondé sur le même motif que le sursis initial. Toutefois, des motifs différents rendent possible l'intervention d'une décision de sursis à statuer par application d'une disposition législative autre que celle qui a servi de fondement au sursis initial. Dans cette hypothèse, la durée totale des sursis ordonnés ne peut cependant en aucun cas excéder trois ans. À l'expiration du délai de validité du sursis à statuer, et au plus tard dans un délai de deux mois, le pétitionnaire doit confirmer sa demande initiale. L'autorité compétente dispose alors d'un délai de deux mois pour rendre sa décision. À défaut de notification de la décision dans ce dernier délai, l'autorisation est considérée comme accordée dans les termes où elle avait été demandée.

COMMENTAIRE

Le Conseil d'État a précisé qu'il résulte de ces dispositions qu'elles n'autorisent à surseoir à statuer sur une demande d'autorisation concernant des travaux, constructions ou installations que lors de l'élaboration d'un PLU ou, par extension, lors de sa révision. *A contrario*, aucune disposition ne prévoit une telle possibilité pour la procédure de modification du PLU(5).

En outre, il est intéressant de noter que lorsqu'une décision de sursis à statuer est intervenue, les propriétaires des terrains auxquels a été opposé le refus d'autorisation peuvent mettre en demeure la collectivité ou le service public qui a pris l'initiative du projet de procéder à l'acquisition de leur terrain dans les conditions et délai analysés *supra*(6).

Cet outil est donc particulièrement intéressant en ce qu'il ouvre un droit au délaissement au bénéfice des propriétaires, et peut donc être une incitation à la cession du foncier.

Il convient toutefois d'être vigilant dans la mise en place de cet outil, la collectivité devant anticiper cette possibilité, c'est-à-dire avoir les moyens financiers, le cas échéant, de procéder aux acquisitions du foncier délaissé.

REMARQUE

La loi n° 2023-630 du 20 juillet 2023 visant à faciliter la mise en œuvre des objectifs de lutte contre l'artificialisation des sols et à renforcer l'accompagnement des élus locaux (article 6) a complété l'article 194 IV de la loi n° 2021-1104 du 22 août 2021 portant lutte contre le dérèglement climatique et renforcement de la résilience face à ses effets en instituant un nouveau sursis à statuer dit « ZAN » (zéro artificialisation nette). Ainsi, l'autorité compétente pour délivrer les autorisations d'urbanisme peut surseoir à statuer sur une demande d'autorisation d'urbanisme entraînant une consommation d'espaces naturels, agricoles et forestiers qui pourrait compromettre l'atteinte des objectifs de réduction de cette consommation susceptibles d'être fixés par le document d'urbanisme en cours d'élaboration ou de modification, durant la première tranche de dix années 2021-2031.

3.1.2 Situations spécifiques

3.1.2.1 Réalisation d'une opération d'aménagement au sein d'une opération d'intérêt national

À l'intérieur du périmètre d'une opération d'intérêt national (OIN), lorsque des travaux, des constructions ou des installations sont susceptibles de compromettre ou de rendre plus onéreuse la réalisation d'une opération d'aménagement, le sursis à statuer peut être prononcé dès lors que la mise à l'étude du projet d'aménagement a été prise en considération par le préfet et que les terrains affectés par ce projet ont été délimités(7).

(5) CE 28 janvier 2021, Commune de Valence, n° 433619.

(6) Voir chapitre 4.

(7) Code de l'urbanisme, art. L. 102-13, 6°.

3.1.2.2 Aménagement et équipement d'une zone d'aménagement concerté

À compter de la publication de l'acte créant la ZAC, lorsque des travaux, des constructions ou des installations sont susceptibles de compromettre ou de rendre plus onéreux l'aménagement et l'équipement de ladite zone, le sursis à statuer peut être prononcé(8).

3.1.2.3 Exécution du futur PLU

L'autorité compétente en matière d'autorisation de construire peut décider de surseoir à statuer sur les demandes d'autorisation concernant des constructions, installations ou opérations qui seraient de nature à compromettre ou à rendre plus onéreuse l'exécution du futur plan dès lors qu'a eu lieu le débat sur les orientations générales du projet d'aménagement et de développement durable(9).

3.1.2.4 Réalisation d'une opération d'aménagement

Il peut être sursis à statuer lorsque des travaux, constructions ou installations sont susceptibles de compromettre ou de rendre plus onéreuse la réalisation d'une opération d'aménagement, dès lors que le projet d'aménagement a été pris en considération par la commune ou l'établissement public de coopération intercommunale compétent et que les terrains affectés par ce projet ont été délimités (sauf pour les ZAC)(10).

3.1.2.5 Exécution de travaux publics

Il peut être sursis à statuer lorsque des travaux, des constructions ou des installations sont susceptibles de compromettre ou de rendre plus onéreuse l'exécution de travaux publics, dès lors que la mise à l'étude d'un projet de travaux publics a été prise en considération par l'autorité compétente et que les terrains affectés par ce projet ont été délimités(11).

IMPORTANT

Ce périmètre d'étude ne doit pas être confondu avec le périmètre d'attente ci-après analysé.

3.1.2.6 Lutte contre la consommation d'espaces naturels, agricoles et forestiers

La décision de surseoir à statuer est motivée en considération soit de l'ampleur de la consommation résultant du projet faisant l'objet de la demande d'autorisation, soit de la faiblesse des capacités résiduelles de consommation au regard des objectifs de réduction de l'artificialisation des sols(12).

(8) Code de l'urbanisme, art. L. 311-2, 2°.

(9) Code de l'urbanisme, art. L. 153-11.

(10) Code de l'urbanisme, art. L. 424-1, 3°.

(11) Code de l'urbanisme, art. L. 424-1, 2°.

(12) Article 194-IV de la loi n° 2021-1104 du 22 août 2021 portant lutte contre le dérèglement climatique et renforcement de la résilience face à ses effets, loi dite « climat et résilience ».

Elle ne peut toutefois être opposée à une demande pour laquelle la consommation d'espaces naturels, agricoles et forestiers (ENAF) résultant de la réalisation du projet est compensée par la renaturation d'une surface au moins équivalente à l'emprise du projet. De même, il ne peut être ni prononcé ni prolongé après l'approbation du document d'urbanisme modifié justement afin d'assurer l'intégration des objectifs de lutte contre l'artificialisation des sols et de réduction de la consommation d'ENAF.

À l'expiration du délai de validité du sursis à statuer, l'autorité compétente statue sur la demande d'autorisation d'urbanisme dans un délai de deux mois à compter de la confirmation par le pétitionnaire de cette demande. À défaut de notification de la décision dans ce dernier délai, l'autorisation est considérée comme ayant été accordée dans les termes dans lesquels elle avait été demandée. Lorsqu'une décision de sursis à statuer est intervenue, le propriétaire du terrain à qui elle a été opposée bénéficie d'un droit de délaissement dans les conditions et le délai mentionnés aux articles L. 230-1 à L. 230-6 du Code de l'urbanisme(13).

REMARQUE

La décision de sursis à statuer est conditionnée à une procédure d'élaboration (ou de révision) ou de modification de PLU en cours ayant pour objet de fixer des objectifs de réduction de la consommation d'espaces pour la période concernée. Un sursis à statuer est envisageable même en présence d'une modification du PLU, contrairement aux hypothèses de sursis susvisées.

3.2 Périmètre d'attente de projet d'aménagement global

Le périmètre d'attente de projet d'aménagement global (PAPAG) a pour objectif de contenir l'évolution urbaine dans l'attente de la définition d'un projet d'aménagement(14).

Le règlement du PLU peut ainsi délimiter dans les zones urbaines et à urbaniser des terrains sur lesquels sont institués des servitudes interdisant, sous réserve d'une justification particulière, pour une durée au plus de cinq ans dans l'attente de l'approbation par la commune d'un projet d'aménagement global, les constructions ou installations d'une superficie supérieure à un seuil défini par le règlement. Les documents graphiques du règlement doivent également faire apparaître les secteurs ainsi délimités en précisant à partir de quelle surface les constructions ou installations sont interdites et la date à laquelle la servitude sera levée.

Ces servitudes ne peuvent avoir pour effet d'interdire les travaux ayant pour objet l'adaptation, le changement de destination, la réfection ou l'extension limitée des constructions existantes.

Cet outil permet ainsi à l'autorité compétente en matière de PLU d'instituer une servitude d'inconstructibilité temporaire en zone U et AU dans l'attente de la définition d'un projet d'aménagement global et ce, lors de l'élaboration, la révision ou la modification de ce document d'urbanisme.

(13) Voir chapitre 4.

(14) Code de l'urbanisme, art. L. 151-41, 5° et R. 151-32.

IMPORTANT

Le périmètre du PAPAG ne doit pas être confondu avec le périmètre d'étude sus évoqué, de sorte que cette servitude n'est pas au nombre de celles qui peuvent légalement justifier un sursis à statuer mais uniquement un refus de délivrance de permis de construire[(15)].

JURISPRUDENCE

La suppression d'un PAPAG ne peut pas résulter d'une simple délibération de l'organe délibérant compétent en matière de PLU. En effet, la collectivité ne peut ni lever cette servitude d'inconstructibilité, ni intégrer le projet urbain nouvellement arrêté, qui modifie le rapport de présentation, le zonage et le règlement applicables, sans procéder à une modification ou à une révision de son plan local d'urbanisme[(16)].

(15) TA Melun, 18 juillet 2023, n° 2110308.

(16) CAA Marseille, 6 octobre 2016, n° 14MA02197.

PARTIE 2

Appropriation par voie d'expropriation

L'expropriation est certainement le mode d'acquisition le plus exorbitant du droit commun.

En effet, cette procédure se caractérise essentiellement par le fait qu'une personne publique contraint le propriétaire d'un bien bâti ou non bâti, ou le titulaire d'un droit réel immobilier, par l'intermédiaire du préfet et avec l'intervention du juge de l'expropriation, à le lui céder, et ce alors même que ledit propriétaire ne souhaitait pas le vendre.

La mise en œuvre de l'expropriation prive ainsi clairement ce dernier de sa liberté de disposer de son bien et, par suite, intervient à contre-courant de la protection du droit fondamental de propriété, tant aux niveaux législatif et constitutionnel qu'européen.

TEXTE OFFICIEL

L'article 545 du Code civil dispose notamment que :

« Nul ne peut être contraint de céder sa propriété, si ce n'est pour cause d'utilité publique, et moyennant une juste et préalable indemnité. »

De même, aux termes de l'article 17 de la Déclaration des droits de l'Homme et du Citoyen (DDHC), citée dans le préambule de la Constitution du 4 octobre 1958 :

« La propriété étant un droit inviolable et sacré, nul ne peut en être privé, si ce n'est lorsque la nécessité publique, légalement constatée, l'exige évidemment, et sous la condition d'une juste et préalable indemnité. »

Enfin, l'article 1er du premier protocole du 20 mars 1952, additionnel à la CEDH du 4 novembre 1950, prévoit que :

« Toute personne physique ou morale a droit au respect de ses biens. Nul ne peut être privé de sa propriété que pour cause d'utilité publique et dans les conditions prévues par la loi et les principes généraux du droit international. »

Par conséquent, le recours à l'expropriation, en tant que mode d'appropriation par la puissance publique, est strictement encadré.

Ainsi, certaines conditions, reprises à l'article L. 1 du Code de l'expropriation pour cause d'utilité publique, doivent être remplies pour mettre en œuvre cette procédure :
- l'expropriation doit répondre à une utilité publique ;
- cette utilité publique doit avoir été préalablement et formellement constatée à la suite d'une enquête publique ;

– la détermination des parcelles à exproprier, ainsi que la recherche des propriétaires, des titulaires de droits réels et des autres personnes intéressées doivent avoir été contradictoirement réalisées ;
– elle doit donner lieu à une juste et préalable indemnité.

Le respect de ces principes est au cœur du dispositif d'expropriation, ce qui explique d'ailleurs pourquoi ils sont énumérés au premier article du Code de l'expropriation pour cause d'utilité publique.

RÉFÉRENCES

Ainsi que le résume la doctrine, « l'expropriation est une procédure d'essence régalienne qui permet à la puissance publique de porter atteinte, en dépit de son caractère "inviolable et sacré", au droit de propriété et d'obtenir, sous forme de cession forcée, le transfert à son profit d'un bien immobilier, en vue de la réalisation d'un objectif d'utilité publique et moyennant le paiement d'une indemnité qui doit être "juste et préalable" »(1).

Si bien que la procédure d'expropriation comporte deux phases, l'une administrative et l'autre judiciaire :
– phase administrative : elle consiste en une procédure administrative non contentieuse qui vise essentiellement à informer tout intéressé et, plus généralement, le public qu'une opération est susceptible de faire l'objet d'une expropriation en raison de son utilité publique (*cf. chapitre 4*) ;
– phase judiciaire : elle nécessite l'intervention du juge judiciaire, garant de la propriété privée, qui, en la personne du juge de l'expropriation, fixera les indemnités d'expropriation (*cf. chapitre 5*) et prononcera le transfert de propriété du bien exproprié (*cf. chapitre 6*).

(1) R. Hostiou et J.- F. Struillou, *Expropriation et préemption*, Litec Lexisnexis, 6e édition, 27.

CHAPITRE 4

Utilité publique de l'opération et cessibilité

Une opération peut être déclarée d'utilité publique seulement si elle répond à des critères très précis *(cf. § 4.1)*.

Elle implique également la mise en œuvre d'une procédure d'information du public, l'utilité publique de l'opération ne pouvant être déclarée qu'à l'issue d'une enquête publique préalable *(cf. § 4.2)*, qui peut être organisée conjointement ou non à l'enquête parcellaire *(cf. § 4.3)*.

4.1 Notion d'utilité publique

Une opération ne peut être déclarée d'utilité publique que si des conditions très précises sont réunies :
- elle présente un intérêt général *(cf. § 4.1.1)* ;
- elle ne peut pas être réalisée dans des conditions équivalentes en utilisant des biens se trouvant déjà dans le patrimoine de l'expropriant *(cf. § 4.1.2)* ;
- les atteintes à la propriété privée, le coût financier et, le cas échéant, les inconvénients d'ordre social ou économique qu'elle comporte ne doivent pas être excessifs eu égard à l'intérêt qu'elle présente *(cf. § 4.1.3)*.

Il peut être précisé que l'utilité publique doit également s'apprécier désormais au regard de principes dégagés dans le cadre de la protection du droit de l'environnement (*cf. § 4.1.3.*).

In fine, le juge administratif met en œuvre la « théorie du bilan » pour déterminer si cette utilité publique est remplie, c'est-à-dire qu'il met en balance les avantages et inconvénients présentés par l'opération au regard des critères susvisés[1].

(1) CE 28 mai 1971, Ville nouvelle Est, n° 78825, *Lebon* ; CE 19 octobre 2012, Commune de Levallois-Perret, n° 343070, *Lebon T.* ; CE 9 octobre 2015, n° 370482 ; CE 9 juillet 2018, n° 410917, *Lebon T.* ; CE ass., 12 avril 2013, n° 342509, *Lebon* ; CE 17 mars 2010, n° 314114, *Lebon T.* ; CE 3 octobre 2008, n° 297931, *Lebon*.

4.1.1 Sur l'intérêt général de l'opération

Il s'agit du premier critère à remplir.

La difficulté réside dans le fait que le législateur ne donne aucune définition de l'intérêt général d'une opération déclarée d'utilité publique.

Il convient, en conséquence, de se reporter à la jurisprudence qui a apporté des éléments de réponse en la matière qui permettent de dégager l'idée qu'une opération présente un intérêt général dès lors qu'elle n'est pas menée exclusivement à des fins personnelles ou pour nuire à un administré.

Par ailleurs, le Conseil d'État, dans l'exercice de ses fonctions consultatives, a consacré son rapport public de l'année 1999 à cette notion(2).

Il définit ainsi l'intérêt général comme « la pierre angulaire de l'action publique, dont il détermine la finalité et fonde la légitimité ».

En d'autres termes, le pouvoir de l'administration n'est légitime que dans la mesure où il s'exerce dans l'intérêt de tous les administrés et de chacun d'entre eux.

L'intérêt général constitue, en conséquence, la finalité et la limite même de l'action publique. C'est ce qui permet de conférer à l'autorité publique des prérogatives exorbitantes du droit commun.

Cette notion, protectrice des droits fondamentaux, trouve donc tout son sens en matière d'expropriation, où le droit de propriété est en jeu.

Cet intérêt général transparaît notamment à travers :
– les catégories limitées d'intervenants à la procédure ;
– les biens pouvant être expropriés ;
– l'objet même que doit revêtir l'opération.

4.1.1.1 Intérêt général à travers les intervenants

L'encadrement par l'intérêt général permet de circonscrire les personnes publiques susceptibles d'édicter les actes de la phase administrative, d'engager la procédure d'expropriation ou d'en bénéficier.

Conduite de la procédure d'expropriation

Seul l'État, par l'intermédiaire notamment du préfet, garant par excellence de l'intérêt général, est compétent pour mener une procédure d'expropriation.

C'est ainsi l'autorité de l'État compétente qui ouvre et organise l'enquête publique, prend la déclaration d'utilité publique (DUP), et édicte l'arrêté de cessibilité (*cf. infra*).

TEXTE OFFICIEL

Article L. 121-1 alinéa 1er du Code de l'expropriation pour cause d'utilité publique

« L'utilité publique est déclarée par l'autorité compétente de l'État ».

(2) Conseil d'État, *Rapport public, 1999, Jurisprudence et avis de 1998, L'intérêt général*, La Documentation française, 1999, p. 245.

REMARQUE

Le préfet dispose d'un certain pouvoir d'appréciation dans la mise en œuvre de la procédure d'expropriation puisqu'il peut refuser d'engager la procédure d'expropriation lorsqu'il justifie d'un motif sérieux mais également s'il a un motif d'opportunité pour s'y opposer. Sa décision de refus doit cependant être motivée et comporter l'énoncé des considérations de droit et de fait. Par ailleurs, elle est susceptible de recours devant le juge administratif qui exerce alors un contrôle réduit à l'erreur manifeste d'appréciation(3).

REMARQUE

Pour les opérations susceptibles d'affecter l'environnement, la DUP est obligatoirement précédée de la déclaration de projet prévue à l'article L. 126-1 du Code de l'environnement. Si l'expropriation est poursuivie au profit d'une collectivité territoriale, d'un de ses établissements publics ou de tout autre établissement public, celle-ci ou celui-ci doit se prononcer, dans un délai qui ne peut excéder six mois, sur l'intérêt général du projet, et ce, sur demande de l'autorité compétente de l'État. Par contre, si l'expropriation est poursuivie au profit de l'État ou de l'un de ses établissements publics, la DUP tient lieu de déclaration de projet. L'acte déclarant d'utilité publique l'opération est accompagné d'un document qui expose les motifs et considérations justifiant son utilité publique.

Engagement de la procédure d'expropriation

Cette procédure ne peut être engagée qu'à la demande d'un nombre limité de personnes publiques et privées, dites « expropriant », censées poursuivre, de par leurs compétences ou missions, un intérêt général.

Il s'agit essentiellement :
– de l'État et des établissements publics de l'État (EPA, EPF, etc.) ;
– des collectivités territoriales (communes, départements et régions) et de leurs groupements, dans les limites de leurs compétences matérielles et territoriales respectives ;
– des concessionnaires d'opérations d'aménagement ;
– des personnes privées qui assurent la gestion d'un service public lorsque l'expropriation est nécessaire à l'accomplissement de leurs missions ;

Bénéficiaire de l'expropriation

Généralement, les personnes habilitées à engager la procédure d'expropriation peuvent avoir cette qualité de bénéficiaire.

COMMENTAIRE

Une DUP peut être prononcée au profit de plusieurs bénéficiaires lorsque les travaux ou les opérations à réaliser intéressent plusieurs personnes publiques. Dans cette hypothèse, l'acte déclarant l'utilité publique peut toutefois prévoir qu'une seule de ces personnes est chargée de conduire la procédure d'expropriation.(4)

Cette disposition est issue de l'amendement 3097 du 26 mai 2018 au projet de loi n° 2018-1021 du 23 novembre 2018 portant évolution du logement, de l'aménagement et du numérique, dite loi Élan, dont l'objet était le suivant : « Une déclaration d'utilité publique (DUP) peut être prononcée au bénéfice de plusieurs maîtres d'ouvrage publics. Cependant, le texte actuel prévoit que les procédures d'expropriation soient ensuite menées obligatoirement par une seule des personnes publiques concernées.

L'unification aux mains d'un seul maître d'ouvrage de l'ensemble des étapes en amont de la déclaration d'utilité publique (constitution d'un unique dossier soumis à enquête publique) est un gage de simplification et donc d'une meilleure information du public. Par contre, à l'issue de la déclaration d'utilité publique, il peut être utile que chaque maître d'ouvrage concerné puisse mener les procédures nécessaires à la mise en œuvre des expropriations nécessaires au projet dont il est chargé (dossier pour l'enquête parcellaire si elle n'a pas été menée, etc.). Cela permettrait de gagner en efficacité opérationnelle une fois l'utilité publique déclarée, tout en conservant l'intérêt d'un dossier unique en amont.

(3) CE 13 mars 2019, n° 418994, *Lebon T.*

(4) Code de l'expropriation, art. L. 122-7.

Le présent amendement offre donc deux possibilités aux maîtres d'ouvrage pour les expropriations à l'aval : soit elles sont mises en œuvre par un seul d'entre eux au profit de tous les autres comme le prévoit aujourd'hui le texte, soit elles sont mises en œuvre par chacun des maîtres d'ouvrage concernés ».

Il peut également arriver que la procédure soit menée au bénéfice d'une tierce personne qui n'a pas la qualité d'expropriant, tel que :
– certains organismes privés, qui utiliseront le bien exproprié dans un but d'intérêt public ;
– certaines personnes de droit privé ou de droit public, à la condition qu'elles utilisent les biens expropriés aux fins prescrites par le cahier des charges annexé à l'acte de cession ou de concession temporaire ;

COMMENTAIRE

La liste des immeubles concernés est fixée à l'article L. 411-1 du Code de l'expropriation pour cause d'utilité publique.

– des personnes publiques ou privées qui acquièrent à l'issue d'une expropriation des immeubles classés au titre des monuments historiques et qui s'engagent à les utiliser aux fins et dans les conditions prévues au cahier des charges annexé à l'acte de cession ;
– des États étrangers ou certaines organisations internationales dont l'État est membre.

4.1.1.2 Intérêt général à travers les biens appropriables

L'expropriation peut être prononcée, en tout ou partie, envers tous les immeubles bâtis ou non bâtis, ou des droits réels immobiliers.

COMMENTAIRE

Les droits réels immobiliers sont essentiellement les droits d'emphytéose, le droit du concessionnaire des mines et du titulaire du permis d'exploitation, le droit du bénéficiaire d'un bail à construction, les servitudes de droit privé, les droits attachés aux sépultures implantées sur des propriétés privées, etc.

Les immeubles peuvent appartenir tant à une personne privée qu'à une personne publique.

Dans cette dernière hypothèse, il convient toutefois de distinguer les biens du domaine privé de ceux ressortant du domaine public.

Et pour cause, seuls les premiers peuvent faire l'objet d'une expropriation. En effet, les seconds ne sont pas susceptibles de faire l'objet d'une telle procédure, par application du principe d'inaliénabilité des biens du domaine public.

En d'autres termes, ces biens étant déjà affectés à l'intérêt général, il n'y a pas lieu de procéder à leur expropriation.

Une telle procédure ne sera donc envisageable les concernant qu'après leur désaffectation et leur déclassement préalable.

COMMENTAIRE

Le juge administratif a néanmoins prévu un aménagement pratique pour nuancer l'impossibilité d'exproprier les biens du domaine public. Il a ainsi précisé que, si la DUP a normalement pour objet et pour effet d'autoriser la collectivité publique bénéficiaire à exproprier les immeubles nécessaires à la réalisation de l'opération déclarée d'utilité publique, elle ne peut, dans cette mesure, porter sur des immeubles appartenant au domaine public à moins que ceux-ci aient été préalablement déclassés, et désaffectés. Il est toutefois possible de concilier le respect des principes de la domanialité publique avec l'avancement des travaux d'aménagement projetés s'il est établi, au moment de la DUP, que l'administration aura la disposition des terrains au fur et à mesure de la réalisation dudit projet parce que l'administration responsable aura mis fin à leur affectation et procédé à leur déclassement en temps utile. Dans cette hypothèse, la DUP devra comporter des prescriptions particulières relatives aux conditions d'acquisition des éléments immobiliers dépendant du domaine public et préciser ceux qui ne donneront pas lieu à l'expropriation mais seront acquis par voie contractuelle après leur désaffectation et leur déclassement(5).

En tout état de cause, des biens du domaine public peuvent être inclus dans le périmètre d'une DUP dès lors que, même s'ils font l'objet d'un changement d'affectation, il est avéré qu'ils ont vocation à rester dans ledit domaine. L'acte prononçant la cessibilité emporte alors le transfert de gestion des dépendances du domaine public de la personne publique propriétaire autre que l'État au profit du bénéficiaire de la DUP(6).

Dans ces deux cas de figure, l'intérêt général est préservé.

4.1.1.3 Intérêt général à travers l'objet de l'opération

L'intérêt général est une notion qui reste ambivalente, faute d'une définition englobant tous les cas de figure.

C'est donc essentiellement au vu de la jurisprudence que l'appréhension de cette notion peut se faire.

JURISPRUDENCE

En matière d'expropriation, il a notamment été jugé qu'une opération consistant en l'extension d'aires sportives et de loisirs faisant déjà l'objet d'une fréquentation importante, répondait à des besoins en équipements publics d'une commune, en expansion démographique, et des communes environnantes, et présentait, par suite, un intérêt général(7).

La condition tenant à l'intérêt général est souvent regardée comme remplie s'agissant d'une opération menée, au moins en partie, en vue de la réalisation de logements sociaux. Toutefois, même en présence d'un tel intérêt général, l'utilité publique ne sera pas retenue dès lors que l'expropriant est propriétaire dans le secteur concerné par l'opération de plusieurs terrains susceptibles de permettre la construction de plusieurs dizaines de logements sociaux dans des conditions équivalentes (8) ou si les atteintes à la propriété privée sont excessives(9).

4.1.2 Impossibilité de réaliser l'opération dans des conditions équivalentes

Il s'agit du deuxième critère à remplir : l'expropriation doit se révéler absolument nécessaire.

L'opération ne peut ainsi être déclarée d'utilité publique qu'à la condition que l'expropriant ne puisse pas réaliser l'opération dans des conditions équivalentes sans recourir à l'expropriation, notamment en utilisant des biens se trouvant dans son patrimoine.

L'idée sous-jacente est que la personne publique ne saurait porter atteinte à la propriété privée pour réaliser une opération alors qu'elle dispose dans son patrimoine de biens qui permettraient de le faire sans recourir à l'expropriation.

JURISPRUDENCE

Le Conseil d'État a ainsi considéré que l'utilité publique d'une expropriation n'était pas démontrée dès lors que l'expropriant était propriétaire de terrains permettant la réalisation du projet dans des conditions équivalentes, précisant que celles-ci s'apprécient au regard de la situation et des caractéristiques propres desdits terrains, telles que notamment leur superficie.

---

(5) CE 12 décembre 1995, n° 358280.

(6) Code de l'expropriation, art. L. 132-3 et s.

(7) CE 19 octobre 2012, n° 343070, *précité*.

(8) CAA Versailles, 19 novembre 2013, n° 12VE03597.

(9) CE 20 février 1987, n° 44864, *Lebon*.

RÉFÉRENCES

« L'expropriation étant conditionnée par l'impossibilité pour la personne publique de disposer de l'assiette foncière requise pour la réalisation de son projet dans son patrimoine, la doctrine évoque l'idée d'une procédure qui ne pourrait être utilisée qu'à titre "subsidiaire" »(10).

4.1.3 Des avantages plus importants que les inconvénients

Il s'agit du troisième critère à remplir : les atteintes à la propriété privée, le coût financier et, le cas échéant, les inconvénients d'ordre social ou économique que comporte l'opération ne doivent pas être excessifs eu égard à l'intérêt que présente l'opération objet de la DUP.

Il s'agit donc de mettre en balance les avantages et les inconvénients de l'opération.

La jurisprudence abondante rendue en la matière vient illustrer la mise en œuvre de la théorie du bilan.

4.1.3.1 Atteintes à la propriété privée

JURISPRUDENCE

Ne présente pas d'utilité publique, en raison des atteintes portées à la propriété privée, une opération en vue de l'agrandissement d'un cimetière communal nécessitant l'acquisition de 5 350 m^2 de terrain, dont seulement 2 305 m^2 sont destinés à une utilisation immédiate, eu égard notamment au nombre d'habitants de la commune et à l'existence dans un hameau de la commune d'un autre cimetière qui vient d'être agrandi(11).

4.1.3.2 Coût financier

JURISPRUDENCE

Un projet, consistant dans l'aménagement sur une longueur de 980 mètres de la voie communale reliant le bourg d'une commune à un hameau portant la largeur de la chaussée de 3,20 mètres à 5 mètres et représentant un coût de 996 288 francs ne présente pas d'utilité publique dès lors que la desserte dudit hameau qui ne comprend que quelques habitations et qui n'est pas le siège d'une exploitation agricole, ne présentait pas de difficultés avec la voie existante bitumée d'une largeur de 3,20 mètres (notamment en ce qui concerne le croisement des véhicules), de telle sorte que le coût du projet doit, tant au regard du trafic attendu que de la capacité financière de la commune, être regardé à lui seul comme excessif au regard du faible intérêt de l'opération(12).

4.1.3.3 Inconvénients d'ordre social ou économique

JURISPRUDENCE

Une opération qui doit permettre la construction d'une cinquantaine de logements sociaux sur le territoire d'une commune qui connaît une pénurie de logements de cette catégorie présente une utilité publique(13).

A contrario, une opération de construction, même si elle induit la réalisation de logements sociaux, présente des inconvénients d'ordre social excessifs, inhérents à la nécessité de déloger, sans garanties sérieuses de relogement, des personnes seules, âgées pour certaines, et de condition modeste, pour loger à leur place des familles(14).

---

(10) R. Hostiou, « Défaut de nécessité de l'acquisition et légalité de la DUP », *RDI*, 2008, p. 149.

(11) CAA Bordeaux, 18 juin 2007, Ministre de l'Intérieur, n° 04BX01416.

(12) CAA Lyon, 30 novembre 2006, Commune de Valette, n° 03LY00749.

(13) CE 18 février 1987, OPHLM de la ville de Cannes, n° 60665 ; voir également : CE 15 mars 1999, Syndicat des copropriétaires de l'immeuble 57-67 rue Émile-Deschanel, n° 163427.

(14) CAA Marseille, 8 juillet 2010, Commune de Nice, n° 08MA01125.

4.1.1.4 Atteintes à l'environnement

De manière générale, les effets environnementaux du projet doivent être pris en considération dans l'appréciation de l'utilité publique. En effet, une opération ne peut être légalement déclarée d'utilité publique que si la mise en cause de la protection et de la valorisation de l'environnement n'est pas excessive eu égard à l'intérêt qu'elle présente. À ce titre, le Conseil d'État va prendre en considération les principes dégagés en droit de l'environnement, à savoir notamment le principe de précaution, le principe de prévention, le principe de participation et le principe de conciliation.

Principe de précaution

Une opération qui méconnaît les exigences du principe de précaution, posé à l'article 5 de la Charte de l'environnement, ne peut légalement être déclarée d'utilité publique. En conséquence, il convient de rechercher s'il existe des éléments circonstanciés de nature à accréditer l'hypothèse d'un risque de dommage grave et irréversible pour l'environnement ou d'atteinte à l'environnement susceptible de nuire de manière grave à la santé, qui justifierait, en dépit des incertitudes subsistant quant à sa réalité et à sa portée en l'état des connaissances scientifiques, l'application du principe de précaution. Si cette condition est remplie, des procédures d'évaluation du risque identifié doivent avoir été mises en œuvre par les autorités publiques ou sous leur contrôle et de vérifier que, eu égard, d'une part, à la plausibilité et à la gravité du risque, d'autre part, à l'intérêt de l'opération, les mesures de précaution dont l'opération est assortie afin d'éviter la réalisation du dommage ne sont ni insuffisantes, ni excessives.

JURISPRUDENCE

Il appartient donc au juge, saisi de conclusions dirigées contre l'acte déclaratif d'utilité publique et au vu de l'argumentation dont il est saisi, de vérifier que l'application du principe de précaution est justifiée, puis de s'assurer de la réalité des procédures d'évaluation du risque mises en œuvre et de l'absence d'erreur manifeste d'appréciation dans le choix des mesures de précaution(15).

Dans cette affaire, l'utilité publique de l'opération a néanmoins été reconnue. Ainsi, si le Conseil d'État a considéré que l'existence d'un risque accru de survenance de leucémie en lien avec l'exposition résidentielle à des champs électromagnétiques de très basse fréquence doit être regardée comme une hypothèse suffisamment plausible en l'état des connaissances scientifiques pour justifier l'application du principe de précaution, il a toutefois ensuite relevé que l'étude d'impact figurant au dossier au vu duquel l'opération a été déclarée d'utilité publique prenait en compte de manière complète et objective l'état actuel des connaissances scientifiques relatives à ce risque potentiel et que le maître d'ouvrage de la ligne électrique aérienne à très haute tension a prévu, en plus du dispositif de surveillance et de mesure des ondes électromagnétiques par des organismes indépendants accrédités que l'État doit mettre en place, un dispositif spécifique de mesure de l'intensité du champ électromagnétique et de suivi médical après la mise en service de la ligne.

Principe de prévention

Si les travaux, ouvrages ou aménagements que la DUP prévoit le justifient, ces derniers doivent, à peine d'illégalité, comporter, au moins dans leurs grandes lignes, compte tenu de l'état d'avancement des projets concernés, les mesures appropriées et suffisantes devant être mises à la charge du pétitionnaire ou du maître d'ouvrage destinées à éviter, réduire et,

(15) CE ass., 12 avril 2013, n° 342409, *Lebon*.

lorsque c'est possible, compenser les effets négatifs notables du projet sur l'environnement ou la santé humaine ainsi que les modalités de leur suivi. Ces mesures sont, si nécessaire, précisées ou complétées ultérieurement, notamment à l'occasion de la délivrance des autorisations requises au titre des polices d'environnement(16).

Principe de conciliation

Une opération ne saurait être légalement déclarée d'utilité publique si la remise en cause de la protection et de la valorisation de l'environnement est excessive eu égard à l'intérêt qu'elle présente. Lesdites protections et mises en valeur de l'environnement doivent néanmoins être conciliées avec le développement économique et le progrès social, comme le requiert l'article 6 de la Charte de l'environnement(17).

Principe de participation

Même si le principe de participation n'est pas à prendre directement en compte lors de l'appréciation de l'utilité publique, il peut être invoqué dans le cadre d'un contentieux relatif à une DUP. En effet, en vertu de l'article 7 de la Charte de l'environnement, toute personne a le droit, dans les conditions et les limites définies par la loi, d'accéder aux informations relatives à l'environnement détenues par les autorités publiques et de participer à l'élaboration des décisions publiques ayant une incidence sur l'environnement. Ces dispositions s'imposent donc aux pouvoirs publics et aux autorités administratives dans leurs domaines de compétence respectifs(18).

4.2 Déclaration d'utilité publique

La DUP est prononcée par l'autorité compétente de l'État, généralement le préfet, à l'issue d'une enquête publique préalable.

L'enquête publique à mettre en œuvre dans ce cadre est, en principe, celle définie par le Code de l'expropriation pour cause d'utilité publique.

Toutefois, lorsque la DUP porte sur une opération susceptible d'affecter l'environnement, l'enquête publique sera de type environnementale, c'est-à-dire régie par les dispositions des articles L. 123-1 et suivants du Code de l'environnement.

Les différences fondamentales entre ces deux catégories de procédure tiennent essentiellement au contenu du dossier d'enquête, au déroulement de celle-ci, à sa durée, aux possibilités de la suspendre ou d'organiser une enquête complémentaire.

(16) CE 9 juillet 2018, n° 410917, *Lebon T.*

(17) CE 17 mars 2010, n° 314114, *Lebon T.*

(18) CE 28 mars 2011, n° 330256, *Lebon T.*

Tab. 4.1. Tableau récapitulatif – Champ d'application des enquêtes

Enquête environnementale	Enquête d'utilité publique de droit commun
Art. L. 123-2 et s. du Code de l'environnement	*Art. L. 110-1 du Code de l'expropriation*
• DUP portant sur une opération susceptible d'affecter l'environnement, car entrant dans l'une des catégories suivantes : 1° Les projets de travaux, d'ouvrages ou d'aménagements exécutés par des personnes publiques ou privées devant comporter une évaluation environnementale en application de l'article L. 122-1 à l'exception : – des projets auxquels s'applique, au titre de la première autorisation mentionnée au III de l'article L. 122-1-1, la consultation du public prévue à l'article L. 181-10-1 ; – des projets de zone d'aménagement concerté ; – des projets de caractère temporaire ou de faible importance dont la liste est établie par décret en Conseil d'État ; – des demandes de permis de construire, d'aménager ou de démolir et des déclarations préalables, prévues au livre IV du Code de l'urbanisme, portant sur des projets de travaux, de construction ou d'aménagement donnant lieu à la réalisation d'une évaluation environnementale après un examen au cas par cas prévu au IV de l'article L. 122-1. Les dossiers de demande pour ces autorisations d'urbanisme font l'objet d'une procédure de participation du public par voie électronique selon les modalités prévues à l'article L. 123-19 ou de la procédure prévue à l'article L. 181-10-1 ; – des projets d'îles artificielles, d'installations, d'ouvrages et d'installations connexes sur le plateau continental ou dans la zone économique exclusive ; 2° Les plans, schémas, programmes et autres documents de planification faisant l'objet d'une évaluation environnementale en application des articles L. 122-4 à L. 122-11, ou L. 104-1 à L. 104-3 du Code de l'urbanisme, pour lesquels une enquête publique est requise en application des législations en vigueur ; 3° Les projets de création d'un parc national, d'un parc naturel marin, les projets de charte d'un parc national ou d'un parc naturel régional, les projets d'inscription ou de classement de sites et les projets de classement en réserve naturelle et de détermination de leur périmètre de protection mentionnés au livre III du Code de l'environnement ; 4° Les autres documents d'urbanisme et les décisions portant sur des travaux, ouvrages, aménagements, plans, schémas et programmes soumises par les dispositions particulières qui leur sont applicables à une enquête publique dans les conditions prévues par le chapitre III.	• DUP ne portant pas sur une opération susceptible d'affecter l'environnement relevant de l'article L. 123-2 du Code de l'environnement.

4.2.1 Contenu du dossier d'enquête préalable à la déclaration d'utilité publique

Le but premier de l'enquête publique préalable à la DUP est d'assurer une information suffisante du public sur l'opération projetée.

Le dossier d'enquête publique de droit commun, préalable à une DUP, diffère selon que cette dernière est sollicitée en vue de la réalisation de travaux ou d'ouvrages(19) d'une part, et de la constitution de réserves foncières ou en vue d'une simple acquisition d'immeuble, d'autre part(20).

Certaines pièces sont, par ailleurs, spécifiques aux opérations soumises à une enquête environnementale(21).

4.2.1.1 Enquête de droit commun

DUP Travaux

Le dossier doit comporter au moins les pièces suivantes(22) :

• ***Notice explicative***

Il s'agit d'une pièce essentielle du dossier d'enquête qui, pour cette raison, doit être suffisamment précise et détaillée.

L'absence de notice explicative, de même que son incomplétude, sont de nature à vicier la régularité de l'enquête.

La notice doit notamment indiquer l'objet du projet et les raisons pour lesquelles, parmi les partis envisagés, le projet soumis à l'enquête a été retenu, notamment du point de vue de son insertion dans l'environnement.

REMARQUE

Si l'expropriant doit justifier le parti retenu parmi les différentes solutions envisagées, cette exigence ne lui impose pas d'engager une réflexion sur plusieurs partis. En d'autres termes, un seul scénario peut avoir été conçu et retenu.

• ***Plan de situation***

Il n'a pas pour objet de déterminer avec précision les parcelles éventuellement soumises à l'expropriation, mais de permettre aux intéressés de connaître la nature et la localisation des travaux envisagés(23).

REMARQUE

L'échelle des plans à fournir peut varier d'une opération à une autre.

(19) Code de l'expropriation, art. R. 112-4.
(20) Code de l'expropriation, art. R. 112-5.
(21) Code de l'environnement, art. L. 123-12 et R. 123-8.
(22) Code de l'expropriation, art. R. 112-4 et R. 112-7.
(23) CE 23 juillet 1974, n° 92683, *Lebon.*

• ***Plan général des travaux et caractéristiques principales des ouvrages les plus importants***

Ces documents n'ont pas à décrire en détail les ouvrages envisagés, mais de permettre aux intéressés de connaître la nature et la localisation des travaux prévus, ainsi que les caractéristiques générales des ouvrages les plus importants.

JURISPRUDENCE

Au stade de l'enquête préalable à la DUP, les documents soumis à l'enquête publique n'ont pas pour objet de décrire en détail les ouvrages envisagés, mais seulement de permettre aux intéressés de connaître la nature et la localisation des travaux prévus, ainsi que les caractéristiques principales des ouvrages les plus importants(24).

• ***Appréciation sommaire des dépenses***

Elle a pour objet de permettre aux intéressés de s'assurer que les travaux et ouvrages, compte tenu de leur coût total réel, tel qu'il pouvait raisonnablement être apprécié à l'époque de l'enquête, présentent une utilité publique.

L'appréciation sommaire des dépenses (ASD) doit non seulement indiquer le prix des acquisitions foncières à réaliser dans le cadre de l'opération, mais également celui des travaux et aménagements projetés.

Si aucune ASD n'est fournie, ou si celle-ci est incomplète, la procédure sera irrégulière. De la même façon, une sous-estimation manifeste du coût de l'opération est susceptible d'affecter la régularité de l'enquête(25).

IMPORTANT

Aux termes des dispositions combinées des articles R. 1311-5 du Code général des collectivités territoriales et R. 1211-3 du Code général de la propriété des personnes publiques, en cas d'acquisition poursuivie par voie d'expropriation, l'expropriant est tenu de demander l'avis du directeur départemental des finances publiques pour produire, au dossier de l'enquête, l'estimation sommaire et globale des biens dont l'acquisition est nécessaire à la réalisation des opérations.

Cet avis doit porter sur l'ensemble des parcelles concernées par la procédure d'expropriation(26).

DUP réserves foncières et DUP acquisition

Lorsque la DUP est demandée en vue de l'acquisition d'immeubles, ou lorsqu'elle est demandée en vue de la réalisation d'une opération d'aménagement ou d'urbanisme importante et qu'il est nécessaire de procéder à l'acquisition des immeubles avant que le projet n'ait pu être établi, le dossier d'enquête allégé doit comporter au moins les documents ci-après, dont certains sont identiques à ceux du dossier de DUP Travaux(27) :
– notice explicative ;
– plan de situation ;
– périmètre délimitant les immeubles à exproprier ;
– estimation sommaire du coût (ESC) des acquisitions à réaliser.

Ce dossier est dit « simplifié ».

(24) CE ass., 23 juillet 1974, n° 92683, *Lebon* ; CE 21 janvier 1977, n° 02910, *Lebon* ; CE 17 mars 2010, n° 314114, *Lebon T.* ; voir pour un exemple récent : CAA Lyon, 23 juin 2022, n° 20LY02715.

(25) CE ass., 23 janvier 1970, n° 68324, *Lebon* ; CE sect., 25 février 1985, n° 40806, *Lebon* ; voir pour un exemple récent : CAA Versailles, 9 novembre 2023, n° 21VE00473.

(26) CAA Lyon, 7 juin 2011, Préfet du Puy-de-Dôme, n° 10LY00639.

(27) Code de l'expropriation, art. R. 112-5.

REMARQUE

L'estimation sommaire du coût (ESC) se distingue de l'appréciation sommaire des dépenses (ASD) en ce que, par hypothèse, elle ne porte que sur le coût des acquisitions, celui des travaux et aménagements projetés ne pouvant pas être déterminés puisque le projet n'est pas encore établi.

Enfin, qu'il s'agisse d'un dossier simplifié ou non, celui-ci peut comporter tous documents, plans et maquettes qui viendraient préciser l'opération en vue de laquelle l'enquête publique est demandée.

4.2.1.2 Spécificité du dossier d'enquête environnementale

L'enquête publique a pour objet d'assurer l'information et la participation du public ainsi que la prise en compte des intérêts des tiers lors de l'élaboration des décisions susceptibles d'affecter l'environnement.

Le contenu du dossier d'enquête publique préalable à une DUP susceptible d'affecter l'environnement nécessite, de ce fait, des pièces complémentaires :
– étude d'impact ou étude d'impact actualisée le cas échéant ;

REMARQUE

Sont soumis à une étude d'impact les projets de travaux, d'ouvrages ou d'aménagements publics et privés qui, par leur nature, leurs dimensions ou leur localisation sont susceptibles d'avoir des incidences notables sur l'environnement ou la santé humaine(28).

Ces projets sont soumis à une étude d'impact en fonction de critères et de seuils définis par voie réglementaire et, pour certains d'entre eux, après un examen au cas par cas.

Un tableau récapitulatif annexé à l'article R. 122-2 du Code de l'environnement énumère 48 rubriques entrant dans le champ d'application de l'étude d'impact (*cf. Annexe C*).

Le cas échéant, cette étude d'impact constituera l'une des pièces du dossier d'enquête publique.

IMPORTANT

L'absence d'étude d'impact lorsqu'elle est requise, ou son insuffisance est de nature à vicier la DUP prise à l'issue de l'enquête.

– le cas échéant, décision prise après examen au cas par cas ou mention de la décision implicite ;
– avis de l'Autorité environnementale et mémoire en réponse du maître d'ouvrage ;
– mention des textes qui régissent l'enquête publique et la décision pouvant être adoptée au terme de celle-ci et autorités compétentes pour prendre la décision pouvant être adoptée au terme de l'enquête ;
– lorsqu'ils sont rendus obligatoires par un texte législatif ou réglementaire préalablement à l'ouverture de l'enquête, avis émis sur le projet ;
– bilan de la participation ;
– si le projet a fait l'objet d'une procédure de débat public, d'une concertation, ou de toute autre procédure prévue par les textes en vigueur permettant au public de participer effectivement au processus de décision, bilan de cette procédure ou mention qu'aucune concertation préalable n'a eu lieu ;
– mention des autres autorisations nécessaires pour réaliser le projet dont le ou les maîtres d'ouvrage ont connaissance ;

---

(28) Code de l'environnement, art. L. 122-1 et R. 122-2.

– le cas échéant, mention que le projet fait l'objet d'une évaluation transfrontalière de ses incidences sur l'environnement ou des consultations avec un État frontalier membre de l'Union européenne ou partie à la Convention du 25 février 1991 signée à Espoo ;
– évaluation socio-économique.

Il existe certaines spécificités propres aux grands projets d'infrastructures de transport, qui doivent faire l'objet d'une évaluation sur la base de critères homogènes intégrant les impacts des effets externes des transports sur, notamment, l'environnement, la sécurité et la santé et permettant des comparaisons à l'intérieur d'un même mode de transport ainsi qu'entre les modes ou les combinaisons de modes de transport(29).

REMARQUE

Sont de grands projets d'infrastructures de transport :

• D'une part :
– la création de voies rapides à 2 × 2 voies d'une longueur supérieure à 25 km, d'aérodromes de catégorie A, d'infrastructures ferroviaires d'intérêt général, de voies navigables de plus de 5 km accessibles aux bateaux de plus de 1 000 tonnes de port en lourd ;
– les canalisations d'intérêt général, autres que celles qui sont destinées aux transports de gaz régis par les dispositions du Code de l'énergie, dont le coût, hors taxes, est égal ou supérieur à 41 923 480 € (ces dispositions ne s'appliquent pas aux ouvrages utilisés pour les besoins de la défense nationale ou en application de traités ou accords internationaux en matière de défense, régulièrement entrés en vigueur) ;
– les projets d'infrastructures de transport dont le coût, hors taxes, est égal ou supérieur à 83 084 715 €.

• D'autre part :
Les projets suivants, dont la maîtrise d'ouvrage appartient aux communes, aux départements ou aux régions, et à leurs groupements, lorsqu'ils sont soumis à une étude d'impact :
– création d'aérodromes autorisés par l'État ;
– création ou extension des ports maritimes ayant pour objet de doubler la capacité du port ;
– création ou extension de canaux et de voies navigables ;
– projets d'infrastructures de transports ferroviaires ou guidés ;
– projets de routes nouvelles d'une longueur supérieure à 15 kilomètres.

Sous réserve du secret de la défense nationale ou du secret en matière commerciale et industrielle, le dossier de l'évaluation est joint au dossier de l'enquête publique à laquelle est soumis le projet.

L'absence totale d'évaluation au dossier soumis à l'enquête publique, tout comme son insuffisance, sont censurées(30).

Par ailleurs, lorsqu'un projet est réalisé en plusieurs phases, le coût conditionnant la réalisation d'une évaluation socio-économique doit être apprécié au regard de l'ensemble du projet.

JURISPRUDENCE

Lorsque l'enquête publique est réalisée par tranches, ce qui est souvent le cas en matière d'infrastructures de transport, l'évaluation socio-économique doit porter sur l'ensemble du projet et est préalable à la réalisation de sa première tranche.

L'évaluation socio-économique doit porter sur l'ensemble du projet et doit être effectuée avant la réalisation de la première tranche du projet. À l'exception des cas où, en raison du délai écoulé, des circonstances ultérieures auraient modifié les données essentielles sur lesquelles l'évaluation est fondée, ces dispositions n'imposent pas de réaliser une étude socio-économique pour chacune de ses tranches, alors même que le coût de réalisation de cette tranche est égal ou supérieur au coût susvisé conditionnant la réalisation d'une telle évaluation(31).

(29) Code des transports, art. L. 1511-1 et s. et R. 1511-1 et s.

(30) CE ass., 23 octobre 1998, Collectif alternative pyrénéenne à l'Axe européen, nos 173295, 174816 et 174836 (absence) ; CE 4 décembre 1995, District urbain de l'agglomération rennaise, n° 157756 (insuffisance).

(31) CE 10 décembre 2001, Commune de Queven, n° 218331.

Communication du dossier d'enquête

Le dossier d'enquête publique est communicable à toute personne à sa demande et à ses frais, avant l'ouverture de l'enquête publique ou pendant celle-ci[32].

La demande peut être adressée au préfet dès la publication de l'arrêté d'ouverture de l'enquête.

Tab. 4.2. Récapitulatif sur le dossier d'enquête de DUP de droit commun et d'enquête environnementale

Enquête environnementale	**Enquête d'utilité publique de droit commun**
Contenu minimal	
Art. L. 123-12 et R. 123-8 du Code de l'environnement	*Art. R. 112-4, R. 112-5 et R. 112-7 du Code de l'expropriation*
« 1° Lorsqu'ils sont requis : a) L'étude d'impact et son résumé non technique, ou l'étude d'impact actualisée dans les conditions prévues par le III de l'article L. 122-1-1, ou le rapport sur les incidences environnementales et son résumé non technique ; b) Le cas échéant, la décision prise après un examen au cas par cas par l'autorité mentionnée au IV de l'article L. 122-1 ou à l'article L. 122-4 ou, en l'absence d'une telle décision, la mention qu'une décision implicite a été prise, accompagnée pour les projets du formulaire mentionné au II de l'article R. 122-3-1 ; c) L'avis de l'autorité environnementale mentionné au III de l'article L. 122-1, le cas échéant, au III de l'article L. 122-1-1, à l'article L. 122-7 du présent code ou à l'article L. 104-6 du code de l'urbanisme, ainsi que la réponse écrite du maître d'ouvrage à l'avis de l'autorité environnementale ; 2° En l'absence d'évaluation environnementale le cas échéant, la décision prise après un examen au cas par cas ne soumettant pas le projet, plan ou programme à évaluation environnementale et, lorsqu'elle est requise, l'étude d'incidence environnementale mentionnée à l'article L. 181-8 et son résumé non technique, une note de présentation précisant les coordonnées du maître d'ouvrage ou de la personne publique responsable du projet, plan ou programme, l'objet de l'enquête, les caractéristiques les plus importantes du projet, plan ou programme et présentant un résumé des principales raisons pour lesquelles, notamment du point de vue de l'environnement, le projet, plan ou programme soumis à enquête a été retenu ; 3° La mention des textes qui régissent l'enquête publique en cause et l'indication de la façon dont cette enquête s'insère dans la procédure administrative relative au projet, plan ou programme considéré, ainsi que la ou les décisions pouvant être adoptées au terme de l'enquête et les autorités compétentes pour prendre la décision d'autorisation ou d'approbation ;	**DUP Travaux** 1° Une notice explicative ; 2° Le plan de situation ; 3° Le plan général des travaux ; 4° Les caractéristiques principales des ouvrages les plus importants ; 5° L'appréciation sommaire des dépenses. **DUP Réserves foncières ou Acquisition** 1° Une notice explicative ; 2° Le plan de situation ; 3° Le périmètre délimitant les immeubles à exproprier ; 4° L'estimation sommaire du coût des acquisitions à réaliser.

(32) Code de l'environnement, art. L. 123-11.

Enquête environnementale	Enquête d'utilité publique de droit commun
4° Lorsqu'ils sont rendus obligatoires par un texte législatif ou réglementaire préalablement à l'ouverture de l'enquête, les avis émis sur le projet plan, ou programme ; 5° Le bilan de la procédure de débat public organisée dans les conditions définies aux articles L. 121-8 à L. 121-15, de la concertation préalable définie à l'article L. 121-16 ou de toute autre procédure prévue par les textes en vigueur permettant au public de participer effectivement au processus de décision. Il comprend également l'acte prévu à l'article L. 121-13 ainsi que, le cas échéant, le rapport final prévu à l'article L. 121-16-2. Lorsqu'aucun débat public ou lorsqu'aucune concertation préalable n'a eu lieu, le dossier le mentionne ; 6° La mention des autres autorisations nécessaires pour réaliser le projet dont le ou les maîtres d'ouvrage ont connaissance ; 7° Le cas échéant, la mention que le projet fait l'objet d'une évaluation transfrontalière de ses incidences sur l'environnement en application de l'article R. 122-10 ou des consultations avec un État frontalier membre de l'Union européenne ou partie à la Convention du 25 février 1991 signée à Espoo ».	
Contenu spécifique	
Évaluation socio-économique exigée pour les grands projets d'infrastructure visés aux articles L. 1511-2 et R. 1511-4 et suivants du Code des transports.	–
Communication du dossier d'enquête	
Art. L. 123-11 et R. 123-9 du Code de l'environnement : Toute personne, et à ses frais, et sur demande adressée au préfet, peut obtenir communication du dossier d'enquête publique, avant l'ouverture ou pendant celle-ci.	– Impossibilité d'obtenir, en cours d'enquête, communication du dossier ; – L'ensemble des éléments constitutifs du dossier deviennent communicables seulement à l'issue de l'enquête, en application des règles issues de la loi n° 78-753 du 17 juillet 1978 portant diverses mesures d'amélioration des relations entre l'administration et le public.

4.2.2 Autorité compétente pour organiser l'enquête préalable à la DUP

L'enquête publique est ouverte et organisée par le préfet ou lorsque l'opération doit se dérouler sur le territoire d'un ou de plusieurs départements ou d'une autre région, par arrêté conjoint des préfets compétents(33).

(33) Code de l'expropriation, art. R. 112-1 et R. 112-2 ; Code de l'environnement, art. L. 123-3.

REMARQUE

L'arrêté conjoint peut désigner le préfet chargé de coordonner l'organisation de l'enquête et d'en centraliser les résultats.

4.2.3 Désignation du commissaire enquêteur ou de la commission d'enquête

L'enquête est conduite, selon la nature et l'importance des opérations, par un commissaire enquêteur ou une commission d'enquête. Le commissaire enquêteur ou les membres de la commission d'enquête sont désignés par le président du tribunal administratif ou le conseiller délégué par lui à cette fin parmi les personnes figurant sur les listes d'aptitude(34).

REMARQUE

La liste d'aptitude des commissaires enquêteurs est établie, dans chaque département, par une commission présidée par le président du tribunal administratif ou le conseiller qu'il délègue.

Le choix en matière de désignation n'est toutefois pas limité aux listes des départements faisant partie du ressort du tribunal.

Cette désignation intervient dans un délai de quinze jours à compter de la demande qui doit être faite par le préfet.

IMPORTANT

Des suppléants doivent, par ailleurs, également être nommés.

Ils ont vocation à remplacer le titulaire en cas d'empêchement et à exercer ses fonctions jusqu'au terme de la procédure d'enquête.

Tab. 4.3. Tableau de synthèse sur la désignation du commissaire enquêteur

	Enquête environnementale	**Enquête d'utilité publique de droit commun**
	Désignation du commissaire enquêteur ou commission d'enquête	
	Art. L. 123-13 et R. 123-5 du Code de l'environnement	*Art. R. 111-1 et s. du Code de l'expropriation*
Autorité compétente pour solliciter la désignation du commissaire ou de la commission d'enquête	Préfet	
Autorité compétente pour procéder à la désignation du commissaire ou de la commission d'enquête	Président du tribunal administratif	
Délai de la désignation	15 jours à compter de la demande	
Suppléants	Obligation	
Autorité compétente pour organiser et ouvrir l'enquête	Préfet	

(34) Code de l'environnement, art. L. 123-4 et R. 123-5, R. 111-1 et s ; Code de l'expropriation, art. R. 111-1 et s.

REMARQUE

Hormis le cas du remplacement d'un titulaire défaillant, le suppléant n'intervient pas dans la conduite de l'enquête ni pour l'élaboration du rapport et des conclusions.

4.2.4 Lieu de l'enquête

4.2.4.1 Enquête publique de DUP de droit commun

L'enquête publique est ouverte, soit à la préfecture du département, soit à la mairie de l'une des communes où doit être réalisée l'opération(35).

Lorsque l'opération doit être réalisée sur le territoire et pour le compte d'une seule commune, l'enquête est ouverte à la mairie de cette commune.

Lorsque l'opération doit être réalisée sur le territoire de plusieurs départements mais qu'elle concerne principalement l'un d'eux, l'enquête publique est ouverte à la préfecture du département sur le territoire duquel la plus grande partie de cette opération doit être réalisée.

COMMENTAIRE

Il résulte de ces dispositions que le préfet a le choix d'ouvrir l'enquête soit à la préfecture, soit à la sous-préfecture, soit à la mairie de l'une des communes intéressées.

Lorsque l'opération doit être réalisée sur le territoire d'une seule commune mais que l'enquête publique n'est pas ouverte à la mairie de cette commune, un double du dossier d'enquête est transmis au maire de cette commune par les soins du préfet afin qu'il soit tenu à la disposition du public.

4.2.5 Durée de l'enquête

4.2.5.1 Enquête publique de DUP de droit commun

L'enquête ne peut être inférieure à quinze jours(36).

4.2.5.2 Enquête environnementale

La durée de l'enquête publique ne peut être inférieure à trente jours pour les projets, plans et programmes faisant l'objet d'une évaluation environnementale(37).

La durée de l'enquête peut être réduite à quinze jours pour un projet, plan ou programme ne faisant pas l'objet d'une évaluation environnementale.

Par décision motivée, le commissaire enquêteur ou le président de la commission d'enquête peut prolonger l'enquête pour une durée maximale de quinze jours, notamment lorsqu'il décide d'organiser une réunion d'information et d'échange avec le public durant cette période de prolongation de l'enquête. Cette décision doit être portée à la connaissance du public.

(35) Code de l'expropriation, art. R. 112-8 et s.

(36) Code de l'expropriation, art. R. 112-12.

(37) Code de l'environnement, art. L. 123-6 et L. 123-9.

En cas d'enquête publique unique, la durée de l'enquête publique ne peut être inférieure à la durée minimale de la plus longue prévue par l'une des législations concernées.

REMARQUE

L'article R. 123-6 du Code de l'environnement, qui prévoyait que la durée de l'enquête ne peut être inférieure à trente jours et ne peut excéder deux mois, a été abrogé par le décret n° 2017-626 du 25 avril 2017.

IMPORTANT

Ce délai peut être différent en cas de suspension de l'enquête ou d'enquête complémentaire (*cf. infra*).

REMARQUE

Par décision motivée, le commissaire enquêteur ou le président de la commission d'enquête peut également, après information du préfet, prolonger l'enquête pour une durée maximale de trente jours, notamment lorsqu'il décide d'organiser une réunion d'information et d'échange avec le public.

4.2.6 Conditions d'ouverture et de déroulement de l'enquête

4.2.6.1 Enquête publique de DUP de droit commun

Les conditions d'ouverture et de déroulement de l'enquête sont fixées par arrêté préfectoral, pris après consultation du commissaire enquêteur ou du président de la commission d'enquête(38) :
– cet arrêté définit l'objet de l'enquête, la date à laquelle celle-ci sera ouverte et sa durée ;
– il détermine les heures et le lieu où le public pourra prendre connaissance du dossier et formuler ses observations sur le registre d'enquête ;
– il désigne le lieu où siégera le commissaire enquêteur ou la commission d'enquête ;
– il peut, le cas échéant, indiquer l'adresse du site internet sur lequel les informations relatives à l'enquête pourront être consultées et prévoir les moyens offerts aux personnes intéressées afin qu'elles puissent communiquer leurs observations par voie électronique ;
– il peut ordonner le dépôt, pendant le délai et à partir de la date qu'il fixe, dans chacune des mairies des communes qu'il désigne à cet effet, d'un registre subsidiaire et d'un dossier sommaire donnant les caractéristiques principales des ouvrages les plus importants.

4.2.6.2 Enquête environnementale

Les conditions relatives à l'ouverture et au déroulement de l'enquête diffèrent quelque peu par rapport à la procédure de droit commun.

Pour ouvrir et organiser l'enquête, l'autorité compétente doit préciser par arrêté, quinze jours au moins avant l'ouverture de l'enquête et durant celle-ci les éléments suivants(39) :
– l'objet de l'enquête : les caractéristiques principales du projet, ainsi que l'identité de la ou des personnes responsables ou de l'autorité auprès de laquelle des informations peuvent être demandées ;

(38) Code de l'expropriation, art. R. 112-12 et s.

(39) Code de l'environnement, art. L. 123-10 et R. 123-9.

– la ou les décisions pouvant être adoptées au terme de l'enquête et des autorités compétentes pour statuer ;
– le nom et les qualités du commissaire enquêteur ou des membres de la commission d'enquête, ainsi que les lieux, jours et heures où il ou elle ou la commission d'enquête se tiendra à la disposition du public pour recevoir ses observations ;
– la date d'ouverture de l'enquête, sa durée et ses modalités ;
– le cas échéant, la date et le lieu des réunions d'information et d'échange envisagées ;
– l'adresse du ou des sites internet sur lequel le dossier d'enquête peut être consulté ;
– le (ou les) lieu(x) ainsi que les horaires où le dossier de l'enquête peut être consulté sur support papier et le registre d'enquête accessible au public ;
– le ou les points et les horaires d'accès où le dossier de l'enquête publique peut être consulté sur un poste informatique ;
– la ou les adresses auxquelles le public peut transmettre ses observations et propositions pendant le délai de l'enquête (en cas de pluralité de lieux d'enquête, le siège de l'enquête, où toute correspondance postale relative à l'enquête peut être adressée au commissaire enquêteur ou au président de la commission d'enquête) ;
– s'il existe un registre dématérialisé, l'adresse du site internet à laquelle il est accessible ainsi que l'adresse électronique à laquelle le public peut transmettre ses observations et propositions pendant la durée de l'enquête ;
– la durée, le ou les lieux, ainsi que le ou les sites internet où à l'issue de l'enquête, le public pourra consulter le rapport et les conclusions du commissaire enquêteur ou de la commission d'enquête ;
– s'il y a lieu, les coordonnées de chaque maître d'ouvrage ou de la personne publique responsable des différents éléments du ou des projets, plans ou programmes soumis à enquête ;
– l'information selon laquelle, le cas échéant, le dossier d'enquête publique est transmis à un autre État, membre de l'Union européenne ou partie à la convention sur l'évaluation de l'impact sur l'environnement dans un contexte transfrontière, sur le territoire duquel le projet est susceptible d'avoir des incidences notables ;
– le cas échéant, l'existence d'une étude d'impact, de l'avis de l'autorité environnementale et des avis des collectivités territoriales et de leurs groupements, ainsi que du lieu ou des lieux où ils peuvent être consultés et de l'adresse des sites internet où ils peuvent être consultés ;

REMARQUE

Les jours et heures, ouvrables ou non, où le public pourra consulter un exemplaire du dossier et présenter ses observations sont fixés de manière à permettre la participation de la plus grande partie de la population, compte tenu notamment de ses horaires normaux de travail.

Ils comprennent au minimum les jours et heures habituels d'ouverture au public de chacun des lieux où est déposé le dossier. Ils peuvent en outre comprendre des heures en soirée ainsi que plusieurs demi-journées prises parmi les samedis, dimanches et jours fériés.

– le cas échéant, la date et le lieu des réunions d'information et d'échange envisagées ;
– la durée et les lieux où, à l'issue de l'enquête, le public pourra consulter le rapport et les conclusions du commissaire enquêteur ou de la commission d'enquête ;
– l'existence d'une évaluation environnementale, d'une étude d'impact ou, à défaut, d'un dossier comprenant les informations environnementales se rapportant à l'objet de l'enquête, et du lieu où ces documents peuvent être consultés ;

– l'information selon laquelle, le cas échéant, le dossier d'enquête publique est transmis à un autre État, membre de l'Union européenne ou partie à la convention sur l'évaluation de l'impact sur l'environnement dans un contexte transfrontière, signée à Espoo le 25 février 1991, sur le territoire duquel le projet est susceptible d'avoir des incidences notables ;
– l'existence de l'avis de l'autorité environnementale et le lieu où il peut être consulté ;
– l'identité de la ou des personnes responsables du projet ou de l'autorité auprès de laquelle des informations peuvent être demandées ;
– le cas échéant, l'adresse du site internet sur lequel des informations relatives à l'enquête pourront être consultées, ou les moyens offerts au public de communiquer ses observations par voie électronique.

4.2.7 Publicité de l'enquête

4.2.7.1 Enquête publique de DUP de droit commun

Le préfet fait procéder à la publication, en caractères apparents, d'un avis au public l'informant de l'ouverture de l'enquête, et ce dans deux journaux régionaux ou locaux diffusés dans tout le département ou tous les départements concernés(40).

Cet avis est publié huit jours au moins avant le début de l'enquête et doit être ensuite rappelé dans les huit premiers jours suivant le début de celle-ci.

REMARQUE

Lorsque l'opération projetée est d'importance nationale, cet avis est, en outre, publié dans deux journaux à diffusion nationale huit jours avant le début de l'enquête.

Huit jours au moins avant l'ouverture de l'enquête et durant toute la durée de celle-ci, l'avis est, en outre, rendu public par voie d'affiches et, éventuellement, par tous autres procédés, dans au moins toutes les communes sur le territoire desquelles l'opération projetée doit avoir lieu.

Cette mesure de publicité peut être étendue à d'autres communes.

Son accomplissement incombe au maire qui doit le certifier.

REMARQUE

Une erreur dans l'avis publié dans la presse ne sera de nature à entacher d'irrégularité la procédure que si elle présente un caractère substantiel et est de nature à priver les intéressés de présenter en temps utile leurs observations.

JURISPRUDENCE

Le retard de trois jours constaté dans la publication de l'un des avis préalables d'ouverture de l'enquête publique, eu égard à la brièveté de la durée de l'enquête publique limitée à dix jours, d'une part, à l'importance du projet d'aménagement du centre-ville, d'autre part, et à la circonstance que, en définitive, le rapport du commissaire enquêteur ne mentionne que quatre observations, doit être regardé comme ayant pu faire obstacle à ce que l'ensemble des personnes intéressées puissent faire valoir leurs observations en temps utile. Dans ces conditions, la procédure d'enquête est entachée d'irrégularité(41).

(40) Code de l'expropriation, art. R. 112-8 et s.

(41) CE 16 mai 2008, Commune de Cambon d'Albi, n° 289316, *Lebon T.*

4.2.7.2 Enquête environnementale

L'information du public est assurée par un avis quinze jours au moins avant l'ouverture de l'enquête et durant celle-ci, par voie dématérialisée et par voie d'affichage sur le ou les lieux concernés par l'enquête, ainsi que, selon l'importance et la nature du projet, par voie de publication locale. S'agissant de cette dernière formalité, l'avis doit être publié en caractères apparents quinze jours au moins avant le début de l'enquête et rappelé dans les huit premiers jours de celle-ci dans deux journaux régionaux ou locaux diffusés dans le ou les départements concernés[42].

REMARQUE

Pour les projets d'importance nationale, cet avis est, en outre, publié dans deux journaux à diffusion nationale quinze jours au moins avant le début de l'enquête.

Le préfet désigne, par ailleurs, les lieux où cet avis doit être publié par voie d'affiches et, éventuellement, par tout autre procédé. Sont au minimum désignées toutes les mairies des communes sur le territoire desquelles se situe le projet ainsi que celles dont le territoire est susceptible d'être affecté par le projet.

REMARQUE

Lorsque certaines de ces communes sont situées dans un autre département, l'autorité chargée de l'ouverture de l'enquête prend l'accord du préfet de ce département pour cette désignation. Ce dernier fait assurer la publication de l'avis dans ces communes selon les modalités légales.

L'avis d'enquête est également publié sur le site internet de la préfecture.

En outre, dans les mêmes conditions de délai et de durée, et sauf impossibilité matérielle justifiée, le responsable du projet procède à l'affichage du même avis sur les lieux prévus pour la réalisation du projet.

Ces affiches doivent être visibles et lisibles de la ou, s'il y a lieu, des voies publiques, et être conformes à des caractéristiques et dimensions spécifiques.

REMARQUE

C'est l'arrêté du 9 septembre 2021 relatif à l'affichage des avis d'enquête publique, de participation du public par voie électronique et de concertation préalable ainsi que des déclarations d'intention prévues par le Code de l'environnement qui détermine ces caractéristiques et dimensions :
- sauf impossibilité matérielle justifiée, affichage sur les lieux prévus pour la réalisation du projet, de manière visible et lisible des voies publiques. L'affiche apposée doit mesurer au moins 42 × 59,4 cm (format A2) ;
- elle doit, en outre comporter le titre « Avis d'enquête publique » en caractère gras majuscule d'au moins 2 cm de hauteur, ainsi que les informations contenues dans l'avis d'ouverture en caractère noir sur fond jaune.

(42) Code de l'environnement, art. L. 123-10 et R. 123-11.

Tab. 4.4. Tableau de synthèse sur la procédure d'enquête

<table>
<tr><th>Enquête environnementale</th><th>Enquête d'utilité publique de droit commun</th></tr>
<tr><td colspan="2">Arrêté d'ouverture</td></tr>
<tr><td>Art. L. 123-3 du Code de l'environnement</td><td>Art. R. 112-1 du Code de l'expropriation</td></tr>
<tr><td colspan="2">Autorité : le préfet</td></tr>
<tr><td colspan="2">Contenu de l'arrêté</td></tr>
<tr><td>Art. R. 123-9 du Code de l'environnement</td><td>Art. R. 112-12 et s. du Code de l'expropriation</td></tr>
<tr><td>– L'objet de l'enquête, notamment les caractéristiques principales du projet, plans ou programmes, la date à laquelle celle-ci sera ouverte et sa durée ;
– La ou les décisions pouvant être adoptées au terme de l'enquête et les autorités compétentes pour prendre la décision d'autorisation ou d'approbation ;
– Le nom et les qualités du commissaire enquêteur ou des membres de la commission d'enquête, et de leurs suppléants ;
– Les lieux, ainsi que les jours et heures où le public pourra consulter le dossier d'enquête et présenter ses observations sur le registre ouvert à cet effet ; en cas de pluralité de lieux d'enquête, l'arrêté désigne parmi eux le siège de l'enquête, où toute correspondance relative à l'enquête peut être adressée au commissaire enquêteur ou à la commission d'enquête ;
– Les lieux, jours et heures où le commissaire enquêteur ou la commission d'enquête, représentée par un ou plusieurs de ses membres, se tiendra à la disposition du public pour recevoir ses observations.
– Le cas échéant, la date et le lieu des réunions d'information et d'échange envisagées ;
– La durée et les lieux où, à l'issue de l'enquête, le public pourra consulter le rapport et les conclusions du commissaire enquêteur ou de la commission d'enquête ;
– L'existence d'une évaluation environnementale, d'une étude d'impact ou, à défaut, d'un dossier comprenant les informations environnementales se rapportant à l'objet de l'enquête, et du lieu où ces documents peuvent être consultés ;
– L'existence de l'avis de l'autorité environnementale et le lieu où il peut être consulté ;
– L'information selon laquelle, le cas échéant, le dossier d'enquête publique est transmis à un autre État, membre de l'Union européenne ou partie à la convention sur l'évaluation de l'impact sur l'environnement dans un contexte transfrontière, signée à Espoo le 25 février 1991, sur le territoire duquel le projet est susceptible d'avoir des incidences notables ;
– L'identité de la ou des personnes responsables du projet, plan ou programme ou de l'autorité auprès de laquelle des informations peuvent être demandées ;
– Le cas échéant, l'adresse du site internet sur lequel des informations relatives à l'enquête pourront être consultées, ou les moyens offerts au public de communiquer ses observations par voie électronique.</td><td>– L'objet de l'enquête, la date à laquelle celle-ci sera ouverte et sa durée, qui ne peut être inférieure à quinze jours ;
– Les heures et le lieu où le public pourra prendre connaissance du dossier et formuler ses observations sur un registre ouvert à cet effet ;
– Le lieu où siégera le commissaire enquêteur ou la commission d'enquête ;
– S'il en existe un, l'adresse du site internet sur lequel les informations relatives à l'enquête pourront être consultées.
– Si cela lui paraît approprié, les moyens offerts aux personnes intéressées afin qu'elles puissent communiquer leurs observations par voie électronique.</td></tr>
</table>

Enquête environnementale	Enquête d'utilité publique de droit commun
Durée de l'enquête	
Art. L. 123-9 du Code de l'environnement	*Art. R. 112-12 du Code de l'expropriation*
Durée minimale de 30 jours ou 15 jours en l'absence d'évaluation environnementale	Durée minimale de 15 jours Aucune durée maximale prévue
Publicité de l'enquête	
Art. R. 123-11 du Code de l'environnement	*Art. R. 112-15 du Code de l'expropriation*
– Avis publié dans deux journaux diffusés dans le département 15 jours au moins avant le début de l'enquête et rappelé dans les 8 premiers jours de celle-ci ; – Publicité de l'avis par voie d'affichage 15 jours au moins avant l'ouverture de l'enquête et pendant toute la durée de celle-ci ; – Par voie électronique 15 jours au moins avant l'ouverture de l'enquête et pendant toute la durée de celle-ci.	– Avis publié dans deux journaux diffusés dans le département 8 jours au moins avant le début de l'enquête et rappelé dans les 8 premiers jours suivant le début de celle-ci ; – Publicité de l'avis par voie d'affichage 8 jours au moins avant l'ouverture de l'enquête et durant toute la durée de celle-ci ; – Par tout autre procédé 8 jours au moins avant l'ouverture de l'enquête et durant toute la durée de celle-ci.

4.2.8 Observations du public

4.2.8.1 Formulation des observations

Les observations du public peuvent être :
– consignées directement sur les registres d'enquête ;
– adressées par correspondance au commissaire enquêteur ou au président de la commission d'enquête ;
– si l'arrêté d'ouverture d'enquête le prévoit, ou en cas d'enquête code de l'environnement, être adressées par voie électronique ;
– reçues par le commissaire enquêteur, par le président de la commission d'enquête ou, le cas échéant, par l'un des membres de la commission ayant reçu délégation, aux lieu, jour, et heure fixés par l'arrêté d'ouverture(43).

REMARQUE

Les observations reçues peuvent être écrites et orales.

(43) Code de l'expropriation, art. R. 112-17.

Toutes les observations écrites doivent être annexées au registre d'enquête, établi sur des feuillets non mobiles, coté et paraphé par le commissaire enquêteur ou un membre de la commission d'enquête.

JURISPRUDENCE

La procédure est entachée d'irrégularité si le commissaire enquêteur omet d'annexer certaines observations au registre d'enquête ou s'il y annexe des feuilles mobiles non préalablement paraphées par ses soins[44].

4.2.8.2 Spécificité de l'enquête environnementale

Le commissaire enquêteur peut :
- procéder à une visite des lieux concernés par le projet, à l'exception des lieux d'habitation ;

REMARQUE

Il doit alors en informer au moins quarante-huit heures à l'avance les propriétaires et les occupants concernés, en leur précisant la date et l'heure de la visite projetée.

- auditionner toute personne ou service qu'il lui paraît utile de consulter pour compléter son information sur le projet ;
- organiser une réunion d'information et d'échange avec le public lorsqu'il estime que l'importance ou la nature du projet ou les conditions de déroulement de l'enquête publique la rendent nécessaire[45].

REMARQUE

Il en informe alors le préfet, ainsi que le responsable du projet en leur indiquant les modalités qu'il propose pour l'organisation de cette réunion.

À l'issue de la réunion publique, il établira un compte rendu qu'il adressera dans les meilleurs délais au responsable du projet, ainsi qu'au préfet.

4.2.9 Clôture de l'enquête

4.2.9.1 Enquête publique de DUP de droit commun

Les registres d'enquête sont, selon les lieux où ils ont été déposés, clos et signés soit par le maire, soit par le préfet, soit par le préfet chargé de centraliser les résultats de l'enquête[46].

Le préfet ou le maire en assure la transmission, dans les vingt-quatre heures, avec le dossier d'enquête, au commissaire enquêteur ou au président de la commission d'enquête.

Le commissaire enquêteur ou le président de la commission d'enquête examine les observations recueillies et entend toute personne qu'il lui paraît utile de consulter ainsi que l'expropriant, s'il en fait la demande.

REMARQUE

Il existe des dispositions particulières pour le cas de figure où l'opération projetée doit être réalisée sur le territoire et pour le compte d'une seule commune.

---

(44) CE 20 mai 1988, Association des propriétaires et riverains de Bourg-Nord, n°s 51183 et 55429, *Lebon*.
(45) Code de l'environnement, art. R. 123-13.
(46) Code de l'expropriation, art. R. 112-18 et s.

Le registre d'enquête est alors clos et signé par le commissaire enquêteur ou le président de la commission d'enquête.

Le commissaire enquêteur ou le président de la commission, dans un délai d'un mois à compter de la date de la clôture de l'enquête, transmet au maire le dossier et le registre accompagnés de ses conclusions motivées.

4.2.9.2 Enquête publique environnementale

Le registre d'enquête est clos par le commissaire enquêteur ou le président de la commission d'enquête.

Dès la réception du registre et des documents annexés, le commissaire enquêteur ou le président de la commission d'enquête rencontre, dans les huit jours, le responsable du projet et lui communique les observations écrites et orales consignées dans un procès-verbal de synthèse.

Le responsable du projet dispose d'un délai de quinze jours pour produire ses observations éventuelles(47).

4.2.10 Rapport et conclusions du commissaire enquêteur ou de la commission d'enquête

4.2.10.1 Enquête de DUP de droit commun

Le commissaire enquêteur ou le président de la commission d'enquête rédige un rapport énonçant ses conclusions motivées, en précisant si elles sont favorables ou non à l'opération projetée, et ce dans un délai d'un mois à compter de l'expiration du délai d'enquête(48).

Une copie de ce rapport est déposée à la mairie de la commune où s'est déroulée l'enquête ainsi que dans toutes autres communes désignées par l'autorité préfectorale.

Une copie en est, en outre, déposée dans toutes les préfectures des départements où sont situées ces communes selon les mêmes modalités.

4.2.10.2 Enquête environnementale

Similarités

Bien que le dispositif ne soit pas strictement identique à celui prévu dans le cadre de l'enquête publique de droit commun, il présente certaines similarités.

Ainsi, le commissaire enquêteur ou la commission d'enquête établit un rapport qui relate le déroulement de l'enquête et examine les observations recueillies(49).

Le rapport comporte le rappel de l'objet du projet, la liste de l'ensemble des pièces figurant dans le dossier d'enquête, une synthèse des observations du public, une analyse des propositions et contre-propositions produites durant l'enquête et, le cas échéant, les observations du responsable du projet.

(47) Code de l'environnement, art. R. 123-18.

(48) Code de l'expropriation, art. R. 112-20.

(49) Code de l'environnement, art. R. 123-19 et s.

Le commissaire enquêteur ou la commission d'enquête consigne, dans un document séparé, ses conclusions motivées, en précisant si elles sont favorables, favorables sous réserves ou défavorables au projet.

Le commissaire enquêteur ou le président de la commission d'enquête transmet à l'autorité compétente pour organiser l'enquête l'exemplaire du dossier de l'enquête déposé au siège de l'enquête, accompagné du ou des registres et pièces annexés, avec le rapport et les conclusions motivées. Il transmet simultanément une copie du rapport et des conclusions motivées au président du tribunal administratif.

Le commissaire enquêteur dispose d'un délai de trente jours à compter de la date de clôture de l'enquête pour rendre son rapport.

Le préfet en charge de l'organisation de l'enquête adresse, dès leur réception, copie du rapport et des conclusions au responsable du projet. Une copie du rapport et des conclusions est également adressée à la mairie de chacune des communes où s'est déroulée l'enquête et à la préfecture de chaque département concerné pour y être sans délai tenue à la disposition du public pendant un an à compter de la date de clôture de l'enquête.

Le préfet publie également le rapport et les conclusions du commissaire enquêteur ou de la commission d'enquête sur ce même site et le tient à la disposition du public pendant un an.

Spécificités

Il est prévu des processus spécifiques de contrôle du commissaire enquêteur ou de la commission d'enquête.

• ***Contrôle de la motivation des conclusions***

Ainsi, à la réception de ces conclusions, le préfet, s'il constate une insuffisance ou un défaut de motivation susceptibles de constituer une irrégularité dans la procédure, peut en informer le président du tribunal administratif dans un délai de quinze jours, par lettre d'observation(50).

Si l'insuffisance ou le défaut de motivation sont avérés, le président du tribunal administratif dispose de quinze jours pour demander au commissaire enquêteur ou à la commission d'enquête de compléter ses conclusions.

En l'absence d'intervention de la part du président du tribunal administratif ou du conseiller qu'il délègue dans ce délai de quinze jours, la demande est réputée rejetée.

REMARQUE

La décision du président du tribunal administratif ou du conseiller qu'il délègue n'est pas susceptible de recours.

Dans un délai de quinze jours à compter de la réception des conclusions, le président du tribunal administratif peut également intervenir de sa propre initiative auprès de son auteur pour qu'il les complète.

Le commissaire enquêteur ou la commission d'enquête est tenu de remettre ses conclusions complétées au préfet et au président du tribunal administratif dans un délai de quinze jours.

(50) Code de l'environnement, art. R. 123-20.

• ***Contrôle du respect du délai de remise des rapports et conclusions***

Le commissaire enquêteur ou la commission d'enquête doit rendre son rapport et ses conclusions motivées dans le délai légal de trente jours imparti, car, à défaut, ou faute d'avoir justifié d'un motif pour son dépassement, il s'expose à un dessaisissement(51).

Il peut lui être accordé par le préfet, à sa demande, et après avis du responsable du projet, un délai supplémentaire.

En outre, le préfet peut, après une mise en demeure infructueuse et après avoir recueilli l'accord du maître d'ouvrage, demander au président du tribunal administratif de dessaisir le commissaire enquêteur ou la commission d'enquête et de lui substituer son suppléant, un nouveau commissaire enquêteur ou une nouvelle commission d'enquête(52).

Autres particularités de l'enquête publique environnementale

Deux particularités méritent d'être soulignées(53) :

• ***Possibilité de suspendre l'enquête publique***

– Personne compétente :

Le préfet peut suspendre l'enquête publique, à la demande de la personne responsable du projet, afin de lui permettre d'apporter des modifications substantielles au projet à la demande de la personne responsable du projet.

Cette suspension vise à permettre au maître d'ouvrage de remanier son projet en profondeur durant l'enquête, sans avoir à en engager une nouvelle, soit pour tenir compte des observations du public, soit, cas plus rare, parce qu'il envisage lui-même des modifications substantielles.

– Modalités d'intervention de la décision :

Avant de faire droit à la demande, le préfet doit au préalable entendre le commissaire enquêteur ou le président de la commission d'enquête.

REMARQUE

Il s'agit simplement de procéder à une consultation et non d'obtenir un accord de principe.

– Période de suspension :

Elle doit être d'une durée maximale de six mois.

Cette possibilité de suspension ne peut être utilisée qu'une seule fois.

Pendant ce délai, les modifications sont intégrées par le responsable du projet.

– Reprise de l'enquête :

À l'issue du délai de suspension et après que le public a été informé des modifications apportées, l'enquête peut être reprise.

(51) Code de l'environnement, art. L. 123-15.

(52) Code de l'environnement, art. L. 123-14 I et R. 123-22.

(53) *Ibid.*

Elle doit notamment faire l'objet d'un nouvel arrêté d'organisation, d'une nouvelle publicité, et le cas échéant d'une nouvelle information des communes.

Elle sera menée, si possible, par le même commissaire enquêteur ou la même commission d'enquête.

Elle devra être prolongée d'une durée d'au moins trente jours.

Le dossier d'enquête initial devra être complété notamment par une note expliquant les modifications substantielles apportées au projet par rapport à sa version initialement soumise à enquête, à l'étude d'impact ou au rapport sur les incidences environnementales et lorsqu'ils sont requis, l'étude d'impact ou l'évaluation environnementale intégrant ces modifications, ainsi que l'avis de l'autorité environnementale.

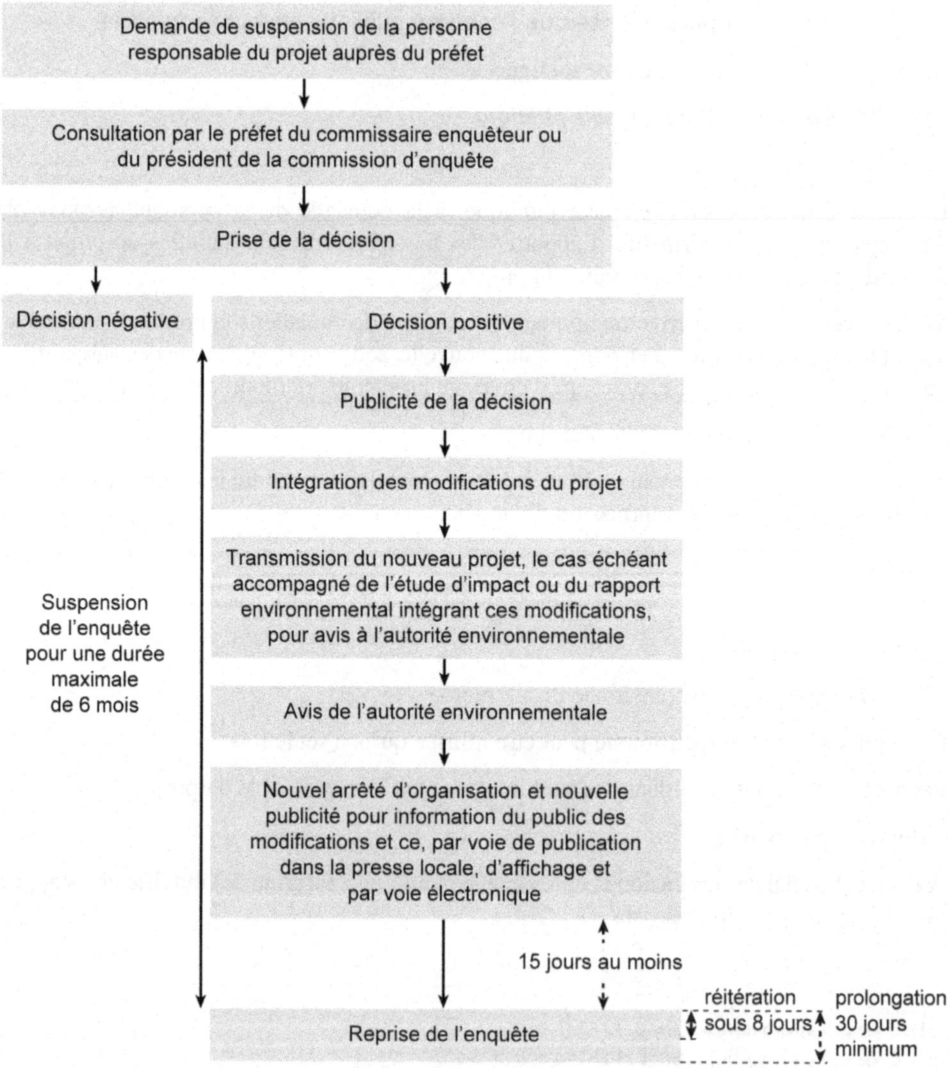

Fig. 4.1. Schéma de la procédure de suspension

• ***Possibilité d'organiser une enquête publique complémentaire***

Au vu des conclusions du commissaire enquêteur ou de la commission d'enquête, la personne responsable du projet peut, si elle estime souhaitable d'apporter à celui-ci des changements qui en modifient l'économie générale, demander au préfet d'ouvrir une enquête complémentaire portant sur les avantages et inconvénients de ces modifications pour le projet et pour l'environnement.

L'enquête complémentaire a une durée minimale de quinze jours[54].

Elle est ouverte dans des conditions identiques à l'enquête publique initiale.

REMARQUE

Dans le cas des projets d'infrastructures linéaires, l'enquête complémentaire peut n'être organisée que sur les territoires concernés par la modification.

Le dossier d'enquête initial est complété dans ses différents éléments, et comprend notamment :
– une note expliquant les modifications substantielles apportées au projet par rapport à sa version soumise à l'enquête initiale, à l'étude d'impact, l'étude d'incidence environnementale ou au rapport sur les incidences environnementales ;
– lorsqu'ils sont requis, l'étude d'impact ou l'évaluation environnementale intégrant ces modifications, ainsi que l'avis de l'autorité environnementale portant sur cette étude d'impact ou cette évaluation environnementale actualisée.

L'enquête complémentaire est close dans des conditions identiques à l'enquête publique initiale.

REMARQUE

Le point de départ du délai pour prendre la décision après clôture de l'enquête est reporté à la date de clôture de la seconde enquête.

Le commissaire enquêteur ou la commission d'enquête doit, dans un délai de quinze jours à compter de la date de clôture de l'enquête complémentaire, joindre au rapport rédigé à l'issue de l'enquête initiale un rapport et des conclusions motivées complémentaires.

Ces rapports doivent être conjointement mis à la disposition du public.

(54) Code de l'environnement, art. L. 123-14, II et R. 123-23.

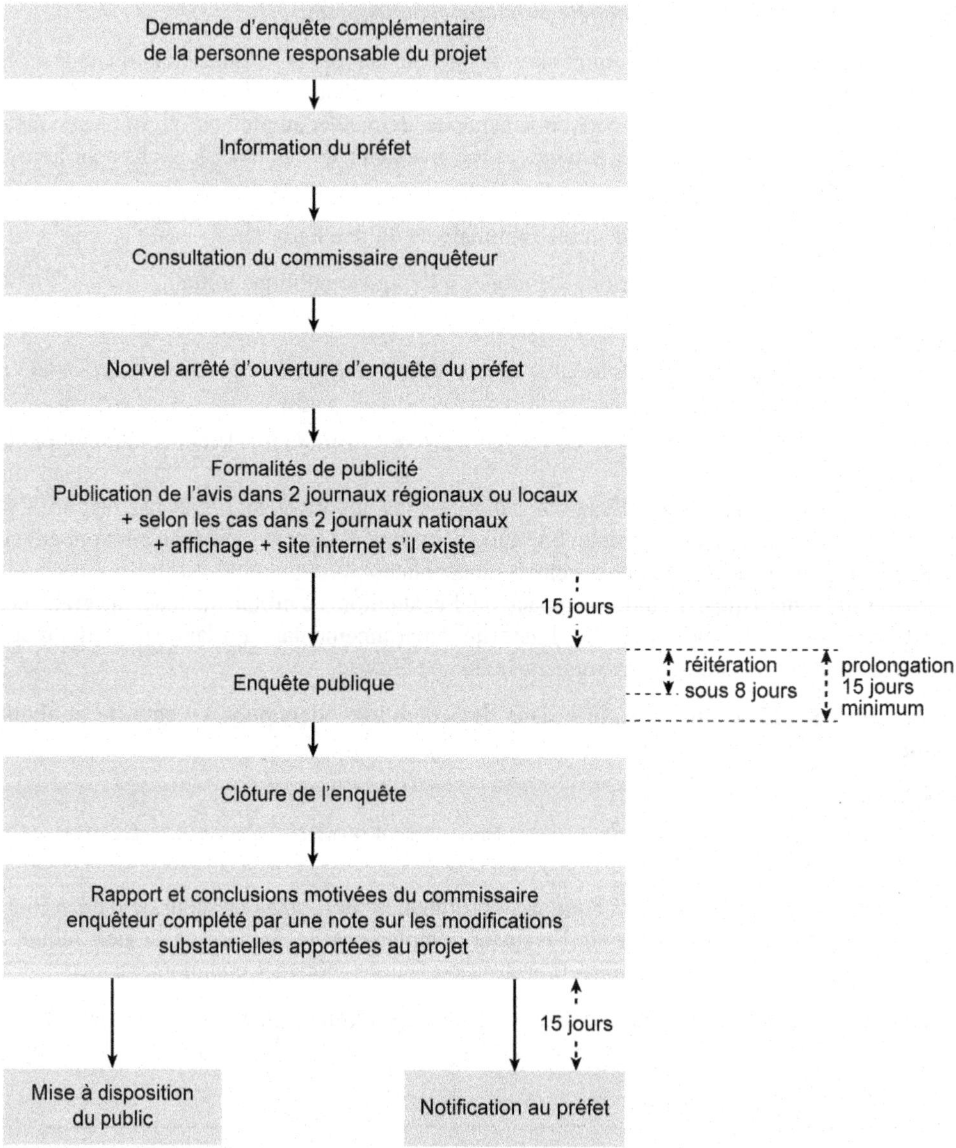

Fig. 4.2. Schéma de la procédure d'enquête complémentaire

Tab. 4.5. Tableau comparatif sur la fin des enquêtes publiques

Enquête environnementale	**Enquête d'utilité publique**	
Formalités de clôture		
Art. R. 123-18 du Code de l'environnement	*Art. R. 112-18 du Code de l'expropriation*	
	Projet supracommunal	Projet communal
– Registre d'enquête clos et signé par le commissaire enquêteur ou par le président de la commission ; – Obligation du commissaire enquêteur ou du président de la commission de rencontrer dans les 8 jours suivant la réception dudit registre le responsable du projet ; – Communication à ce dernier du procès-verbal de synthèse des observations orales et écrites consignées ; – Présentation des observations du responsable du projet dans un délai de 15 jours.	– Registre d'enquête clos et signé par le préfet ou le maire selon le lieu de l'enquête ; – Remise dans les 24 heures avec le dossier d'enquête au commissaire enquêteur ou au président de la commission d'enquête.	Registre d'enquête clos et signé par le commissaire enquêteur ou par le président de la commission
Transmission du rapport et des conclusions		
Art. R. 123-19 du Code de l'environnement	*Art. R. 112-20 du Code de l'expropriation*	
Remise dans un délai de 30 jours à compter de la date de clôture	Remise dans un délai d'un mois à compter du délai mentionné dans l'arrêté d'ouverture	
Publicité du rapport et des conclusions		
Art. L. 123-15 et R. 123-19 du Code de l'environnement	*Art. R. 112-21 du Code de l'expropriation*	
Ils sont rendus publics : – ils doivent être tenus sans délai à la disposition du public dans la mairie de chacune des communes où s'est déroulée l'enquête publique, ainsi qu'à la préfecture de chaque département concerné pendant une durée d'un an ; – ils doivent également être publiés par le préfet sur son site internet et être tenus à la disposition du public pendant 1 an lorsque l'avis d'ouverture d'enquête a été publié en amont sur ledit site.	Ils doivent être déposés à la mairie de la commune où s'est déroulée l'enquête, dans les communes désignées et, en outre, dans les sous-préfectures et préfectures des départements où se trouvent ces communes	

Enquête environnementale	Enquête d'utilité publique
Contrôle de la motivation	
Par le président du tribunal administratif	Non prévu
Dessaisissement du commissaire enquêteur ou de la commission d'enquête par le préfet en cas de non-respect du délai de remise du rapport et des conclusions	
Par le préfet en cas de non-respect du délai de remise du rapport et des conclusions	Non prévu
Enquête complémentaire	
Durée minimum de 15 jours	Non prévue
Suspension d'enquête	
Période de suspension maximale de 6 mois	Non prévue

4.2.11 Enquête publique unique

Lorsque la réalisation d'un projet est soumise à l'organisation de plusieurs enquêtes publiques environnementales, il peut être procédé à une enquête unique, dès lors que les autorités compétentes désignent d'un commun accord celle qui sera chargée d'ouvrir et d'organiser cette enquête(55).

Dans les mêmes conditions, il peut également être procédé à une enquête unique lorsque les consultations du public de plusieurs projets, plans ou programmes peuvent être organisées simultanément et que l'organisation d'une telle enquête contribue à améliorer l'information et la participation du public.

Le dossier soumis à enquête publique unique comporte les pièces ou éléments exigés au titre de chacune des enquêtes initialement requises et une note de présentation non technique du projet, plan ou programme.

Cette enquête unique fait l'objet d'un rapport unique du commissaire enquêteur ou de la commission d'enquête ainsi que de conclusions motivées au titre de chacune des enquêtes publiques initialement requises.

Il en va notamment ainsi lorsque la DUP doit être mise en compatibilité avec certains documents d'urbanisme ou certaines dispositions spécifiques ressortant d'une autre législation.

REMARQUE

La DUP doit être compatible, ou à défaut être mise en compatibilité avec les prescriptions des SCOT, PLU, POS, du SDRIF, les plans d'aménagement de zone applicable dans une ZAC, ou avec les dispositions à caractère réglementaire régissant un lotissement approuvé.

Par ailleurs, la DUP doit être compatible avec la loi Littoral dont certaines dispositions sont directement opposables à son encontre.

(55) Code de l'environnement, art. L. 123-6.

À titre d'illustration, lorsque la DUP n'est pas compatible avec les dispositions d'un SCOT ou d'un PLU, il doit être procédé à sa mise en compatibilité qui peut intervenir à l'issue d'une procédure d'enquête publique unique. L'enquête publique portera alors sur le projet d'expropriation, mais également sur les modifications à apporter au document d'urbanisme en cause.

Tab. 4.6. Tableau de synthèse – Procédure de DUP valant mise en compatibilité

	SCOT	PLU
Articles du Code de l'urbanisme	*L. 143-44 et s.*	*L. 153-54 et s.*
Principe	L'enquête publique doit porter à la fois sur l'utilité publique de l'opération et sur la mise en compatibilité du document d'urbanisme.	
Type d'enquête	Enquête environnementale	
Autorité compétente	Le projet de mise en compatibilité est soumis à enquête par le préfet.	
Conséquences	Dès l'ouverture de l'enquête publique et jusqu'à l'adoption de la DUP, le document d'urbanisme ne peut plus faire l'objet d'une modification ou d'une révision portant sur les dispositions faisant l'objet de la mise en compatibilité.	
Procédure	– Les dispositions proposées pour assurer la mise en compatibilité du document d'urbanisme font l'objet d'un examen conjoint de l'État, selon le cas de l'établissement public en charge du SCOT ou de l'EPCI compétent en matière de PLU ou de la commune, et des personnes publiques associées ; – Le procès-verbal de la réunion d'examen conjoint est joint au dossier de l'enquête publique ; – Dans le cadre de la mise en compatibilité du PLU, le maire de la ou des communes intéressées par l'opération est également invité à participer à cet examen conjoint.	
Périmètre de l'enquête	Lorsque le projet de mise en compatibilité ne concerne que certaines communes, l'enquête publique peut n'être organisée que sur le territoire de ces communes.	
Avis spécifique	À l'issue de l'enquête publique, l'EPCI compétent en matière de PLU ou la commune émet un avis.	
Modifications	La proposition de mise en compatibilité du document d'urbanisme peut éventuellement être modifiée pour tenir compte des avis qui ont été joints au dossier, des observations du public et du rapport du commissaire ou de la commission d'enquête.	
Approbations	La mise en compatibilité est approuvée par le préfet par arrêté portant DUP.	
Effets	La DUP emporte l'approbation des nouvelles dispositions du document d'urbanisme.	

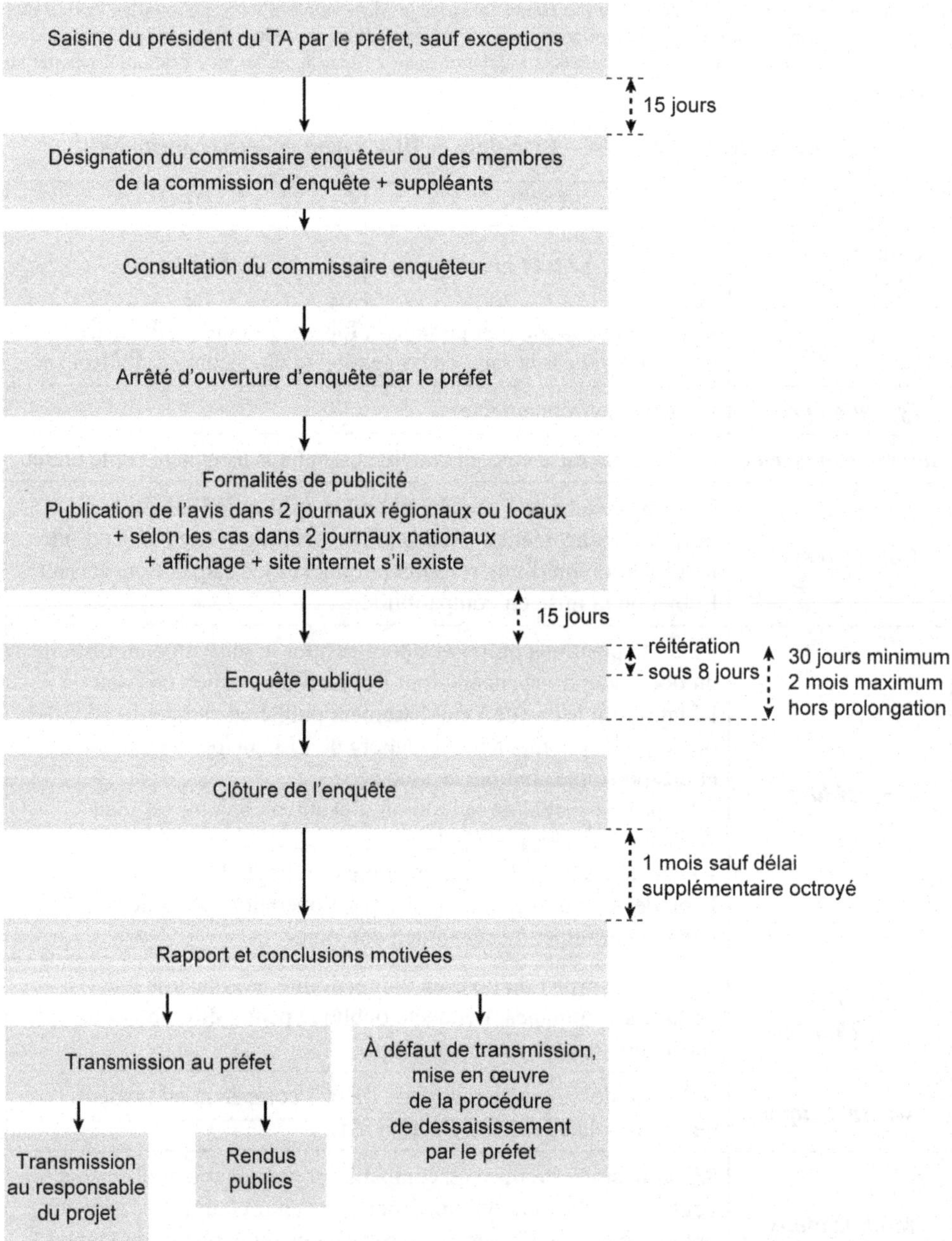

Fig. 4.3. Schéma de procédure de l'enquête publique environnementale

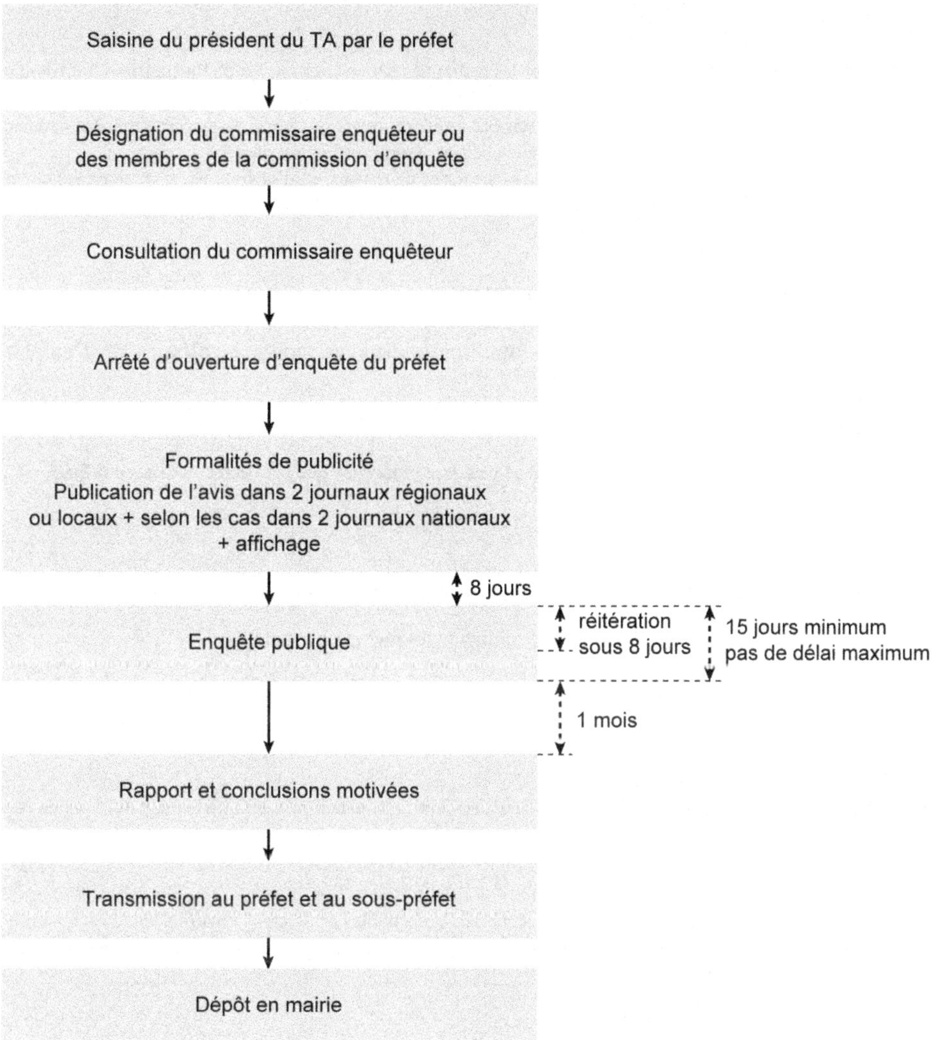

Fig. 4.4. Schéma de procédure de l'enquête publique de DUP de droit commun

4.2.12 Intervention de la DUP

4.2.12.1 Autorité compétente pour prononcer la DUP

L'utilité publique est déclarée par arrêté du préfet du lieu où se trouvent les immeubles faisant l'objet de l'opération ou par arrêté conjoint des préfets concernés, lorsque l'opération porte sur des immeubles situés sur le territoire de plusieurs départements[56].

(56) Code de l'expropriation, art. L. 121-2.

REMARQUE

La DUP peut toutefois être prise :
– par arrêté du ministre responsable du projet, pour les opérations poursuivies en vue de l'installation des administrations centrales, des services centraux de l'État et des services à compétence nationale ;
– pour les travaux de création de routes express soit par arrêté du ministre chargé de la voirie routière nationale lorsque la voie appartient au domaine public de l'État, soit par arrêté préfectoral dans les autres cas ;
– par décret en Conseil d'État : il s'agit de certaines catégories de travaux ou d'opérations, et ce en raison de leur nature ou de leur importance. Ces travaux sont énumérés à l'article R. 121-2 du Code de l'expropriation pour cause d'utilité publique.

4.2.12.2 Délai d'intervention de la DUP

La DUP doit intervenir dans un délai maximum d'un an après la clôture de l'enquête publique(57).

REMARQUE

Ce délai est augmenté de six mois lorsque la DUP ne peut être prononcée que par décret en Conseil d'État.

4.2.12.3 Portée de la DUP

La DUP ouvre un droit de délaissement au bénéfice des expropriés.

Par contre, elle n'emporte en elle-même aucun transfert de propriété.

Elle n'a pas pour effet non plus de contraindre l'expropriant à réaliser les travaux dont elle est l'objet.

CONSEIL

Si l'expropriant entend mener jusqu'au bout son projet, ce dernier ne peut être substantiellement différent de celui objet de la DUP.

IMPORTANT

La déclaration d'utilité publique portant sur des opérations susceptibles d'affecter l'environnement est soumise à l'obligation d'effectuer la déclaration de projet prévue à l'article L. 126-1 du Code de l'environnement.

4.2.12.4 Délai pour exproprier

La DUP doit préciser le délai accordé pour réaliser l'expropriation, qui ne peut en principe pas excéder cinq ans(58).

REMARQUE

Ce délai peut être plus important :
– si la DUP est prononcée par décret en Conseil d'État ;
– il peut être de dix ans si les opérations concernées sont prévues par des POS, des PLU ou autres documents d'urbanisme en tenant lieu.

Ce délai de cinq ans peut être prorogé une fois pour une durée au plus égale à la durée initialement fixée, lorsque celle-ci n'est pas supérieure à cinq ans.

(57) *Ibid.*

(58) Code de l'expropriation, art. L. 121-1 et s.

Cette prorogation induit l'organisation d'une nouvelle enquête préalable en présence de circonstances nouvelles.

4.2.12.5 Contenu de la DUP

Outre son délai de validité, la DUP doit indiquer :
– le bénéficiaire ;
– le but de l'opération ;
– l'urgence éventuelle ;
– les textes sur lesquels elle est fondée ;
– la personne publique qui est chargée de conduire, lorsque les travaux ou les opérations à réaliser intéressent plusieurs personnes publiques ;
– lorsqu'elle est susceptible de compromettre la structure d'une exploitation agricole, comment le maître de l'ouvrage participe financièrement à la réparation des dommages ;
– dans les cas où les atteintes à l'environnement ou au patrimoine culturel que risque de provoquer un projet de travaux, d'ouvrages ou d'aménagements le justifient, le cas échéant, les mesures destinées à éviter, réduire et, lorsque c'est possible, compenser les effets négatifs notables du projet sur l'environnement ou la santé humaine ainsi que les modalités de leur suivi.

Par ailleurs, lorsque les immeubles expropriés sont soumis à la loi n° 65-557 du 10 juillet 1965 fixant le statut de la copropriété des immeubles bâtis, la DUP peut prévoir que les emprises expropriées seront retirées de la propriété initiale.

4.3 Enquête préalable à la cessibilité

4.3.1 Contenu du dossier d'enquête

Le dossier d'enquête préalable à la cessibilité doit contenir[59] :
– un plan parcellaire régulier des terrains et bâtiments : ce plan doit déterminer sans qu'il y ait de confusion possible la consistance des parcelles à exproprier ;

JURISPRUDENCE

Seules les erreurs substantielles de nature à induire les intéressés en erreur quant à la nature et aux conséquences de l'opération envisagée sont susceptibles d'affecter la légalité de l'arrêté de cessibilité pris à l'issue de l'enquête.

Constituent de simples erreurs matérielles, sans incidence sur la légalité de l'arrêté de cessibilité querellé, celles comportées par le plan joint au dossier de l'enquête, notamment quant à l'implantation de la maison des requérants sur la parcelle à exproprier[60].

– la liste des propriétaires établie à l'aide d'extraits des documents cadastraux délivrés par le service du cadastre ou à l'aide des renseignements délivrés par le directeur départemental ou, le cas échéant, régional des finances publiques, au vu du fichier immobilier ou par tous autres moyens.

(59) Code de l'expropriation, art. R. 131-1 et s.

(60) CE 18 janvier 1991, Silvestrin, n° 90470.

REMARQUE

Par tous moyens, il faut notamment entendre les renseignements recueillis auprès des services fiscaux, ainsi qu'auprès de la mairie du lieu de résidence du défunt en cas de décès.

4.3.2 Notification du dépôt en mairie du dossier parcellaire

L'expropriant doit procéder à une notification individuelle du dépôt du dossier à la mairie, par lettre recommandée avec accusé de réception, aux propriétaires.

En cas de domicile inconnu, la notification est faite en double copie au maire, qui en fait afficher une, et, le cas échéant, aux locataires et aux preneurs à bail rural.

IMPORTANT

– En cas de domicile inconnu, la notification est faite en double copie au maire, qui en fait afficher une, et, le cas échéant, aux locataires et aux preneurs à bail rural ;
– Si l'exproprié est un incapable sous tutelle, la notification doit être adressée à son tuteur ;
– La notification du dépôt du dossier de l'enquête parcellaire en mairie doit être faite à chacun des propriétaires soit :

1° à l'aide d'extraits des documents cadastraux délivrés par le service du cadastre,

2° à l'aide des renseignements délivrés par le directeur départemental ou, le cas échéant, régional des finances publiques, au vue du fichier immobilier,

3° par tous autres moyens ;
– Dans l'hypothèse où une indivision est propriétaire, les formalités seront regardés comme respectées lorsqu'une notification a été régulièrement adressée à chacun de ses membres ou au représentant désigné de l'indivision. À titre d'exemple, si le bien appartient en indivision à des époux, chacun d'entre eux doit, en principe, recevoir une notification bien qu'il ait pu être considéré, dans certaines circonstances, qu'une seule notification au domicile des époux peut être regardée comme suffisante lorsque ceux-ci sont mariés sous le régime de la communauté, résident sous le même toit et qu'il apparaît qu'ils ont manifestement eu tous deux connaissance du projet d'expropriation ;
– Dans l'hypothèse du décès de l'un des propriétaires, l'entité expropriante doit notifier le dépôt du dossier de l'enquête parcellaire en mairie à chacun de ses héritiers ou solliciter la désignation de la Direction nationale des interventions domaniales (DNID) auprès du tribunal de grande instance territorialement compétent pour représenter la succession dans le cas où elle serait vacante ;
– Dans l'hypothèse d'une notification à un mandataire, gérant, administrateur ou syndic, il conviendra que l'entité expropriante justifie de sa qualité ;
– La notification qui a été faite par lettre recommandée avec accusé de réception et qui n'a pas été réclamée par le propriétaire alors que l'adresse est acquise (le pli retourné par les services postaux à l'expéditeur mentionne la rubrique NR, soit non réclamé), a respecté les formalités exigibles ;
– Il en est de même lorsque le destinataire refuse de recevoir la notification individuelle ;
– Dans l'hypothèse où la notification, adressée par lettre recommandée avec accusé de réception, n'a pas atteint son destinataire, l'entité expropriante doit rechercher son domicile par tous autres moyens, « autres » s'entendant comme différents des documents cadastraux délivrés par le service du cadastre et des renseignements délivrés par le conservateur des hypothèques au vu du fichier immobilier. Ce n'est que lorsque les recherches effectuées par l'entité expropriante n'ont pas permis de connaître le domicile de l'exproprié que ce dernier peut être qualifié d'inconnu et qu'il peut être régulièrement recouru à l'affichage ;
– La notification, adressée par lettre recommandée avec accusé de réception, n'a pas atteint son destinataire lorsque notamment le pli de la notification est retourné par les services postaux à l'expéditeur avec l'une des mentions suivantes : n'habite pas à l'adresse indiquée, destinataire inconnu, boîte non identifiable, destinataire non identifiable, adresse insuffisante, destinataire décédé ;
– Un accusé de réception non daté et non signé, ou signé par un tiers, est insuffisant à justifier de la réception par son destinataire de la notification individuelle ;
– La production d'une fiche de suivi du courrier établie par les services postaux est de nature à rapporter la preuve de la date de la réception de la notification par son destinataire ;

– La seule apposition par l'entité expropriante de son tampon horodateur au moment du retour de l'accusé de réception dans ses services est insuffisante à rapporter la preuve de la date de la réception de la notification par son destinataire(61).

Le défaut de notification du dossier d'enquête est de nature à vicier la procédure et, en conséquence, justifier l'annulation de l'arrêté de cessibilité et de l'ordonnance d'expropriation.

La notification crée des obligations à la charge de ses destinataires. Les propriétaires sont notamment tenus de fournir les indications relatives à leur identité, ou, à défaut, de donner tous les renseignements en leur possession sur l'identité du ou des propriétaires actuels.

4.3.3 Publicité de l'ouverture d'enquête

Elle est globalement soumise aux mêmes formes et délais que l'ouverture de l'enquête préalable à la DUP.

Elle doit notamment intervenir sous forme de publicité collective par voie d'insertion dans la presse et par voie d'affiches.

4.3.4 Ouverture et organisation de l'enquête

L'ouverture et l'organisation de l'enquête ressortent de la compétence de l'autorité préfectorale qui y procède par arrêté.

REMARQUE

Cet arrêté constitue une simple mesure préparatoire dont l'annulation ne peut être demandée directement au juge administratif. En revanche, son illégalité pourra être excipée dans le cadre du contentieux éventuel de l'excès de pouvoir portant sur l'arrêté de cessibilité pris à l'issue de la procédure.

Ainsi, le préfet :
– définit l'objet de l'enquête ;
– détermine la date à laquelle elle sera ouverte, ainsi que sa durée ;
– fixe les jours et heures où les dossiers pourront être consultés dans les mairies et les observations recueillies sur les registres d'enquête ;
– précise le lieu où siégera le commissaire enquêteur ou la commission d'enquête ;
– prévoit le délai, qui ne peut excéder un mois, dans lequel le commissaire enquêteur ou la commission d'enquête devra donner son avis à l'issue de l'enquête.

REMARQUE

Lorsque les immeubles à exproprier sont situés dans plusieurs départements, il s'agira d'un arrêté conjoint, qui peut désigner le préfet chargé de coordonner l'organisation de l'enquête et d'en centraliser les résultats.

4.3.5 Durée de l'enquête

Elle ne peut être inférieure à quinze jours.

(61) Voir TGI Bobigny, juge de l'expropriation, 31 octobre 2017, n° 16/00131.

REMARQUE

Aucune durée maximum n'est prévue.

Tout intéressé doit pouvoir disposer utilement de ce délai, c'est-à-dire pouvoir consigner sur le registre d'enquête parcellaire ses observations sur les limites des biens à exproprier ou les adresser par correspondance au maire qui les joint au registre, au commissaire enquêteur ou au président de la commission d'enquête.

4.3.6 Intervention du commissaire enquêteur ou de la commission d'enquête

Le préfet désigne, par arrêté, parmi les personnes figurant sur les listes d'aptitude, un commissaire enquêteur ou une commission d'enquête dont il nomme le président et les membres en nombre impair.

Le commissaire enquêteur, ou la commission d'enquête, désigné pour procéder à l'enquête menée en vue de la DUP, peut être également désigné pour procéder à l'enquête parcellaire.

Lorsque ces deux enquêtes sont menées concomitamment, la désignation du commissaire enquêteur ou des membres de la commission d'enquête est assurée dans les conditions sus-analysées pour l'enquête publique préalable à la DUP.

À l'expiration de l'enquête, les registres sont clos et signés par le maire et transmis dans les vingt-quatre heures, avec le dossier d'enquête, au commissaire enquêteur ou au président de la commission d'enquête.

Ce dernier doit donner son avis sur l'emprise des ouvrages projetés, dans le délai fixé par l'arrêté d'ouverture d'enquête, et dresser le procès-verbal de l'opération après avoir entendu toutes les personnes susceptibles de l'éclairer.

Il doit ensuite transmettre le dossier et les registres, assortis dudit procès-verbal et de son avis, au préfet.

4.3.7 Arrêté de cessibilité

4.3.7.1 Autorité compétente pour l'édiction

C'est le préfet du département où sont situées les propriétés ou parties de propriétés dont la cession est nécessaire qui les déclare cessibles.

Lorsque les propriétés ou parties de propriétés sont situées sur le territoire de plusieurs départements, leur cessibilité est déclarée par arrêté conjoint des préfets concernés.

4.3.7.2 Contenu

L'arrêté de cessibilité doit :

• désigner les propriétés déclarées cessibles, à savoir la nature, la situation, la contenance et la désignation cadastrale (section, numéro du plan et lieu-dit) ;

• préciser l'identité des propriétaires :
– en ce qui concerne les personnes physiques : les nom, prénoms dans l'ordre de l'état civil, domicile, date et lieu de naissance et profession des parties, ainsi que le nom de leur conjoint,
– en ce qui concerne les personnes morales : la dénomination ; la forme juridique et le siège et, en outre, pour les associations et les syndicats, la date et le lieu de leur déclaration ou du dépôt de leur statut ; lorsque la personne morale est inscrite au répertoire prévu à l'article R. 123-220 du Code de commerce, le numéro d'identité qui lui a été attribué, complété, si celle-ci est assujettie à immatriculation au registre du commerce et des sociétés, par la mention RCS suivie du nom de la ville où se trouve le greffe où elle est immatriculée, ainsi que les nom, prénoms et domicile du ou des représentants de la personne morale.

JURISPRUDENCE

Il résulte des dispositions combinées de l'article R. 132-1 du Code de l'expropriation pour cause d'utilité publique et de l'article 7 du décret n° 55-22 du 4 janvier 1955 portant réforme de la publicité foncière que lorsqu'un arrêté de cessibilité déclare cessibles des parties de parcelles, ce qui implique de modifier les limites des terrains concernés, un document d'arpentage doit être préalablement réalisé afin que l'arrêté de cessibilité désigne les parcelles concernées conformément à leur numérotation issue de ce document. Le défaut d'accomplissement de cette obligation, qui constitue alors une garantie pour les propriétaires concernés par la procédure d'expropriation, entache d'irrégularité l'arrêté de cessibilité(62).

4.3.7.3 Validité et effets

L'arrêté de cessibilité devient caduc s'il n'est pas transmis dans les six mois au greffe du juge de l'expropriation en vue de l'édiction de l'ordonnance d'expropriation.

Par ailleurs, pour produire des effets à l'égard des personnes intéressées, il doit leur être notifié par lettre recommandée avec accusé de réception.

4.4 Conséquences d'une annulation de la DUP ou de l'arrêté de cessibilité

L'annulation des arrêtés préfectoraux portant DUP et cessibilité peut avoir des conséquences tant sur les actes de la phase administrative que sur ceux de la phase judiciaire.

4.4.1 Sur les actes de la phase administrative

L'annulation de la DUP prive de base légale les actes administratifs subséquents : arrêté de prorogation de la DUP, arrêté de cessibilité.

L'annulation de l'arrêté de cessibilité n'entraîne pas, par contre, l'annulation de la DUP.

(62) CE 9 juillet 2018, n° 406696, *Lebon T.* ; Cass. 3e civ., 13 juin 2019, n° 18-14.225, *Bulletin.*

4.4.2 Sur les actes de la phase judiciaire

Lorsque l'ordonnance d'expropriation n'est pas encore rendue, le juge de l'expropriation ne peut plus prononcer le transfert de propriété si l'arrêté de DUP ou de cessibilité a été annulé[63].

Lorsque l'ordonnance d'expropriation a déjà été rendue mais qu'elle fait l'objet d'un pourvoi, toujours devant la Cour de cassation alors que la DUP ou l'arrêté de cessibilité sont annulés par une décision définitive du juge administratif, ladite ordonnance sera annulée par voie de conséquence.

Lorsque l'ordonnance d'expropriation a été rendue et est devenue définitive, l'annulation de la DUP ou de l'arrêté de cessibilité par une décision elle-même définitive, permet à tout exproprié de faire constater par le juge de l'expropriation que ladite ordonnance est dépourvue de base légale et demander son annulation.

Il doit transmettre, à cette fin, au greffe du juge qui a prononcé l'expropriation un dossier qui comprend les copies des pièces suivantes :
– la décision d'annulation de la DUP ou de l'arrêté de cessibilité ou du courrier d'information reçu des expropriés qui n'avaient pas la qualité de partie à l'instance devant le juge administratif les informant de l'annulation par l'expropriant, par lettre recommandée avec accusé de réception ou par voie de signification ;
– l'ordonnance d'expropriation ;
– le cas échéant, de la convention ou de la décision fixant les indemnités d'expropriation ;
– le dossier peut également comprendre tout autre document ou pièce que le demandeur estime utile.

L'exproprié doit saisir le juge de l'expropriation dans un délai de deux mois à compter de la notification de la décision définitive du juge administratif annulant la DUP ou l'arrêté de cessibilité, sachant que s'il n'a pas été partie à la procédure devant la juridiction administrative, le délai de deux mois court à compter de la réception de la lettre d'information susvisée.

Le juge constate, par jugement, l'absence de base légale du transfert de propriété et en précise les conséquences de droit :

• Si le bien exproprié n'est pas en état d'être restitué, l'action de l'exproprié se résout en dommages et intérêts ;

• S'il peut l'être, le juge :
– désigne chaque immeuble ou fraction d'immeuble dont la propriété est restituée,
– détermine les indemnités à restituer à l'expropriant,
– statue sur la demande de l'exproprié en réparation du préjudice causé par l'opération irrégulière,
– précise que la restitution de son bien à l'exproprié ne peut intervenir qu'après paiement par celui-ci des sommes mises à sa charge, après compensation.

(63) Code de l'expropriation, art. L. 223-1 et R. 223-1 et s.

En cas de restitution, lorsque des ouvrages ou plantations ont été réalisés, le juge peut décider, à la demande de l'exproprié et sous réserve des exigences de l'intérêt général ou de l'impossibilité tenant à la nature de l'ouvrage :
– soit leur suppression aux frais de l'expropriant ;
– soit leur maintien et leur remboursement par l'exproprié à l'expropriant, effectué, au choix de l'exproprié, soit par le versement d'une somme égale au montant de la plus-value dégagée par ce bien, soit sur la base du coût des matériaux et du prix de la main-d'œuvre estimés à la date du remboursement, compte tenu de l'état dans lequel se trouvent ces ouvrages ou plantations.

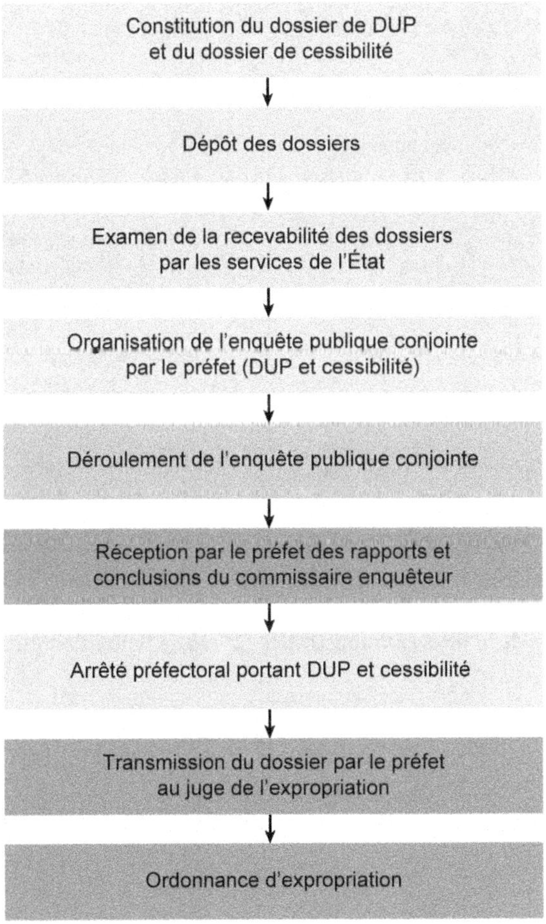

Fig. 4.5. Schéma de la phase administrative (1er cas de figure : enquête conjointe)

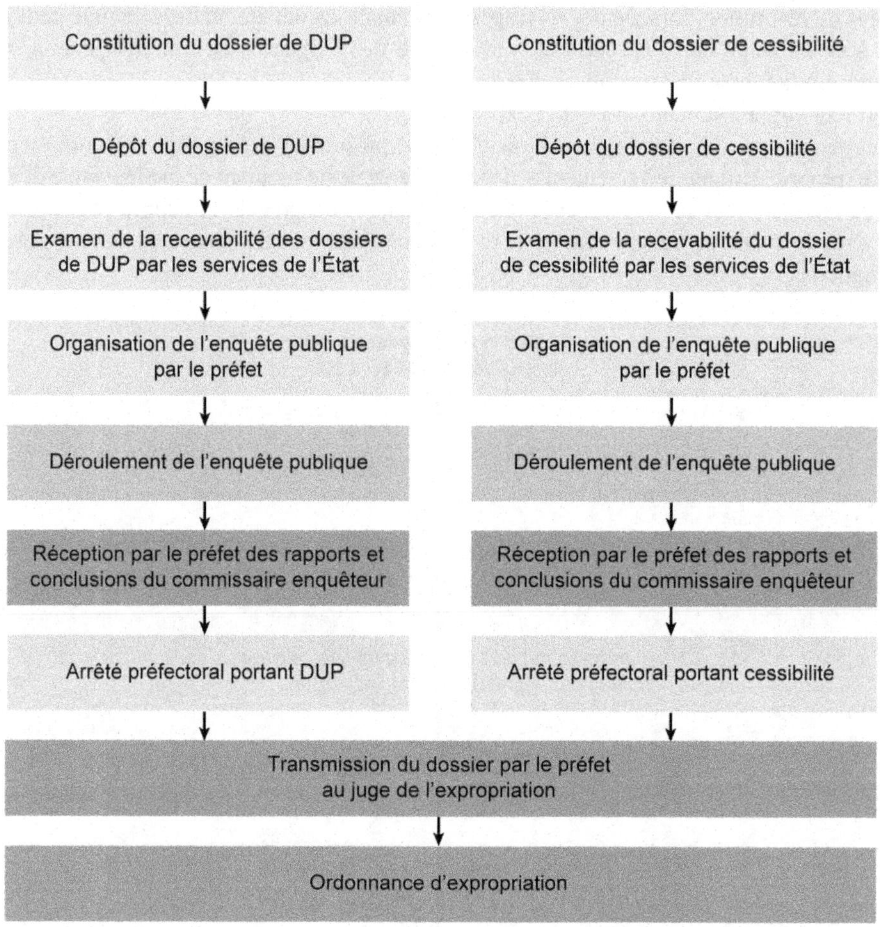

Fig. 4.6. Schéma de la phase administrative (2e cas de figure : enquête non conjointe)

CHAPITRE 5

Fixation de l'indemnité d'expropriation par le juge

5.1 Notification de ses offres par l'expropriant

Il existe deux procédures de notification des offres de l'expropriant aux expropriés[1] :
– notification d'un courrier d'offre classique ;
– notification d'un mémoire valant offre.

En tout état de cause, certaines mentions doivent obligatoirement y figurer.

Cette phase d'offres préalable à la saisine du juge de l'expropriation s'inscrit dans le cadre du principe selon lequel les indemnités d'expropriation ne sont fixées par ce dernier qu'à défaut d'accord amiable.

5.1.1 Modalités de notification

L'expropriant peut, dès l'ouverture de l'enquête préalable, notifier ses offres aux expropriés.

Préalablement à cette notification, l'expropriant doit notifier aux propriétaires et usufruitiers intéressés le dernier acte de procédure : soit l'avis d'ouverture d'enquête publique, soit l'acte déclarant l'utilité publique, soit l'arrêté de cessibilité, soit l'ordonnance d'expropriation.

L'offre doit préciser que le propriétaire ou l'usufruitier sont tenus de faire connaître à l'expropriant, dans le délai d'un mois, les locataires ou encore toute personne possédant des droits sur le bien exproprié.

Lorsqu'il dispose des éléments d'information suffisants pour rédiger le mémoire de saisine du juge, l'expropriant peut notifier sa proposition *via* un mémoire valant offre.

REMARQUE

Pour la fixation des indemnités d'expropriation, si l'expropriant ne notifie pas ses offres, tout intéressé peut, une fois intervenu l'arrêté de cessibilité, mettre l'expropriant en demeure d'y procéder.

---

(1) Code de l'expropriation, art. L. 311-1 et R. 311-1 et s.

Le juge de l'expropriation peut être saisi directement par l'exproprié, et ce après l'expiration d'un délai d'un mois à compter de cette mise en demeure.

5.1.1.1 Modèle de courrier d'offre

Madame ou Monsieur,

Par arrêté préfectoral n° *<à compléter>* du *<date>*, qui vous a été précédemment notifié, Monsieur le préfet de *<lieu>* a déclaré *<selon le cas : cessible ou d'utilité publique>*, au profit de *<nom de l'expropriant>*, le bien ci-après nécessaire à la réalisation de l'opération *<indiquer la nature de l'opération>*.

REMARQUE

Le cas échéant peut également être visée la notification de l'avis d'ouverture d'enquête ou de l'ordonnance d'expropriation.

En application des dispositions des articles L. 311-4, R. 311-4 et R. 311-5 du Code de l'expropriation pour cause d'utilité publique, j'ai l'honneur de vous notifier l'offre d'indemnité proposée pour l'expropriation de l'immeuble vous appartenant (à titre indivis le cas échéant) ci-après désigné :

Commune : <à compléter>

N° d'ordre	Section	N°	Adresse ou lieu-dit	Nature	Superficie totale	Emprise expropriée	Reliquat de surface
<à compléter>	*<à compléter>*	*<à compléter>*	*<à compléter>*	*<à compléter>*	*<à compléter>*	*<à compléter>*	*<à compléter>*

Au vu de l'avis du service du Domaine, il vous est proposé une indemnité totale d'un montant de *<montant>* € (*<montant>* euros), (le cas échéant arrondie à *<montant>*) se décomposant comme suit :

• indemnité principale : *<montant>* €, calculée comme suit :
<à compléter selon la méthode d'évaluation retenue>

• indemnité de remploi : *<montant>* €, calculée comme suit :
– 20 % de 5 000 € = 1 000,00 €,
– 15 % de 10 000 € = 1 500,00 €,
– 10 % de *<montant>* € = *<montant>* €.

REMARQUE

L'indemnité de remploi est systématiquement allouée et calculée forfaitairement par le juge de l'expropriation (usuellement de 20 % jusqu'à 5 000 €, 15 % jusqu'à 10 000 €, 10 % pour la fraction au-delà de 10 000 €). Elle comprend les frais de tout ordre normalement exposés pour l'acquisition de biens de même nature moyennant un prix égal au montant de l'indemnité principale. Cette indemnité de remploi n'est toutefois pas due si le bien était notoirement destiné à la vente ou mis en vente par le propriétaire exproprié au cours de la période de six mois ayant précédé l'arrêté de DUP(2).

(2) Code de l'expropriation, art. R. 322-5.

Je vous remercie de bien vouloir me faire connaître par écrit avant l'expiration d'un délai d'un mois, qui commence à courir à compter de la réception de la présente, soit votre acceptation, soit le montant détaillé de vos demandes *<nom de l'interlocuteur en charge du dossier et adresse de l'expropriant>.*

Je vous rappelle qu'en vertu des dispositions :

– de l'article R. 311-5 alinéa 4 du Code de l'expropriation pour cause d'utilité publique :

« La réponse de chaque intéressé contient ses nom, prénoms, domicile, date et lieu de naissance, ainsi que le titre pour lequel il est susceptible de bénéficier d'une indemnité et, pour chaque personne morale, toutes indications propres à l'identifier. »

– et de l'article R. 311-9 du Code de l'expropriation pour cause d'utilité publique :

« À défaut d'accord dans le délai d'un mois à compter soit de la notification des offres de l'expropriant effectuée conformément aux articles R. 311-4 et R. 311-5, soit de la notification du mémoire prévue à l'article R. 311-6, soit de la mise en demeure prévue à l'article R. 311-7, le juge peut être saisi par la partie la plus diligente.

Les parties sont tenues de constituer avocat. L'État, les régions, les départements, les communes et leurs établissements publics peuvent se faire assister ou représenter par un fonctionnaire ou un agent de leur administration.

Le mémoire de saisine est adressé par lettre recommandée avec demande d'avis de réception au greffe de la juridiction du ressort dans lequel sont situés les biens à exproprier. Il est accompagné de deux copies. »

(Dans l'hypothèse d'une emprise partielle) Il vous appartient également d'adresser au juge, dans ce même délai, toute demande d'emprise totale.

<formule de politesse>

<nom, prénom et qualité du signataire>

5.1.1.2 Modèle de mémoire valant offre

Tribunal judiciaire de <*ville*>

Madame ou Monsieur le juge de l'expropriation

Du département de <*à compléter*>

Mémoire valant offre

Pour : <*dénomination et adresse de l'expropriant*>

Contre : <*nom ou dénomination sociale et adresse de l'exproprié*>

En présence de : Madame ou Monsieur le directeur des finances publiques du département de <*à compléter*> (commissaire du gouvernement)

I. Faits et procédure

<rappeler brièvement les faits de l'espèce et la procédure>

IMPORTANT

Il est primordial de viser le dernier acte de procédure notifié par l'expropriant à l'exproprié et produire en annexe une copie de la lettre recommandée avec accusé de réception (avis d'ouverture de l'enquête, DUP, arrêté de cessibilité, ordonnance d'expropriation) afin de démontrer que les dispositions de l'article L. 311-1 du Code de l'expropriation pour cause d'utilité publique ont bien été respectées.

IMPORTANT

Depuis le 1er janvier 2020, la constitution d'avocat est obligatoire. Il convient donc de rappeler impérativement que conformément à l'article R. 311-9 du Code de l'expropriation pour cause d'utilité publique, l'exproprié est tenu de constituer avocat pour être représenté et faute de quoi, il s'expose à ce qu'un jugement soit rendu à son encontre, sur les seuls éléments fournis par le demandeur.

II. Discussion

<dénomination de l'expropriant> sollicite la fixation d'indemnités d'expropriation pour le bien appartenant à *<nom ou dénomination sociale de l'exproprié>*, cadastré section *<références cadastrales>*, à hauteur de *<montant total des indemnités d'expropriation sollicité en euros>*, en ce compris une indemnité de remploi de *<montant de l'indemnité de remploi en euros>* et une indemnité de *<montant en euros>* au titre des autres indemnités accessoires.

1. Sur la date de référence

<viser l'article L. 322-2 du Code de l'expropriation pour cause d'utilité publique*, ou un autre texte si le cas d'espèce s'inscrit dans le cadre de l'une des exceptions prévues aux articles suivants.>*

<indiquer la date de référence à retenir par application de ce texte.>

2. Sur la valeur vénale du bien exproprié

Les indemnités d'expropriation s'entendent indemnités de remploi comprises.

Sur les caractéristiques du bien

<apporter des précisions sur les caractéristiques physiques et juridiques du bien exproprié>

• Facteurs physiques :
– localisation ;
– desserte par les transports en commun, voie publique et autres réseaux ;
– superficie de la parcelle et du bâti ;
– type d'immeuble implanté sur la parcelle ou nature du terrain nu ;
– état du bien ;
– état d'occupation ;
– etc.

• Facteurs juridiques :
– zonage du PLU, vocation et réglementation de la zone ;
– constructibilité ;
– servitudes (emplacement réservé, plan de prévention des risques, périmètre d'attente, etc.).

3. Sur la méthode retenue

<indiquer la méthode d'évaluation retenue et l'expliciter>

REMARQUE

Choix de la méthode par comparaison :
– justifier le choix de la méthode ;
– l'expliciter ;
– synthétiser les termes de comparaison retenus et produire les actes de vente correspondant en annexe.

<mentionner si l'évaluation du bien exproprié s'inscrit dans un cas de figure particulier>

EXEMPLE

Cas n° 1 : Maîtrise foncière importante de terrain par l'expropriant dans l'emprise de la DUP[3]

Le juge de l'expropriation doit tenir compte :
– des accords intervenus entre l'expropriant et les divers titulaires de droits à l'intérieur du périmètre des opérations faisant l'objet d'une DUP et les prendre pour base lorsqu'ils ont été conclus avec au moins la moitié des propriétaires intéressés et portent sur les deux tiers au moins des superficies concernées ou lorsqu'ils ont été conclus avec les deux tiers au moins des propriétaires et portent sur la moitié au moins des superficies concernées ;
– des accords intervenus à l'intérieur des zones d'aménagement différé et des périmètres provisoires ;
– des indemnités allouées aux propriétaires, commerçants, industriels et artisans, de la valeur résultant des évaluations administratives rendues définitives en vertu des lois fiscales ou des déclarations faites par les contribuables avant l'ouverture de l'enquête.

Cas n° 2 : évaluation ou déclaration récente portant sur le bien exproprié[4]

Le juge de l'expropriation ne peut fixer un montant d'indemnité principale supérieur à l'estimation faite par le service du Domaine, si une mutation à titre gratuit ou onéreux, antérieure de moins de cinq ans à la date de l'ordonnance d'expropriation, a donné lieu à une évaluation administrative, rendue définitive en vertu des lois fiscales, ou à une déclaration d'un montant inférieur à cette estimation, sauf à ce que l'exproprié apporte la preuve que l'estimation de l'administration ne prend pas correctement en compte l'évolution du marché de l'immobilier.

Il doit néanmoins tenir compte des modifications apportées au bien, si elles sont justifiées dans leur consistance matérielle ou juridique, leur état ou leur situation d'occupation.

<appliquer la méthode d'évaluation au cas d'espèce et procéder au calcul des indemnités :
– calcul de l'indemnité principale ;
– calcul de l'indemnité de remploi ;
– calcul de l'indemnité total.>

III. Par ces motifs

Et sous toutes réserves, *<nom ou dénomination sociale de l'expropriant>* conclut à ce qu'il plaise à Madame ou Monsieur le juge de l'expropriation de *<ville>* de fixer les indemnités d'expropriation dues à *<nom ou dénomination sociale de l'exproprié>*, propriétaire de la parcelle cadastrée section *<références cadastrales>*, comme suit :
– indemnité principale : *<montant>* € ;
– indemnité de remploi : *<montant>* € ;
– soit une indemnité totale de *<montant>* €.

<dater et signer : nom, prénom et qualité du signataire>

(3) Code de l'expropriation, art. L. 322-8.

(4) Code de l'expropriation, art. L. 322-9.

IV. Production de pièces

1. *<à compléter>*
2. *<à compléter>*
3. *<à compléter>*

5.1.1.3 Modèle de notification de mémoire valant offre à l'exproprié

Chère Madame ou Cher Monsieur,

J'ai engagé une procédure d'expropriation pour la réalisation de l'opération *<nature de cette opération>*.

Cette opération concerne notamment la parcelle cadastrée section *<références cadastrales>*, dont vous êtes propriétaire.

Ainsi que vous pourrez le constater eu égard au mémoire valant offre ci-joint, je vous propose d'acquérir votre parcelle moyennant une indemnité totale de *<montant>* €, soit une indemnité de remploi comprise.

C'est pourquoi, en conformité avec les dispositions des articles R. 311-4 et suivants du Code de l'expropriation pour cause d'utilité publique, j'ai l'honneur de vous notifier sous ce pli le mémoire contenant mes offres pour l'indemnisation de l'ensemble des préjudices causés par cette expropriation.

Je vous invite à faire part de votre acceptation ou de votre refus par écrit à *<nom de l'interlocuteur en charge du dossier et adresse de l'expropriant>*, et ce dans un délai d'un mois.

Passé ce délai, je serai en mesure de saisir à tout moment le juge de l'expropriation aux fins de fixation judiciaire des indemnités.

Je vous rappelle enfin qu'en cas d'expropriation partielle, vous êtes en droit de requérir l'emprise totale du terrain. Votre demande en ce sens doit être adressée au juge de l'expropriation dans le délai d'un mois précité.

Conformément aux dispositions de l'article R. 311-10 du Code de l'expropriation pour cause d'utilité publique, sont reproduits ci-après les articles R. 311-11, R. 311-12, R. 311-13 alinéa 1er et R. 311-22 du même code relatif à la procédure en fixation des indemnités devant le juge de l'expropriation, dont je vous invite à prendre connaissance :

– Article R. 311-11 :

<citer cet article>

– Article R. 311-12 :

<citer cet article>

– Article R. 311-13, premier alinéa :

<citer alinéa 1er de cet article>

– Article R. 311-22 :

<citer cet article>

<formule de politesse>

5.1.1.4 Modèle de saisine du juge de l'expropriation par envoi du mémoire valant offre

Madame ou Monsieur le juge de l'expropriation,

Je vous prie de bien vouloir trouver ci-joint, accompagné de deux copies, en ma qualité d'expropriant, le mémoire valant offre que j'ai notifié en application de l'article R. 311-6 du Code de l'expropriation pour cause d'utilité publique, à *<nom ou dénomination sociale de l'exproprié>*.

Pour mémoire, je vous rappelle que :
– l'article R. 311-6 du Code de l'expropriation pour cause d'utilité publique dispose que : *<citer cet article>* ; et
– l'article R. 311-9 du même code dispose que : *<citer cet article>*.

Il ressort de ces dispositions qu'à défaut d'accord amiable dans un délai d'un mois à compter de la notification au propriétaire du mémoire valant offre, il incombe à la partie la plus diligente de saisir le juge de l'expropriation aux fins de fixation judiciaire des indemnités d'expropriation.

Au cas présent, le mémoire valant offre a été notifié à *<nom ou la dénomination sociale de l'exproprié>*, par lettre recommandée avec accusé de réception en date du *<à compléter>*, auquel il a apporté une réponse négative le *<date>*.

C'est la raison pour laquelle, à défaut d'accord amiable dans un délai d'un mois à compter de la notification du mémoire valant offre, j'ai décidé, par la présente, de saisir le juge de l'expropriation du tribunal de céans en fixation judiciaire des indemnités d'expropriation à lui verser, en sa qualité de propriétaire de la parcelle cadastrée section *<références cadastrales>* et située *<adresse>*.

Je vous prie d'agréer, Madame ou Monsieur le juge de l'expropriation, l'expression de mes salutations distinguées.

5.1.2 Délai de saisine du juge de l'expropriation

L'expropriant peut saisir le juge de l'expropriation à l'expiration du délai d'un mois suivant la notification de ses offres ou du mémoire valant offre.

Le demandeur doit notifier simultanément à la partie adverse une copie de son mémoire et, s'il s'agit de l'expropriant, le courrier de notification doit mentionner les dispositions des articles R. 311-11, R. 311-12, du premier alinéa de l'article R. 311-13 et de l'article R. 311-22 du Code de l'expropriation pour cause d'utilité publique.

IMPORTANT

Depuis la modification de la partie réglementaire du Code de l'expropriation pour cause d'utilité publique, le mémoire de saisine doit être transmis en triple exemplaire au greffe de la juridiction de l'expropriation (mémoire de saisine accompagné de deux copies).

CONSEIL

L'expropriant doit, par tout moyen, réussir à identifier les ayants droit de la personne décédée afin de leur notifier une offre d'indemnisation conformément à l'article R. 311-5. S'il n'est pas en mesure de le faire et que le propriétaire décédé est toujours identifié au fichier immobilier, l'expropriant a la possibilité de faire désigner la Direction nationale d'interventions domaniales en tant que curateur à la succession vacante conformément à l'article 809-1 du Code civil, sur simple requête adressée au président du tribunal judiciaire du dernier domicile connu de la personne décédée. La Direction nationale d'interventions domaniales (DNID) pourra alors régulièrement représenter cette succession devant le juge de l'expropriation.

5.2 Procédure devant le juge de l'expropriation

5.2.1 Caractéristiques essentielles de la procédure

La procédure devant le juge de l'expropriation est écrite et depuis le 1er janvier 2020, la constitution d'avocat est désormais obligatoire, sauf pour l'État, les collectivités territoriales et leurs établissements publics qui peuvent se faire assister ou représenter par un fonctionnaire ou un agent de leur administration.

REMARQUE

L'introduction de cette notion de représentation obligatoire, inédite dans cette matière, posait pour les praticiens une interrogation légitime sur l'application des règles relatives à la territorialité de la postulation prévue aux articles 5 et 5-1 de la loi n° 71-1130 du 31 décembre 1971. Par un avis en date du 6 mai 2021, la Cour de cassation a donc fixé les règles applicables pour les instances introduites depuis le 1er janvier 2020. Concernant la première instance et la procédure devant le juge de l'expropriation, les règles de la postulation ne s'appliquent pas et les parties peuvent se faire assister ou représenter par un avocat de leur choix. *A contrario*, devant la cour d'appel, les règles de la postulation s'appliquent et chaque partie (y compris les personnes publiques précitées si elles choisissent de constituer avocat) doivent prendre attache auprès d'un avocat inscrit dans un des barreaux de ladite cour d'appel[(5)].

IMPORTANT

Tout écrit ou mémoire déposé par l'exproprié qui n'aurait pas constitué d'avocat sera jugé irrecevable par le juge de l'expropriation.

Le défendeur dispose d'un délai de six semaines à compter de la notification du mémoire du demandeur pour adresser à celui-ci son mémoire en réponse.

Les mémoires comportent un exposé des moyens et des conclusions indiquant le montant demandé ou offert pour l'indemnité principale, les offres en nature et indemnités accessoires s'il y en a, et doivent être notifiés à la partie adverse au plus tard, la veille de l'audience.

Si le demandeur est l'expropriant, le greffe notifie une ordonnance de transport sur les lieux à l'expropriant, à qui il incombe la charge de la notifier aux expropriés et au commissaire du gouvernement au moins quinze jours avant la visite des lieux.

Si le demandeur est l'exproprié, le greffe notifie lui-même l'ordonnance de transport sur les lieux[(6)].

(5) Cass. 2e civ., 6 mai 2021, n° 21-70.004.

(6) Pour plus d'informations sur la procédure devant le juge de l'expropriation : voir chapitre 11.

5.2.2 Date d'estimation des biens par le juge de l'expropriation

L'estimation du bien exproprié doit être faite[7] :
– à la date de la décision de première instance ;
– en fonction de sa consistance à la date de l'ordonnance d'expropriation ;
– en fonction de son usage effectif, de ses critères de qualification, ainsi que de ses possibilités de construction, à la date de référence.

Ces trois dates sont distinctes et doivent impérativement être identifiées dans le cadre de la procédure.

5.2.2.1 Date de référence

Il ne peut être tenu compte des changements de valeur subis depuis cette date de référence, s'ils ont été provoqués par l'annonce des travaux ou d'opérations dont la DUP est demandée, par la perspective de modifications des règles d'utilisation des sols ou par la réalisation dans les trois années précédant l'enquête publique de travaux publics dans l'agglomération où est situé l'immeuble.

REMARQUE

L'estimation du bien exproprié à la date de référence a pour objectif de lutter contre les spéculations foncières afin de protéger l'expropriant. Ce dernier ne doit pas être contraint à abandonner un projet d'intérêt public en raison du prix exorbitant du foncier nécessaire à sa réalisation qui résulterait de l'annonce justement de la réalisation dudit projet.

En d'autres termes, le juge de l'expropriation ne peut prendre en considération un élément de plus-value inexistant à la date de référence qui résulterait de l'usage futur qui découlera du projet d'aménagement ayant conduit à la mise en œuvre de la procédure d'expropriation.

JURISPRUDENCE

La Cour de cassation a jugé que « si les indemnités allouées doivent couvrir l'intégralité du préjudice direct, matériel et certain causé par l'expropriation, les expropriés ne peuvent cependant bénéficier de la plus-value apportée à leurs immeubles par les opérations d'urbanisme prévues par l'autorité expropriante ». Retenir la date de publicité d'une DUP emportant mise en compatibilité du PLU comme date de référence pour la fixation de l'indemnité d'expropriation reviendrait ainsi à faire bénéficier l'exproprié d'un enrichissement sans cause[8].

La date de référence se situe, en principe, un an avant l'ouverture de l'enquête publique.

Cette règle est néanmoins assortie d'un certain nombre d'exceptions[9] :

• le bien est situé dans une zone où s'applique le droit de préemption : la date de référence est alors la date à laquelle est devenu opposable aux tiers le plus récent des actes rendant public, approuvant, révisant ou modifiant le POS, ou approuvant, révisant ou modifiant le PLU et délimitant la zone dans laquelle est situé le bien ;

(7) Code de l'expropriation, art. L. 322-1 et s.

(8) Cass. 3e civ., 25 janvier 2018, n° 16-25.138.

(9) Code de l'urbanisme, art. L. 213-4 et L. 213-6.

• le bien est compris dans le périmètre d'une zone d'aménagement différé (ZAD) ; la date de référence est alors :
– la date de publication de l'acte délimitant son périmètre provisoire lorsque le bien est situé dans un tel périmètre ou lorsque l'acte créant la zone est publié dans le délai de validité d'un périmètre provisoire,
– la date de publication de l'acte créant la ZAD si un périmètre provisoire de zone d'aménagement différé n'a pas été délimité,
– dans tous les cas, la date du dernier renouvellement de l'acte créant la zone d'aménagement différé.

REMARQUE

Il s'agit d'une période renouvelable de six ans à compter de la publication de l'acte qui a créé la zone.

JURISPRUDENCE

Par une décision sur deux questions prioritaires de constitutionnalité (QPC) en date du 11 juin 2021, le Conseil constitutionnel a jugé conforme à la Constitution l'article L. 322-2 du Code de l'expropriation pour cause d'utilité publique et plus précisément les termes « s'ils ont été provoqués par l'annonce des travaux ou opérations dont la déclaration d'utilité publique est demandée » estimant qu'en interdisant au juge de l'expropriation de tenir compte des changements de valeur subis par le bien exproprié lorsqu'ils sont provoqués par l'annonce des opérations justifiant l'expropriation, « les dispositions contestées visent à protéger ce dernier contre la hausse de la valeur vénale du bien résultant des perspectives ouvertes par ces travaux ou opérations. » Le Conseil constitutionnel juge donc que « le législateur a ainsi entendu éviter que la réalisation d'un projet d'utilité publique soit compromise par une telle hausse de la valeur vénale du bien exproprié, au détriment du bon usage des deniers publics. Ce faisant, il a poursuivi un objectif d'intérêt général. »(10).

Par une décision du 2 mars 2022, la Cour de cassation a pris acte de la position du Conseil constitutionnel jugeant ces dispositions compatibles avec la Convention européenne des droits de l'homme, interdisant au juge de l'expropriation de prendre en considération les changements de valeur futurs du bien exproprié tels que les plus-values réalisées par l'expropriant en cas de revente(11).

5.2.2.2 Qualification de terrain à bâtir

L'article L. 322-3 du Code de l'expropriation pour cause d'utilité publique réserve la qualification de terrains à bâtir pour les biens répondant aux critères cumulatifs suivants :

1° situés dans un secteur désigné comme constructible par un plan d'occupation des sols, un plan local d'urbanisme, un document d'urbanisme en tenant lieu ou par une carte communale, ou bien, en l'absence d'un tel document, situés dans une partie actuellement urbanisée d'une commune ;

2° effectivement desservis par une voie d'accès, un réseau électrique, un réseau d'eau potable et, dans la mesure où les règles relatives à l'urbanisme et à la santé publique l'exigent pour construire sur ces terrains, un réseau d'assainissement, à condition que ces divers réseaux soient situés à proximité immédiate des terrains en cause et soient de dimensions adaptées à la capacité de construction de ces terrains. Lorsqu'il s'agit de terrains situés dans une zone désignée par un plan d'occupation des sols, un plan local d'urbanisme, un document d'urbanisme en tenant lieu ou par une carte communale, comme devant faire l'objet d'une

(10) Cons. const., déc. n° 2021-915/916 QPC du 11 juin 2021.

(11) Cass. 3e civ., 2 mars 2022, n° 20-17.133, *Bulletin*.

opération d'aménagement d'ensemble, la dimension de ces réseaux est appréciée au regard de l'ensemble de la zone.

5.2.3 Cas de l'expropriation partielle

En cas d'expropriation partielle, l'exproprié peut requérir l'emprise totale de la parcelle expropriée ou d'un immeuble bâti dans le délai d'un mois suivant la notification des offres de l'expropriant si la partie restante n'est plus utilisable dans des conditions normales(12).

Si sa demande est admise par le juge de l'expropriation, ce dernier fixera :
– d'une part, le montant de l'indemnité d'expropriation ;
– d'autre part, le prix d'acquisition de la portion acquise en sus de la partie expropriée.

REMARQUE

L'acquisition de la portion acquise non visée par l'expropriation n'est pas concernée par l'indemnité de remploi.

Il en est de même pour toute parcelle de terrain nu qui, par suite du morcellement, se trouve réduit au quart de la contenance totale, si toutefois le propriétaire ne possède aucun terrain immédiatement contigu et si la surface du terrain ainsi réduit est inférieure à dix ares.

L'exploitant agricole peut également solliciter une réquisition d'emprise totale ou partielle dans deux cas de figure.

Lorsque l'emprise partielle d'une parcelle empêche l'exploitation agricole dans des conditions normales de la ou des parties restantes de cette parcelle en raison soit de leur dimension, soit de leur configuration, soit de leurs conditions d'accès : l'exploitant agricole, en sa qualité d'exproprié peut demander l'emprise totale soit de la parcelle, soit de la ou des parties restantes devenues inexploitables de fait.

Lorsqu'une emprise partielle résultant de l'expropriation compromet la structure d'une exploitation agricole de nature à provoquer sa disparition ou à lui occasionner un grave déséquilibre :
– le propriétaire exproprié peut demander au juge l'emprise totale ;
– l'exploitant qui n'est pas lui-même propriétaire peut, s'il entend ne pas poursuivre l'exploitation ou lorsqu'il y a résiliation du bail, demander à l'expropriant les indemnités auxquelles il aurait pu prétendre dans le cas où la totalité de l'exploitation aurait été expropriée ;
– pour les parties restantes de son exploitation devenues inexploitables de fait suite à l'expropriation.

JURISPRUDENCE

La Cour de cassation considère que désormais, en cas d'expropriation partielle, l'exproprié a droit à une indemnité pour dépréciation du surplus, qu'elle que soit la nature du bien exproprié. Une telle indemnité accessoire ne peut donc plus être refusée en raison de la qualification de terrain à bâtir des parcelles considérées, sauf à violer l'article L. 321-1 du Code de l'expropriation pour cause d'utilité publique(13).

(12) Code de l'expropriation, art. L. 242-1 et R. 242-1 et s.

(13) Cass. 3e civ., 4 avril 2019, n° 18-10.989.

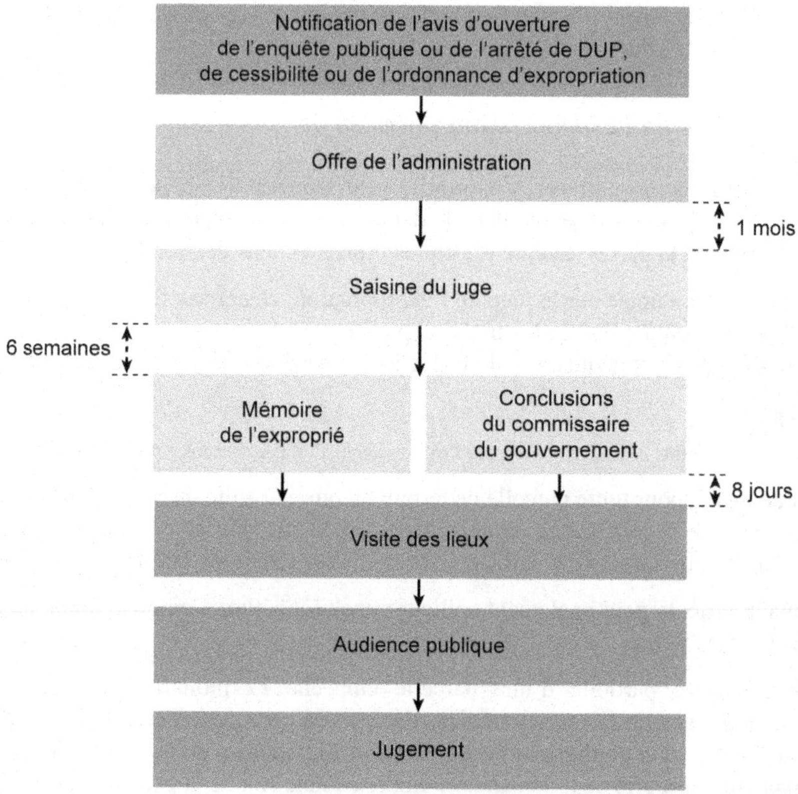

Fig. 5.1. Schéma de procédure

CHAPITRE 6

Transfert de propriété et prise de possession

Une fois achevées les procédures d'élaboration du projet et après avoir recueilli les observations du public, la personne publique peut acquérir la propriété du bien par voie amiable ou par voie judiciaire *(cf. § 6.1)*.

La prise de possession du bien ne pourra toutefois intervenir qu'après avoir versé une « juste et préalable » indemnité à l'ensemble des titulaires de droits réels ou personnels sur le bien *(cf. § 6.2)*.

6.1 Transfert de propriété

Après la phase administrative, il appartient au préfet de saisir le juge de l'expropriation du tribunal judiciaire territorialement compétent pour qu'il édicte une ordonnance d'expropriation qui va transférer automatiquement la pleine propriété du bien à l'expropriant *(cf. § 6.1.1)*.

Le transfert de propriété peut toutefois se réaliser par accord amiable entre la personne publique et la personne expropriée avant que l'ordonnance d'expropriation soit édictée *via* une ordonnance de donner acte *(cf. § 6.1.2)*.

Si l'exproprié n'utilise pas le bien conformément à l'objet de la DUP dans le délai de cinq ans, l'exproprié pourra en solliciter la rétrocession *(cf. § 6.1.3)*.

6.1.1 Ordonnance d'expropriation

Le juge de l'expropriation est saisi par le préfet qui lui transmet un dossier comprenant l'ensemble des pièces de la phase administrative.

Contrairement à la précédente phase, cette procédure n'est pas contradictoire et le juge de l'expropriation n'a que pour unique rôle de contrôler la régularité des pièces administratives.

Si le dossier est complet, le juge de l'expropriation édicte une ordonnance d'expropriation dans les quinze jours et prononce le transfert de propriété au profit de l'expropriant(1).

L'ordonnance doit identifier précisément chaque immeuble ou fraction d'immeuble exproprié et préciser l'identité des expropriés ainsi que le bénéficiaire de l'expropriation.

Cette ordonnance doit être, d'une part, notifiée à tous les expropriés, pour permettre la prise de possession du bien, et d'autre part, publiée au service de publicité foncière pour être opposable aux tiers.

L'ordonnance d'expropriation ne peut être contestée que par la voie du pourvoi en cassation.

6.1.1.1 Effets de l'ordonnance d'expropriation

Propriété du bien

L'ordonnance d'expropriation a pour effet de transférer la propriété du bien dès son prononcé par le juge de l'expropriation(2).

L'expropriant devient donc propriétaire du bien automatiquement et il ne peut plus renoncer à cette propriété, nonobstant son absence de notification à l'exproprié ou sa publication au fichier immobilier.

IMPORTANT

Le transfert de propriété n'emporte pas l'entrée en possession du bien qui reste subordonnée au paiement ou à la consignation de l'indemnité ou à l'acceptation d'un local de remplacement.

En sa qualité de propriétaire, l'expropriant doit s'acquitter de l'ensemble des charges relatives à la propriété de l'immeuble dès la signature de l'ordonnance (taxe foncière par exemple).

La jurisprudence a toujours indiqué qu'il appartenait à l'expropriant de s'acquitter des charges de copropriété après l'édiction de l'ordonnance d'expropriation, et ce nonobstant l'entrée en jouissance effective ou non de l'expropriant dans les lieux.

La jurisprudence indique ainsi que les charges ne peuvent plus être réclamées à l'ancien propriétaire dès la notification de l'ordonnance d'expropriation au syndic(3).

IMPORTANT

Le propriétaire exproprié demeure toutefois le gardien de son immeuble et doit veiller à ce que l'immeuble ne soit pas endommagé, au risque de devoir indemniser la personne publique expropriante.

Extinction des droits réels sur le bien

L'ordonnance d'expropriation emporte dès son prononcé l'extinction des droits réels et personnels existant sur le bien, c'est-à-dire de l'ensemble des baux consentis par le propriétaire exproprié(4).

---

(1) Code de l'expropriation, art. L. 221-1.

(2) *Ibid.*

(3) Cass. 3e civ., 11 mai 1994, n° 32-11578.

(4) Code de l'expropriation, art. L. 222-2, alinéa 1er.

L'exproprié ne peut donc plus administrer son bien comme bon lui semble (vente, location, donation ou hypothèque sont désormais interdites).

Il continue toutefois de percevoir les fruits de l'immeuble. Lorsque les anciens locataires sont toujours dans les lieux et que le propriétaire exproprié n'a pas été indemnisé par l'expropriant, l'exproprié ne peut donc réclamer un loyer aux occupants mais seulement une « indemnité d'occupation ».

En effet, il ne peut s'agir d'un loyer, car aucun nouveau bail ne peut être conclu depuis l'édiction de l'ordonnance d'expropriation.

La jurisprudence a notamment consacré le principe de cette indemnité d'occupation qui est, traditionnellement, calculée selon le barème de l'ancien loyer. Toutefois, au regard du statut précaire de l'occupant resté dans les lieux, qui ne bénéficie donc plus des protections liées au bail, le montant de cette indemnité peut être diminué d'un abattement(5).

La possibilité de percevoir une telle indemnité cesse lorsque le propriétaire exproprié obtient le versement des indemnités d'expropriation afférentes et, par conséquent, perd la jouissance de son bien.

JURISPRUDENCE

La Cour de cassation précise que l'extinction immédiate des droits personnels dès le prononcé de l'ordonnance, laquelle éteint le droit au bail, ne fait pas disparaître le fonds de commerce exploité dans l'immeuble exproprié qui peut être cédé postérieurement à l'ordonnance(6).

6.1.1.2 Notification et publication de l'ordonnance d'expropriation

Notification

Pendant la phase judiciaire, l'exproprié n'est pas informé de la saisine du juge de l'expropriation. Il appartient alors à l'expropriant de notifier l'ordonnance d'expropriation à chaque exproprié pour pouvoir en obtenir l'exécution(7).

IMPORTANT

La notification de l'ordonnance d'expropriation doit être faite individuellement à tous les expropriés mentionnés dans l'état parcellaire (à chacun des époux, quel que soit leur régime matrimonial, copropriétaires, indivisaires, etc.).

Cette notification peut être faite par courrier recommandé avec accusé de réception ou, à défaut, par voie de signification par le commissaire de justice.

Le courrier de notification doit obligatoirement reproduire les termes des articles 612 et 973 du Code de procédure civile ainsi que de l'article L. 223-1 du Code de l'expropriation pour cause d'utilité publique.

(5) Cass. 3e civ., 2 juillet 2013, n° 11-26297.

(6) Cass. 3e civ., 20 mars 2013, n° 11-28788.

(7) Code de l'expropriation, art. R. 221-8.

IMPORTANT

L'absence de ces mentions est sans influence sur la validité de l'ordonnance d'expropriation mais ne fait pas courir le délai de recours contre cette ordonnance[8].

Modèle de courrier de notification de l'ordonnance d'expropriation

Madame, Monsieur,

<Coordonnées postales, téléphoniques et e-mail>

Par ordonnance du *<date>* le juge de l'expropriation du tribunal judiciaire de *<ville>* a déclaré exproprier immédiatement pour cause d'utilité publique, au profit de *<nom>* le bien cadastré section *<références cadastrales>* sis *<adresse>* à *<ville>*, vous appartenant *<préciser le cas échéant la nature du droit de l'exproprié : propriétaire, copropriétaire, indivisaire, usufruitier, etc.>*.

Conformément aux dispositions de l'article R. 221-8 du Code de l'expropriation pour cause d'utilité publique, vous trouverez en conséquence ci-joint, copie de cette ordonnance.

Pour votre parfaite information, vous trouverez également ci-après reproduits, les termes de l'article L. 223-1 du Code de l'expropriation pour cause d'utilité publique, ainsi que ceux des articles 612 et 973 du Code de procédure civile :

– Article L. 223-1 du Code de l'expropriation pour cause d'utilité publique :

« L'ordonnance d'expropriation ne peut être attaquée que par pourvoi en cassation et pour incompétence, excès de pouvoir ou vice de forme. »

– Article 612 du Code de procédure civile :

« Le délai de pourvoi en cassation est de deux mois, sauf disposition contraire. »

– Article 973 du Code de procédure civile :

« Les parties sont tenues, sauf disposition contraire, de constituer un avocat au Conseil d'État et à la Cour de cassation. »

<formule de politesse>

Publication

Les articles 28 et 35 du décret n° 55-22 du 4 janvier 1955 portant réforme de la publicité foncière précisent que l'ordonnance d'expropriation doit être publiée au service de la publicité foncière[9].

Cette formalité permet d'assurer l'information des tiers intéressés. Les créances inscrites, éteintes du fait du prononcé de l'ordonnance, sont reportées sur l'indemnité d'expropriation par ordre de préférence selon le rang des créanciers.

---

(8) Cass. 3e civ., 12 octobre 2005, n° 99-70214.

(9) Code de l'expropriation, art. L. 222-2 et L. 222-3.

Le défaut de cette formalité rend l'ordonnance inopposable aux tiers. L'absence de publication ne fait pas, par contre, obstacle au transfert de propriété.

Il incombe à l'expropriation la charge de cette publication au service de publicité foncière situé dans le ressort territorial du bien(10).

REMARQUE

La contribution de sécurité immobilière (frais de publication) est forfaitaire et peut être une charge importante pour l'expropriant. Elle représente 1/1 000e de la valeur vénale du bien calculé par France Domaine. Cette contribution ne peut, en outre, être inférieure à 15 euros par bien exproprié.

L'article 1042 du Code général des impôts exonère toutefois les communes ou syndicats de communes, les établissements publics fonciers créés en application des articles L. 324-1 et suivants du Code de l'urbanisme, les départements, les régions et par les établissements publics communaux, départementaux ou régionaux de la contribution de sécurité immobilière.

Les pièces à adresser au service de publicité foncière pour la publication de l'ordonnance sont les suivantes :

• un extrait cadastral modèle 1 en double exemplaire (pour chaque parcelle expropriée) qui peut être sollicité *via* le service des impôts fonciers ;

• un chèque à l'ordre du « Trésor public » du montant de la contribution de sécurité immobilière (sauf exonération, cf. article 1042 du Code général des impôts) ;

• l'exemplaire de l'ordonnance d'expropriation – confectionné par le greffe sur formulaire Cerfa n° 3265-SD – destiné à recevoir la mention de publicité foncière qui doit intégrer :
– une attestation du publiant certifiant exacts les renseignements contenus dans l'ordonnance et éventuellement complétant des informations manquantes et nécessaires pour la publication (par exemple : date ou lieu de naissance des expropriés s'ils sont absents de l'état parcellaire),
– l'exemplaire de l'ordonnance d'expropriation certifiée exécutoire par le greffe.

(10) Annuaire des services de la publicité foncière sur le site : www.impots.gouv.fr.

cerfa

N° 11196*03
DIRECTION GÉNÉRALE
DES FINANCES PUBLIQUES
Formulaire obligatoire
Décret n° 55-1350 du 14/10/1955,
article 67-3

Liberté • Égalité • Fraternité
RÉPUBLIQUE FRANÇAISE

1

N° 3265-SD
(08-2014)
@internet-DGFiP

Enregistrer sous...

FORMULAIRE À IMPRIMER RECTO/VERSO

Formule de publication

(pour l'établissement d'expéditions, copies, extraits d'actes ou décisions judiciaires à publier)

SERVICE DE LA PUBLICITÉ FONCIÉRE	DÉPÔT	DATE VOL N°
	TAXES : CSI (1) : TOTAL	

(1) CSI : Contribution de sécurité immobilière.

Les dispositions des articles 34, 35 et 36 de la loi n° 78-17 du 6 janvier 1978 relative à l'informatique, aux fichiers et aux libertés modifiée s'appliquent : elles garantissent pour les données vous concernant, auprès du service de la publicité foncière, un droit d'accès et un droit de rectification.

MINISTÈRE DES FINANCES
ET DES COMPTES PUBLICS

Fig. 6.1. Formulaire de publication de l'ordonnance d'expropriation (Cerfa n° 3265-SD)

6.1.1.3 Contentieux de l'ordonnance d'expropriation

Le recours contre une ordonnance d'expropriation ne peut être formé que par la voie du pourvoi en cassation, et seulement pour incompétence, excès de pouvoir ou vice de forme(11).

Le délai de recours est de deux mois à compter de la notification de l'ordonnance d'expropriation et la procédure nécessite la représentation obligatoire d'un avocat à la Cour de cassation.

Toute personne ayant un intérêt légitime peut introduire un pourvoi en cassation contre l'ordonnance. Par conséquent, un propriétaire non désigné dans l'ordonnance ou encore le titulaire d'un droit indivis sur un bien exproprié, a un intérêt à agir contre cette ordonnance.

JURISPRUDENCE

La Cour de cassation rappelle que seuls les titulaires d'un droit réel sur le bien ont qualité pour former un pourvoi en cassation ce qui exclut *de facto* les titulaires d'un droit d'usage ou d'habitation(12).

Cassation de l'ordonnance d'expropriation

La cassation de l'ordonnance d'expropriation entraînera l'annulation automatique de tous les actes ou décisions qui en ont été la suite, et notamment les jugements fixant les indemnités d'expropriation.

L'annulation de l'ordonnance d'expropriation rendra également irrégulière l'emprise et la prise de possession des biens par l'expropriant.

Ce dernier est normalement tenu de procéder à la rétrocession du bien sous réserve que des motifs d'intérêt général ne s'opposent pas à sa restitution à l'exproprié.

Lorsque l'ordonnance d'expropriation n'est pas encore rendue, le juge de l'expropriation ne peut plus prononcer le transfert de propriété si l'arrêté de DUP ou de cessibilité a été annulé.

Perte de base légale de l'ordonnance d'expropriation

Lorsque l'ordonnance d'expropriation a déjà été rendue mais qu'elle fait l'objet d'un pourvoi en cassation et que la DUP ou l'arrêté de cessibilité sont annulés par une décision définitive du juge administratif, elle sera annulée par voie de conséquence.

Lorsque l'ordonnance d'expropriation a été rendue et est devenue définitive, l'annulation de la DUP ou de l'arrêté de cessibilité par une décision elle-même définitive, permet à tout exproprié de faire constater par le juge de l'expropriation que ladite ordonnance est dépourvue de base légale et demander son annulation.

(11) Code de l'expropriation, art. L. 223-1.

(12) Cass. 3e civ., 17 décembre 2008, n° 07-17739.

6.1.2 Transfert de propriété par cession amiable

Les cessions amiables consenties après déclaration d'utilité publique et, lorsqu'il en est donné acte par ordonnance du juge, les cessions amiables antérieures à la déclaration d'utilité publique éteignent tous droits réels ou personnels existant sur les immeubles expropriés(13).

6.1.2.1 Cessions intervenues entre la DUP et l'ordonnance d'expropriation

Lorsque le transfert de propriété porte sur des biens acquis à l'amiable, avant le prononcé de l'ordonnance d'expropriation, mais qui avaient été préalablement déclaré d'utilité publique, la cession amiable produit les mêmes effets que l'ordonnance : l'extinction de tous les droits réels et personnels sur le bien.

JURISPRUDENCE

Par une décision sur question prioritaire de constitutionnalité (QPC) en date du 16 avril 2021, le Conseil constitutionnel a censuré l'article L. 323-3 du Code de l'expropriation pour cause d'utilité publique considérant que ces dispositions méconnaissaient le principe d'égalité devant la loi. L'article L. 323-3 excluait effectivement les locataires d'un bien dont le transfert de propriété a été opéré par une cession amiable et qui ne pouvaient pas donc bénéficier de cette possibilité de percevoir un acompte sur l'indemnité. Après avoir constaté que ces dispositions instituaient effectivement une différence de traitement entre les locataires d'un bien exproprié selon que le transfert de propriété du bien qu'ils louent a été opéré par une ordonnance d'expropriation ou par une cession amiable, il a constaté que les conséquences du droit du locataire sur son droit à indemnisation sont identiques et que le transfert de propriété du bien loué procède d'une ordonnance d'expropriation ou d'une cession amiable consentie après déclaration d'utilité publique ou dont le juge a donné acte.

Par conséquent, le Conseil constitutionnel juge qu'il n'existe aucune différence de situation objective entre les locataires permettant de déroger au principe d'égalité devant la loi, la différence de traitement n'étant pas non plus justifiée par un motif d'intérêt général(14).

6.1.2.2 Cessions intervenues avant la DUP : ordonnance de « donner acte »

L'expropriant a également la possibilité, lorsqu'il a acquis l'immeuble à l'amiable, avant l'édiction de l'arrêté de DUP, de se faire « donner acte » de cette acquisition par le juge de l'expropriation.

Cette faculté permet de produire les mêmes effets de droit que l'ordonnance d'expropriation et que la cession amiable intervenue postérieurement à la DUP.

Cette ordonnance demeure très utile pour l'expropriant, car les titulaires de droits sur le bien ne peuvent pas contester l'ordonnance de donner acte, qui ne concerne que le propriétaire et l'expropriant.

JURISPRUDENCE

La Cour de cassation a rappelé que l'ordonnance de donner acte d'une cession amiable n'emporte pas transfert de propriété et, par conséquent, un éventuel locataire n'est pas recevable à saisir le juge de l'expropriation pour obtenir le versement d'indemnités d'éviction(15).

(13) Code de l'expropriation, art. L. 222-2.

(14) Cons. const., déc. n° 2021-897 QPC du 16 avril 2021.

(15) Cass. 3e civ., 5 décembre 2007, n° 06-18682.

L'ancien propriétaire ne peut également demander la rétrocession de son bien cédé amiablement avant la déclaration d'utilité publique[16].

6.1.3 Rétrocession du bien exproprié

Si le bien n'a pas reçu ou a cessé de recevoir l'affectation prévue par la DUP dans le délai de cinq ans suivant l'édiction de l'ordonnance d'expropriation, l'exproprié peut demander la rétrocession de son bien dans un délai de trente ans à compter de l'ordonnance d'expropriation ou, en cas d'impossibilité d'y faire droit, l'octroi de dommages et intérêts.

6.1.3.1 Appréciation de l'affectation du bien

Cette possibilité est ouverte aux anciens propriétaires ou leurs ayants droit pendant un délai de trente ans sauf si une nouvelle DUP a été édictée, ce qui prive *de facto* la faculté d'obtenir la rétrocession du bien.

La conformité de la destination du bien avec les objectifs de la DUP doit cependant s'apprécier globalement au regard de l'ensemble des parcelles expropriées et non au regard de chacune, prise individuellement.

JURISPRUDENCE

Il n'est pas nécessaire que le bien ait fait l'objet d'aménagements particuliers, une affectation à un usage collectif suffit à s'opposer à sa rétrocession[17].

Le droit de rétrocession peut exceptionnellement être exercé avant l'expiration du délai de cinq ans s'il apparaît que la destination donnée par l'expropriant est impossible avec celle prévue par la DUP[18].

Le tribunal judiciaire est compétent pour se prononcer sur le bien-fondé de la demande de rétrocession formulée par l'ancien propriétaire et pour apprécier si une affectation conforme a été donnée au bien dans le délai de cinq ans.

IMPORTANT

La rétrocession du bien est impossible dès lors qu'une nouvelle DUP a été requise, et ce même au cours de la procédure de rétrocession. Cette faculté est prévue par l'ancien article L. 12-6 (désormais L. 421-1) du Code de l'expropriation pour cause d'utilité publique qui a été jugé conforme à la Constitution[19].

JURISPRUDENCE

Par un arrêt du 19 janvier 2022, la Cour de cassation est venue clarifier les conditions de l'exercice du droit de rétrocession pour les expropriés qui ont consenti à la fixation de l'indemnité *via* un protocole jugeant que l'exproprié ne peut renoncer par anticipation à son droit de rétrocession. Elle a ainsi précisé que ce droit de rétrocession n'est acquis par l'exproprié que dans deux hypothèses : « Soit cinq ans après l'ordonnance d'expropriation si les biens n'ont pas reçu la destination prévue par la déclaration d'utilité publique ou ont cessé de recevoir cette destination, soit, avant même l'expiration de ce délai, si le projet réalisé est incompatible avec celui déclaré d'utilité publique. »[20].

(16) Cass. 3e civ., 24 septembre 2008, n° 07-13972.

(17) Cass. 3e civ., 7 avril 2009, n° 08-11379.

(18) Cass. 3e civ., 19 février 1992, n° 90-12652.

(19) Cons. const., déc. n° 2012-292 QPC du 15 février 2013.

(20) Cass. 3e civ., 19 janvier 2022, n° 20-19.351.

6.1.3.2 Rétrocession et réserves foncières

L'obligation de rétrocession s'applique aux terrains acquis pour constituer des réserves foncières.

JURISPRUDENCE

Concernant la rétrocession en présence de biens acquis pour la constitution d'une réserve foncière, la Cour de cassation jugeait auparavant que l'expropriant n'était pas tenu d'affecter les biens à une opération d'aménagement dans le délai de cinq ans(21).

La Cour européenne des droits de l'homme a fragilisé la position retenue par le droit français. Elle a condamné la France au motif tiré de la violation du droit de propriété régi par l'article 1er du protocole additionnel n° 1 à la Convention de sauvegarde des droits de l'Homme et des libertés fondamentales. En l'espèce, le bien exproprié mis en réserve foncière n'avait toujours pas reçu d'affectation au bout de 19 ans. L'expropriant a été condamné à indemniser les propriétaires de la privation de la plus-value liée à l'augmentation importante de la valeur des terrains au cours de cette période(22).

Aujourd'hui, la Cour de cassation semble s'être alignée sur la position de la CEDH et indique que l'obligation de rétrocession prévue en matière d'expropriation s'applique aussi aux terrains acquis pour constituer des réserves foncières(23).

6.1.3.3 Procédure

Si l'expropriant décide d'aliéner un bien susceptible de donner lieu à l'exercice du droit de rétrocession, il doit en informer l'ancien propriétaire ou ses ayants droit qui disposent d'un délai de deux mois pour exercer leur droit ou y renoncer(24).

Cette notification doit être effectuée :
- individuellement pour chaque exproprié ;
- par lettre recommandée avec avis de réception ou, si la notification demeure impossible, par voie de signification par le commissaire de justice ;
- préciser la parcelle concernée ;
- mentionner le prix de la rétrocession.

Lorsque l'expropriant ne connaît pas l'identité ou le domicile des anciens propriétaires ou de leurs héritiers, il est tout de même tenu de purger ce droit de rétrocession.

Il doit ainsi publier un avis par voie d'affiches dans chacune des communes où sont situés les biens. Cet avis doit mentionner le délai de déchéance de ce droit prévu à l'article R. 421-5 du Code de l'expropriation pour cause d'utilité publique qui est de trois mois.

Cette mesure de publicité doit être certifiée par le maire de chaque commune concernée et un avis doit être inséré dans un journal local diffusé dans le département.

Les personnes qui désirent exercer ce droit sont tenues, à peine de déchéance, de le déclarer à l'expropriant dans le délai de trois mois à compter de l'accomplissement de la plus récente en date des deux mesures de publicité précitées. Leur déclaration comporte obligatoirement l'indication du prix ou du loyer qu'elles sont disposées à accepter.

(21) Cass. 3e civ., 31 janvier 1996, n° 94-15464.

(22) CEDH, 2 juillet 2002, Motais de Narbonne c/France, aff. n° 48161-99.

(23) Cass. 3e civ., 28 janvier 2009, n° 07-20353.

(24) Code de l'expropriation, art. R. 421-5.

Le juge de l'expropriation est compétent pour connaître des litiges nés de la mise en œuvre du droit de rétrocession lorsque la contestation porte sur le prix. La date de référence est alors celle à laquelle le droit de rétrocession a été reconnu et le prix est estimé classiquement à la date de la décision de première instance.

Si l'immeuble a été détruit, si un ouvrage public a été implanté sur les terrains (il convient cependant de préciser que le principe de l'intangibilité de l'ouvrage public n'est plus aujourd'hui absolu) ou bien encore cédé à un tiers, la rétrocession sera impossible et l'action de l'ancien propriétaire devra se résoudre en dommages et intérêts.

COMMENTAIRE

Le droit de rétrocession demeure toujours difficile à mettre en œuvre pour l'ancien propriétaire au regard de la possibilité pour l'expropriant de requérir une nouvelle DUP ou encore de proroger la DUP existante.

Cependant, lorsque le bien tarde à être affecté à l'objectif de la DUP, la purge du droit de rétrocession reste une formalité obligatoire pour l'expropriant et demeure une source d'insécurité juridique.

JURISPRUDENCE

Le propriétaire irrégulièrement exproprié qui ne peut bénéficier de la restitution doit recevoir une indemnité correspondant à la valeur du bien au jour de la décision constatant l'absence de restitution, sous la seule déduction de l'indemnité de dépossession déjà perçue, augmentée des intérêts(25).

La Cour de cassation a jugé que l'absence de droit à rétrocession d'un propriétaire ayant fait usage de son droit de délaissement lorsque le bien n'a pas reçu l'affectation prévue n'est pas en soi contraire à la Convention européenne de sauvegarde des droits de l'Homme dès lors que le droit de délaissement ne permet pas au cédant de solliciter la rétrocession du bien sur le fondement de l'article L 421-1 du Code de l'expropriation pour cause d'utilité publique. Néanmoins, la Cour de cassation vérifie *in concreto* l'absence d'atteinte au droit au respect des biens conformément à l'article 1er du premier protocole de la Convention de sauvegarde des droits de l'Homme et des libertés fondamentales et impose ainsi d'indemniser un propriétaire ayant fait usage du droit de délaissement lorsque la commune a revendu son bien à un prix plus de quarante fois supérieur au prix d'achat, et ce plus de vingt-cinq ans après(26).

6.2 Prise de possession

Si l'indemnité a été fixée judiciairement, son paiement ou sa consignation sont un préalable obligatoire à la prise de possession du bien par l'expropriant *(cf. § 5.2.1)*.

La prise de possession anticipée constitue donc une emprise irrégulière. Cependant, elle demeure possible en cas d'accord amiable avec l'exproprié ou lors de la mise en œuvre d'une procédure d'urgence *(cf. § 5.2.2)*.

(25) Cass. 3e civ., 6 décembre 2018, n° 17-25.718.

(26) Cass. 3e civ., 30 avril 2019, n° 18-11.414.

6.2.1 Paiement et consignation de l'indemnité d'expropriation

6.2.1.1 Conditions

La prise de possession est envisageable si l'indemnité d'expropriation a été payée ou si elle a fait l'objet d'une consignation ou si un local de remplacement proposé a été accepté par l'exproprié[27].

IMPORTANT

La prise de possession ne peut avoir lieu si l'ordonnance d'expropriation n'a pas été préalablement édictée et notifiée aux expropriés.

La consignation est possible dès lors qu'il existe un obstacle au paiement, comme notamment une opposition des expropriés à recevoir le paiement des indemnités fixées par le juge de l'expropriation.

Les hypothèses de consignation sont les suivantes :
– lorsque les justifications mentionnées aux articles R. 323-1 et R. 323-2 du Code de l'expropriation pour cause d'utilité publique ne sont pas produites ou sont jugées insuffisantes par l'expropriant ;
– lorsque le droit du réclamant est contesté par des tiers ou par l'expropriant ;
– lorsque l'indemnité a été fixée d'une manière hypothétique ou alternative, notamment dans le cas prévu à l'article L. 322-12 du même code ;
– lorsque sont révélées des inscriptions de privilèges, d'hypothèques ou d'un nantissement grevant le bien exproprié du chef du propriétaire et, le cas échéant, des précédents propriétaires désignés par l'expropriant dans sa réquisition ;
– lorsqu'il existe des oppositions à paiement ;
– lorsque, dans le cas où l'expropriant est tenu de surveiller le remploi de l'indemnité, il n'est pas justifié de ce remploi ;
– lorsqu'il n'est pas justifié soit de la réalisation de la caution mentionnée à l'article L. 321-2, acceptée par le nu-propriétaire ou jugée suffisante par une décision de justice opposable à ce dernier, soit de la renonciation expresse du nu-propriétaire au bénéfice de la caution prévue dans son intérêt ;
– lorsque, l'exproprié n'ayant pas la capacité de recevoir le paiement, ce dernier n'est pas réclamé par son représentant légal justifiant de sa qualité ;
– lorsque, l'exproprié étant décédé après l'ordonnance d'expropriation ou la cession amiable, les ayants droit ne peuvent justifier de leur qualité ;
– lorsque l'exproprié refuse de recevoir l'indemnité fixée à son profit ;
– lorsque l'exproprié ou, le cas échéant, ses ayants droit, n'étant pas en mesure de percevoir l'indemnité, ont demandé que son montant soit consigné.

L'expropriant doit intégralement payer ou consigner l'intégralité des indemnités dans le délai de trois mois à compter de la signification du jugement définitif ou de la signature du traité d'adhésion. À défaut, l'exproprié a le droit au paiement d'intérêts. Si l'ordonnance d'expropriation intervient postérieurement à la décision définitive fixant le montant de l'indemnité, le délai de trois mois court à compter de la date de l'ordonnance d'expropriation.

(27) Code de l'expropriation, art. R. 323-8.

REMARQUE

Si le jugement ou l'arrêt n'a pas été signifié, aucun intérêt de paiement ne peut être sollicité par l'exproprié.

6.2.1.2 Cas particulier : prise de possession en cas de procédure d'appel

L'appel du jugement fixant les indemnités d'expropriation n'est pas suspensif.

L'expropriant peut donc régulièrement prendre possession du bien exproprié s'il remplit les conditions visées ci-dessus.

L'article L. 331-1 du Code de l'expropriation pour cause d'utilité publique offre également la faculté de consigner une partie de l'indemnité d'expropriation alors que l'exproprié serait disposé à accepter le paiement.

En effet, en cas d'appel du jugement fixant l'indemnité et lorsqu'il existe des indices sérieux laissant présumer qu'en cas d'infirmation, l'exproprié serait susceptible de ne pas restituer à l'expropriant les sommes versées après le jugement de première instance, l'expropriant peut demander au premier président de la cour d'appel de consigner tout ou partie du montant de l'indemnité supérieur à ce que l'expropriant avait proposé.

Cette consignation vaut le paiement du surplus et autorise la prise de possession.

REMARQUE

Cette consignation particulière est très utile lorsque le jugement de première instance fixant les indemnités est défavorable à l'expropriant et que, compte tenu de la situation inconnue de la solvabilité de l'exproprié, l'expropriant aurait beaucoup de mal à récupérer les sommes versées en cas de succès en appel.

JURISPRUDENCE

Le Conseil constitutionnel a jugé ces dispositions conformes à la Constitution, avec une réserve d'interprétation : « l'exproprié doit pouvoir obtenir la réparation du préjudice résultant de l'absence de perception de l'intégralité de l'indemnité d'expropriation lors de la prise de possession »(28).

6.2.1.3 Expulsion

Le juge de l'expropriation statuant selon la procédure accélérée au fond est compétent pour prononcer l'expulsion des expropriés à l'expiration du délai d'un mois du paiement de l'indemnité ou, en cas d'obstacle au paiement, de sa consignation(29).

La procédure d'expulsion autorisant la saisine le juge de l'expropriation selon la procédure accélérée au fond n'impose pas la constitution obligatoire d'un avocat pour chaque partie dès lors que l'extension de la représentation obligatoire depuis le 1er janvier 2020 devant le juge de l'expropriation demeure circonscrite au livre III portant « Indemnisation » du Code de l'expropriation pour cause d'utilité publique.

Ce délai d'un mois ne peut en aucun cas être minoré ou augmenté par décision de justice.

---

(28) Cons. const., déc. n° 2014-451 QPC du 13 février 2015.

(29) Code de l'expropriation, art. L. 231-1.

Concrètement, s'il y a obstacle au paiement, l'expropriant devra saisir selon la procédure accélérée au fond le juge de l'expropriation d'une demande d'expulsion en décomptant un délai d'un mois à partir de la notification du récépissé de consignation aux expropriés.

REMARQUE

L'absence de notification d'offres de relogement peut constituer un obstacle au prononcé d'une mesure d'expulsion devant le juge de l'expropriation.

Les dispositions des articles L. 314-1 et suivants du Code de l'urbanisme prévoient les conditions de relogement des occupants des biens expropriés ou de réinstallation des commerçants, artisans et industriels évincés(30). En ce qui concerne notamment les locaux à usage d'habitation, il doit notamment être fait à l'occupant du bien exproprié au moins deux propositions portant sur des locaux satisfaisant à la fois aux normes d'habitabilité définies par application du troisième alinéa de l'article L. 322-1 du Code de la construction et de l'habitation et aux conditions prévues à l'article 13 *bis* de la loi n° 48-1360 du 1er septembre 1948. Si l'offre de logement est notifiée dans le délai de six mois, l'expropriant est regardé comme valablement libéré de ses obligations en la matière. Le silence conservé par le propriétaire occupant est réputé valoir acceptation. Le juge judiciaire vérifie que les logements proposés correspondent à l'ensemble des caractéristiques précitées. Par ailleurs, au terme d'un arrêt faisant référence, la cour d'appel de Bordeaux a jugé(31), après renvoi de la Cour de cassation(32), que tout propriétaire occupant avait droit au relogement, qu'il en ait fait la demande préalable ou non et ce, même si le bien a déjà été évalué en valeur libre.

6.2.1.4 Délais de paiement

L'expropriant doit intégralement payer ou consigner l'intégralité des indemnités dans le délai de trois mois, à compter de la signification du jugement définitif ou de la signature du traité d'adhésion.

À défaut, l'exproprié a le droit au paiement d'intérêts moratoires.

Si l'ordonnance d'expropriation intervient postérieurement à la décision définitive fixant le montant de l'indemnité, le délai de trois mois court à compter de la date de l'ordonnance d'expropriation.

Si dans le délai d'un an à compter de la décision définitive fixant le montant de l'indemnité, celle-ci n'a été ni payée ni consignée, l'exproprié peut demander qu'il soit à nouveau statué sur ce montant au juge de l'expropriation.

6.2.2 Prise de possession anticipée

6.2.2.1 Traité d'adhésion

Lorsque l'ordonnance d'expropriation a été rendue, la personne expropriée peut adhérer à l'ordonnance d'expropriation pour régler les modalités de versement des indemnités d'expropriation et éviter une procédure en fixation judiciaire.

L'accord amiable conclu après l'édiction de l'ordonnance d'expropriation est appelé « traité d'adhésion » ou « acte d'adhésion ».

(30) Voir chapitre 4.

(31) CA Bordeaux, 25 juin 2014, n° 13/04155.

(32) Cass. 3e civ., 27 février 2019, n° 12-11.955.

Il ne peut concerner que l'indemnité d'expropriation allouée pour le bien dont la propriété a déjà été transférée à l'expropriant par le prononcé de l'ordonnance d'expropriation. Il s'agit d'un contrat de droit privé qui relève de la compétence du juge judiciaire.

Le traité d'adhésion prévoit la date d'entrée en possession du bien qui peut être librement fixée entre les parties, avant ou après le paiement de l'indemnité contractuellement arrêtée.

IMPORTANT

En l'absence d'accord amiable sur la prise de possession anticipée du bien, l'expropriant sera tenu de dédommager l'exproprié pour l'avoir empêché de jouir librement de son bien ou de ne pas avoir pu en récolter les fruits.

Le contentieux de l'indemnité liée à une prise de possession anticipée irrégulière relève du juge civil de droit commun et non pas du juge de l'expropriation.

Lorsque l'indemnité fixée à l'amiable, après DUP, est inférieure au montant total des créances pour le recouvrement desquelles il a été pris inscription, les créanciers bénéficiaires d'inscriptions de privilèges ou d'hypothèques, peuvent exiger que l'indemnité acceptée par leur débiteur soit soumise au juge. L'expropriant notifie alors aux créanciers l'accord intervenu sur le prix, chaque fois que ce prix n'est pas supérieur d'au moins 10 % au montant de la créance, de ses intérêts et des frais et dépens garantis par l'inscription. Faute d'avoir fait connaître leur intention à l'expropriant dans le délai d'un mois à compter de la notification de l'accord intervenu sur le prix, les créanciers sont réputés avoir accepté l'indemnité fixée à l'amiable.

6.2.2.2 Procédures d'urgence

Lorsque la DUP indique qu'il y a urgence à prendre possession des biens expropriés, la procédure en fixation judiciaire des indemnités est accélérée et la prise de possession anticipée possible(33).

Urgence

L'urgence doit être préalablement constatée dans la DUP ou dans un acte postérieur à celle-ci.

Le délai de notification des offres pour l'expropriant avant de saisir le juge est réduit à quinze jours. Le juge tient l'audience à l'issue du transport sur les lieux et les parties peuvent, contrairement à la procédure de droit commun qui est écrite, développer des éléments nouveaux de droit et de fait à l'oral.

Le juge peut décider de fixer des indemnités provisionnelles, par un jugement non motivé et non susceptible d'appel (seul un pourvoi en cassation est alors possible), s'il ne s'estime pas suffisamment éclairé à ce stade de la procédure afin de permettre la prise de possession rapide du bien par l'expropriant.

L'audience en vue de la fixation des indemnités définitives doit alors avoir lieu dans le délai d'un mois.

(33) Code de l'expropriation, art. L. 232-1.

Extrême urgence

Cette procédure concerne les travaux intéressant la défense nationale(34), de construction de certains autres ouvrages(35) ou de création de nouveaux réacteurs de centrales nucléaires(36).

L'autorisation de prendre possession immédiatement est donnée par décret en Conseil d'État.

L'expropriant doit cependant toujours payer ou consigner une indemnité provisionnelle fixée, dans cette hypothèse, par le directeur départemental des finances publiques.

TEXTE OFFICIEL

Article L. 521-3 du Code de l'expropriation pour cause d'utilité publique

« Si la demande en est présentée par les propriétaires ou par les autres personnes intéressées, l'autorité expropriante paie ou, en cas d'obstacle au paiement, consigne, dans la quinzaine, une indemnité provisionnelle égale à l'évaluation de l'autorité administrative compétente pour l'effectuer. À défaut de paiement ou de consignation de cette provision, l'autorisation d'occuper les terrains cesse d'être valable ».

Dans le cadre de cette procédure, le juge de l'expropriation peut éventuellement allouer une indemnité en réparation du préjudice subi du fait de la rapidité de la procédure.

(34) Code de l'expropriation, art. L. 521-1 et s.

(35) Code de l'expropriation, art. L. 522-1 et s.

(36) Article 15 de la loi n° 2023-491 du 22 juin 2023 relative à l'accélération des procédures liées à la construction de nouvelles installations nucléaires à proximité de sites nucléaires existants et au fonctionnement des installations existantes.

CHAPITRE 7

Cession du bien exproprié

Les biens qui ont fait l'objet d'une procédure d'expropriation peuvent être cédés de gré à gré ou concédés temporairement à des personnes de droit privé ou de droit public[(1)].

Cette cession ne peut toutefois intervenir que sous la condition que les bénéficiaires de la cession utilisent les biens expropriés aux fins prescrites par un cahier des charges annexé à l'acte de cession ou de concession temporaire.

Ce cahier des charges précise les conditions selon lesquelles les cessions et les concessions temporaires sont consenties et sont résolues, en cas d'inexécution des charges.

Cinq catégories de cahier des charges types ont été définies par le pouvoir réglementaire et font l'objet d'annexes intégrées au Code de l'expropriation pour cause d'utilité publique, ci-après reproduites.

JURISPRUDENCE

Cette obligation est applicable aux cessions amiables consenties après une déclaration d'utilité publique[(2)].

RÉFÉRENCES

« Le cahier des charges visé aux articles L. 411-1 et suivants du code de l'expropriation pour cause d'utilité publique peut être établi en amont de la déclaration d'utilité publique d'une opération d'expropriation par l'entité bénéficiaire de cette opération, en vue de la cession ultérieure des biens expropriés à un tiers. Ce cahier des charges est un outil contractuel permettant d'assurer l'adéquation et la continuité de l'affectation du bien exproprié aux objectifs globaux poursuivis par l'opération déclarée d'utilité publique, bien qu'il soit passé en d'autres mains. Dans certaines hypothèses déterminées par décret, diverses clauses types doivent obligatoirement être insérées au cahier des charges. Ces clauses type sont détaillées aux annexes I à V du code de l'expropriation pour cause d'utilité publique. Elles sont issues du décret n° 55-216 du 3 février 1955 portant approbation de clauses types à insérer dans les cahiers des charges annexés aux actes de cession de terrains acquis en application du titre IX du livre Ier du code de l'urbanisme et de l'habitation, pris par le ministère du logement et de la reconstruction, et n'ont jamais été modifiées [...] ». « L'absence d'actualisation des clauses type existantes ou de création de clauses type nouvelles, pour réglementer des cessions procédant d'opérations d'aménagement non encore encadrées par les annexes I à V

(1) Code de l'expropriation, art. L. 411-1 ; Code forestier, art. R. 133-17.

(2) Cass. 3e civ., 11 janvier 2023, n° 22-10.027.

du code de l'expropriation pour cause d'utilité publique, n'est pas de nature à générer un obstacle à la constitution ou à la validité des cahiers des charges. À défaut de réglementation, ces derniers sont librement établis par l'entité bénéficiaire de l'expropriation, qui peut cependant être conseillée dans ses choix »[3].

7.1 Cahiers des charges annexés à l'acte de cession ou de concession temporaire

7.1.1 Clauses types à insérer dans le cahier des charges annexé à l'acte de cession d'un terrain lorsque le bénéficiaire de la cession est une collectivité publique ou un établissement public

Annexe 1

Article A. – Objet de la cession

La présente cession est consentie à C (la lettre C désigne le bénéficiaire de la cession) en vue de <*à compléter*>.

(Nota : Indiquer l'objet général de la cession : réalisation d'équipements publics, construction de bâtiments publics, réalisation d'un lotissement, aménagement d'une zone industrielle, aménagement de terrains destinés à recevoir un ou plusieurs groupes de constructions, etc., qui devra être réalisé dans les conditions ci-après...)

(Nota : Préciser, dans toute la mesure du possible, les caractères généraux de l'opération et les conditions de sa réalisation.)

Article B. – Délais d'exécution

C s'engage à restituer les terrains à P (la lettre P désigne la collectivité publique ou l'établissement public cédant), à sa demande, s'il n'a pu réaliser l'opération définie ci-dessus dans un délai de <*à compléter*>.

Article C. – Gestion des terrains

Tant qu'il n'a pas réalisé l'opération prévue, C s'engage à ne consentir à qui que ce soit un droit, même précaire, sur les terrains sans avoir au préalable obtenu l'agrément de P.

Article D. – Cession par C des terrains à des constructeurs

Les actes des cessions de tout ou partie de terrains que C consentira dans le cadre de l'opération définie ci-dessus devront comporter en annexe des cahiers des charges conformes à ceux figurant aux annexes 1 à 5 du code de l'expropriation pour cause d'utilité publique.

(Nota : Article à insérer uniquement si les terrains cédés à C sont destinés à être ultérieurement cédés par C à des constructeurs.)

(3) Rép. min. à QE n° 20673 de Ch. de Courson, *JOAN*, 25 juin 2019, p. 5800.

7.1.2 Clauses types à insérer dans le cahier des charges annexé à l'acte de cession d'un terrain destiné à la construction d'un seul bâtiment à usage principal d'habitation lorsque le cessionnaire n'est pas une collectivité publique ou un établissement public

Annexe 2

Article A. – Objet de la cession

La présente cession est consentie à C (la lettre C désigne le bénéficiaire de la cession) en vue de…

(*Nota. - Préciser les caractères généraux du bâtiment, habitation individuelle ou collective.*)

Ce bâtiment devra être édifié en conformité des dispositions de…

(*Nota. - À compléter en fonction de la nature du projet.*)

Il devra, en outre, être observé les prescriptions ci-après :

(*Nota. - Alinéa à insérer seulement si des obligations particulières sont spécialement imposées dans le cas de l'espèce.*)

Article B. – Délais d'exécution

C doit :
– déposer, dans un délai de… mois, à dater de la signature de l'acte de cession, la demande de permis de construire ;
– avoir terminé les travaux et présenter la déclaration attestant l'achèvement et la conformité des travaux dans un délai de… à dater de la délivrance du permis de construire.

(*Nota. - Dans le cas visé au paragraphe ci-dessus, dire : « à dater de la signature de l'acte de cession ».*)

Article C. – Prolongation éventuelle des délais

Les délais d'exécution prévus au présent cahier des charges seront, si leur inobservation est due à un cas de force majeure, prolongés d'une durée égale à celle durant laquelle C a été dans l'impossibilité de réaliser ses obligations. La preuve de la force majeure et de la durée de l'empêchement est à la charge de C.

Les difficultés de financement ne sont pas considérées comme constituant des cas de force majeure.

Toutefois, seront considérés, pour l'application du présent article comme constituant des cas de force majeure, les retards non imputables à C, dans l'octroi de…

(*Nota. - Préciser la nature du financement prévu*).

(*Nota. - Alinéa à insérer uniquement si la cession est consentie en vue de la construction de logements dont le financement doit être effectué avec l'aide des prêts prévus par la législation relative aux HLM ou par celle relative aux primes et prêts à la construction.*)

Article D. – Résolution en cas d'inobservation des délais

La cession pourra être résolue par décision de P (la lettre P désigne la collectivité publique ou l'établissement public cédant) notifiée par acte d'huissier[4] en cas d'inobservation d'un des délais fixés.

C aura droit, en contrepartie, à une indemnité de résolution qui sera calculée ainsi qu'il suit :

1. Si la résolution intervient avant le commencement de tous travaux, l'indemnité sera égale au prix de cession, déduction faite de 10 % à titre de dommages et intérêts forfaitaires ;

2. Si la résolution intervient après le commencement des travaux, l'indemnité ci-dessus est augmentée d'une somme égale au montant de la plus-value apportée aux terrains par les travaux régulièrement réalisés sans que cette somme puisse dépasser la valeur des matériaux et le prix de la main-d'œuvre utilisée.

La plus-value sera fixée par voie d'expertise contradictoire, l'expert de P étant l'administration des domaines, celui de C pouvant, si C ne pourvoit pas à sa désignation, être désigné d'office par le président du tribunal civil sur la requête de P.

Tous les frais seront à la charge de C.

Les hypothèques ayant grevé l'immeuble du chef du cessionnaire défaillant seront reportés sur l'indemnité de résolution dans les conditions prévues à l'article L. 411-4 du code de l'expropriation pour cause d'utilité publique.

Toutefois, pour l'application du présent article, l'obligation de construire sera considérée comme remplie au jour du versement par le Crédit foncier de France de la première tranche du prêt consenti par cet établissement ou d'une avance sur prêt à titre de démarrage ou de préfinancement.

(*Nota. - Alinéa à insérer si le bénéficiaire de la cession envisage de solliciter l'octroi d'un prêt spécial à la construction.*)

Article E. – Vente, location, morcellement des terrains cédés

Il est interdit à C de mettre en vente les terrains qui lui sont cédés avant l'achèvement de la totalité des travaux prévus, sans en avoir, au moins trois mois à l'avance, avisé…

(*Nota. - Le représentant qualifié de P.*)

(*Nota. - Alinéa à insérer uniquement si la cession a été effectuée de gré à gré*) : P pourra exiger, soit que les terrains lui soient rétrocédés, soit qu'ils soient vendus à un acquéreur agréé ou désigné par lui (ou elle). En cas de rétrocession, le prix de rétrocession sera calculé dans les conditions prévues pour l'indemnité de résolution sans qu'il y ait lieu à une réduction de 10 %. En cas de vente à un acquéreur désigné ou agréé par P, celui-ci (ou celle-ci) pourra exiger que le prix de vente soit fixé dans les mêmes conditions.

Tout morcellement, quelle qu'en soit la cause, des terrains cédés, est interdit, même après réalisation des travaux prévus, sauf autorisation spéciale et expresse par P, et ce, sans

(4) Désormais commissaire de justice.

préjudice, s'il y a lieu, de l'application des dispositions législatives et réglementaires relatives aux lotissements.

Aucune location des terrains cédés ne pourra être consentie tant qu'ils n'auront pas reçu l'affectation prévue.

Les actes de vente, de location ou de partage qui seraient consentis par C en méconnaissance des dispositions du présent article seraient nuls en application de l'article L. 411-3 du code de l'expropriation pour cause d'utilité publique.

Article F. - Obligation d'occuper les locaux à titre d'habitation principale

Les locaux devront exclusivement être utilisés à titre d'habitation principale par leurs occupants.

Toute location en meublé ou sous-location en meublé est interdite. L'acte de location ou de sous-location serait nul en application de l'article L. 411-3 du code de l'expropriation pour cause d'utilité publique.

Au cas où l'une de ces conditions cesserait d'être remplie, P pourra exiger que les locaux soient, après avoir été libérés, s'il y a lieu, loués nus à un habitant de la commune.

Conformément au premier alinéa du I de l'article 7 du décret n° 2021-1888 du 29 décembre 2021, ces dispositions entrent en vigueur le 1er janvier 2022.

7.1.3 Clauses types à insérer dans le cahier des charges annexé à l'acte de cession d'un terrain destiné à la construction d'un seul bâtiment à usage principal autre que l'habitation ou à l'installation d'un établissement industriel ou commercial comportant un ou plusieurs bâtiments lorsque le cessionnaire n'est pas une collectivité publique ou un établissement public

Annexe 3

Article A. - Objet de la cession

La présente cession est consentie à C (la lettre C désigne le bénéficiaire de la cession) en vue de...

(*Nota.* - Préciser la nature de l'opération, objet de la cession.)

Ce bâtiment (ou « cet établissement industriel ») devra être édifié (ou « installé ») en conformité des dispositions de...

(*Nota. - À compléter en fonction de la nature du projet.*)

Il devra, en outre, être observé les prescriptions ci-après :

(*Nota. - Alinéa à insérer seulement si des obligations particulières sont spécialement imposées dans le cas de l'espèce.*)

Article B. – Délais d'exécution

C doit :
– déposer, dans un délai de... mois, à dater de la signature de l'acte de cession, la demande de permis de construire ;
– avoir terminé lesdits travaux et présenter la déclaration attestant l'achèvement et la conformité des travaux dans un délai de... à dater de la délivrance du permis de construire.

(*Nota. - Lorsque la cession aura pour objet l'installation d'un établissement industriel, cet article pourra prévoir la réalisation de cette installation en plusieurs tranches de travaux*)

En ce cas, cet article peut :

1. Soit définir, au moins sommairement, le contenu de chacune des tranches et fixer des délais fermes pour le dépôt des demandes de permis de construire afférentes à chacune d'elles et pour leur réalisation ;

2. Soit définir l'objet de la première tranche (par exemple : partie des terrains à construire, importance de la construction) et fixer des délais fermes pour la réalisation de cette tranche et comporter, en ce qui concerne les autres tranches, une clause ainsi rédigée :

« En ce qui concerne les autres travaux, s'ils n'ont pas été réalisés le... (*date à fixer en accord entre le cessionnaire et le cédant en fonction des prévisions relatives au développement de l'établissement industriel*), P devra mettre C en demeure de les réaliser, en une ou plusieurs tranches, dans des délais qui lui seront impartis en ce moment, sous peine de résolution de la cession des terrains non encore utilisés à cette date. Si C refuse de souscrire cet engagement, il sera mis en demeure de rétrocéder immédiatement les terrains non utilisés à P ou de les vendre à un acquéreur qui lui sera désigné, le prix de rétrocession ou le prix de vente étant fixé dans les conditions prévues à l'article E. »

Article C. – Prolongation éventuelle des délais

Les délais d'exécution prévus au présent cahier des charges seront, si leur inobservation est due à un cas de force majeure, prolongés d'une durée égale à celle durant laquelle C a été dans l'impossibilité de réaliser ses obligations. La preuve de la force majeure et de la durée de l'empêchement est à la charge de C.

Les difficultés de financement ne sont pas considérées comme constituant des cas de force majeure.

Toutefois, seront considérés pour l'application du présent article comme constituant des cas de force majeure les retards non imputables à C, dans l'octroi du prêt du fonds national d'aménagement du territoire (section B).

(*Nota. - Alinéa à insérer uniquement si la cession est consentie en vue de l'installation d'un bâtiment industriel avec l'aide d'un prêt du fonds national d'aménagement du territoire [section B] et à condition que l'octroi de ce prêt ait fait l'objet d'une décision définitive.*)

Article D. – Résolution en cas d'inobservation des délais

La cession pourra être résolue par décision de P (la lettre P désigne la collectivité publique ou l'établissement public cédant) notifiée par acte d'huissier(5) en cas d'inobservation d'un des délais fixés.

C aura droit en contrepartie à une indemnité de résolution qui sera calculée ainsi qu'il suit :

1. Si la résolution intervient avant le commencement de tous travaux, l'indemnité sera égale au prix de cession, déduction faite de 10 % à titre de dommages et intérêts forfaitaires ;

2. Si la résolution intervient après le commencement des travaux, l'indemnité ci-dessus est augmentée d'une somme égale au montant de la plus-value apportée aux terrains par les travaux régulièrement réalisés sans que cette somme puisse dépasser la valeur des matériaux et le prix de la main-d'œuvre utilisée.

La plus-value sera fixée par voie d'expertise contradictoire, l'expert de P étant l'administration des domaines, celui de C pouvant, si C ne pourvoit pas à sa désignation, être désigné d'office par le président du tribunal judiciaire sur requête de P.

Tous les frais seront à la charge de C.

Les hypothèques ayant grevé l'immeuble du chef du cessionnaire défaillant seront reportés sur l'indemnité de résolution dans les conditions prévues à l'article L. 411-4 du code de l'expropriation pour cause d'utilité publique.

Article E. – Vente, location, partage des terrains cédés

Il est interdit à C de mettre en vente des terrains qui lui sont cédés avant l'achèvement de la totalité des travaux prévus, sans en avoir, au moins trois mois à l'avance, avisé... (*Nota. - Le représentant qualifié de P.*)

P pourra exiger soit que les terrains lui soient rétrocédés, soit qu'ils soient vendus à un acquéreur agréé ou désigné par lui (ou elle).

(*Nota. - Alinéa à insérer uniquement si la cession a été effectuée de gré à gré.*)

Tout morcellement, quelle qu'en soit la cause, des terrains cédés, est interdit, même après réalisation des travaux prévus, sauf autorisation spéciale et expresse accordée par P et ce, sans préjudice, s'il y a lieu, de l'application des dispositions législatives et réglementaires relatives aux lotissements.

(*Nota. - Disposition à insérer uniquement lorsqu'il est prévu que l'installation de l'établissement industriel sera effectuée en plusieurs tranches de travaux.*)

Toutefois C, après réalisation de la première tranche de travaux prévus, pourra vendre la partie des terrains non utilisés par lui à condition d'en avoir avisé (*Nota. - Le représentant qualifié de P.*)

(5) Désormais commissaire de justice.

Six mois à l'avance, P pourra jusqu'à l'expiration de ce délai exiger que ces terrains lui soient rétrocédés ou soient vendus à un acquéreur agréé ou désigné par lui (ou elle).

En cas de rétrocession.

(*Nota. - Disposition à insérer uniquement lorsqu'il est prévu que l'installation de l'établissement industriel sera effectuée en plusieurs tranches de travaux.*)

Le prix de rétrocession sera calculé dans les conditions prévues pour l'indemnité de résolution, sans qu'il y ait lieu à une déduction de 10 %. En cas de vente à un acquéreur désigné ou agréé par P, celui-ci (ou celle-ci) pourra exiger que le prix de vente soit fixé comme il est dit ci-dessus.

(*Nota. - Alinéa à insérer uniquement si la cession a été effectuée de gré à gré.*)

Aucune location des terrains cédés ne pourra être consentie tant qu'ils n'auront pas reçu l'affectation prévue.

Les actes de vente, de location ou de partage qui seraient consentis par C en méconnaissance des dispositions du présent article seraient nuls en application de l'article L. 411-3 du code de l'expropriation pour cause d'utilité publique.

Article F. – Obligation de maintenir l'affectation prévue après réalisation des travaux

Article F. - Obligation de maintenir l'affectation prévue après réalisation des travaux.

Après achèvement des travaux, C sera tenu de ne pas modifier l'affectation du bâtiment (ou « de l'établissement industriel ») sans en avoir avisé... (*Nota. - Le représentant qualifié de P*) au moins deux mois à l'avance. P pourra jusqu'à l'expiration de ce délai exiger que le changement d'affectation soit différé pour une durée de... mois et ne soit effectué que si, durant ce dernier délai, il n'a pu être trouvé un acquéreur pour l'ensemble du fonds s'engageant à maintenir l'affectation, le prix d'acquisition étant fixé, à défaut d'accord amiable, par voie d'expertise contradictoire. L'expert de C, si ce dernier ne pourvoit pas à sa désignation, pourra être désigné d'office par le président du tribunal judiciaire sur la requête de P.

(*Nota. - Article à insérer uniquement lorsque la cession est consentie spécialement en vue de l'exercice par le cessionnaire d'une activité déterminée présentant un intérêt particulier, soit pour la vie économique et sociale de la localité ou de la région, soit pour celle des habitants d'un groupe d'habitations ou d'un lotissement.*).

Conformément au premier alinéa du I de l'article 7 du décret n° 2021-1888 du 29 décembre 2021, ces dispositions entrent en vigueur le 1er janvier 2022.

7.1.4 Clauses types à insérer dans le cahier des charges annexé à l'acte de cession d'un terrain destiné à la création d'un groupe de constructions lorsque le bénéficiaire de la cession n'est pas une collectivité publique ou un établissement

Annexe 4

Article A. - Objet de la cession

La présente cession est consentie à C (la lettre C désigne le bénéficiaire de la cession) en vue de la création d'un... (*Nota. - Suivant les cas « groupe d'habitations » ou « groupe de constructions à usage principal de... »*.)

Ce... (*Nota. - Suivant les cas « groupe d'habitation » ou « groupe de constructions à usage principal de...* ») devra être réalisé conformément à un projet d'aménagement qui sera établi et approuvé dans les conditions définies...

(*Nota. - Alinéa insérer si le projet d'aménagement du groupe de constructions n'a pas encore été approuvé.*)

Ce... (*Nota. - Suivant les cas « groupe d'habitation » ou « groupe de constructions à usage principal de...* ») devra être réalisé conformément aux prévisions du projet d'aménagement approuvé à cet effet par arrêté préfectoral du...

(*Nota. - Alinéa à insérer si le projet d'aménagement du groupe de constructions est déjà approuvé)*

Article B. - Participation aux travaux d'équipements généraux

C devra réaliser les travaux d'équipements généraux définis en annexe au présent cahier des charges.

C s'engage à participer par voie de fonds de concours (ou d'offres de concours) à la réalisation des travaux d'équipements généraux définis en annexe au présent cahier des charges à concurrence de... (X,... € ou X % du coût des travaux).

(*Nota. - Insérer l'un ou l'autre de ces alinéas suivant que le cessionnaire doit réaliser lui-même ces travaux ou seulement participer financièrement à leur réalisation.*)

Cette réalisation (ou « cette participation ») est garantie par le versement entre les mains de... d'un cautionnement de... €.

... se porte caution solidaire pour C par engagement enregistré le..., dont la copie est annexée au présent cahier des charges. (*Nota. - Insérer, suivant le cas, l'un ou l'autre de ces alinéas, si une garantie [cautionnement ou caution solvable*] est demandée à C.)

Article C. - Délais d'exécution des travaux d'équipements généraux

C doit avoir réalisé les travaux d'équipements généraux mis à sa charge dans un délai de... à dater de la signature de l'acte de cession.

(*Nota. - Le cas échéant, des délais différents pourront être prévus par catégorie de travaux. Les préciser*) (*Nota. - Article à insérer uniquement si l'exécution de travaux d'équipements généraux est mise à la charge du cessionnaire.*)

Article D. – Délais d'exécution du <*à compléter*> (suivant les cas « groupe d'habitations » ou « groupe de constructions à usage principal de <*à compléter*> »)

C doit :
– déposer le projet d'aménagement du... (suivant les cas « groupe d'habitations » ou « groupe de constructions à usage principal de... ») dans un délai de... mois à dater de la signature de l'acte de cession ;

(*Nota. - Alinéa à insérer si le projet d'aménagement du groupe de constructions n'a pas encore été approuvé.*)

– entreprendre les travaux d'aménagement dans un délai de... et les avoir réalisés dans un délai de... à dater... (*Nota. - Si le projet d'aménagement est déjà approuvé, ajouter : « de la signature de l'acte de cession ». Si le projet d'aménagement n'est pas encore approuvé, ajouter : « de l'approbation du projet d'aménagement »*) ;
– déposer les demandes de permis de construire dans un délai de... à dater... (*Nota. - Si le projet d'aménagement est déjà approuvé, ajouter : « de la signature de l'acte de cession ». Si le projet d'aménagement n'est pas encore approuvé, ajouter « de l'approbation du projet d'aménagement »*) ;
– entreprendre les travaux de construction dans un délai de... à dater de la délivrance du permis de construire ;
– avoir réalisé les constructions dans un délai de... à dater de la délivrance du permis de construire (ou « à dater de la signature de l'acte de cession »).

(*Nota. - Éventuellement, le groupe de constructions pourra être réalisé en plusieurs tranches de travaux.*) En ce cas, cet article peut :

1. Soit définir (sommairement si le projet d'aménagement du groupe de constructions n'a pas encore été approuvé, par référence à ce projet d'aménagement s'il est approuvé) chacune des tranches de travaux (travaux d'aménagement et construction), fixer des délais fermes pour la réalisation de chacune des tranches (délais de réalisation pour les travaux d'aménagement, délais de demande du permis de construire et d'achèvement de la construction pour les bâtiments) ;

2. Soit définir les travaux afférents à la première tranche en fixant des délais fermes pour leur réalisation et comporter en ce qui concerne les autres travaux une clause ainsi rédigée : « En ce qui concerne les autres travaux, s'ils n'ont pas été réalisés le... (date à fixer, en accord entre le cessionnaire et le cédant, en fonction des prévisions relatives au déroulement probable dans le temps de l'opération), P pourra mettre C en demeure de les réaliser en une ou plusieurs tranches dans les délais qui lui seront impartis à ce moment, sous peine de résolution de la cession des terrains non encore utilisés à cette date. »

Si C refuse de souscrire cet engagement, il sera mis en demeure de rétrocéder immédiatement ces terrains à P ou de les vendre à un acquéreur qui lui sera désigné. Le prix de rétrocession ou le prix de vente sera, en ce cas, fixé dans les conditions prévues à l'article G ci-après.

Article E. – Prolongation éventuelle des délais

Les délais d'exécution prévus au présent cahier des charges seront, si leur inobservation est due à un cas de force majeure, prolongés d'une durée égale à celle durant laquelle C a été dans l'impossibilité de réaliser ses obligations. La preuve de la force majeure et de la durée de l'empêchement est à la charge de C.

Les difficultés de financement ne sont pas considérées comme constituant des cas de force majeure.

Toutefois seront considérés pour l'application du présent article comme constituant des cas de force majeure les retards non imputables à C, dans l'octroi de... (*Nota. - Préciser la nature du financement prévu*)

(*Nota. - Alinéa à insérer uniquement si la cession est consentie en vue de la construction de logements dont le financement doit être effectué avec l'aide des prêts prévus par la législation relative aux HLM ou par celle relative aux primes et prêts spéciaux à la construction.*)

Article F. – Résolution en cas d'inobservation des délais

La cession pourra être résolue par décision de P, notifiée par acte d'huissier[6] en cas d'inobservation d'un des délais fixés.

C aura droit, en contrepartie, à une indemnité de résolution qui sera calculée ainsi qu'il suit :

1. Si la résolution intervient avant le commencement de tous travaux, l'indemnité sera égale au prix de cession, déduction faite de 10 % à titre de dommages et intérêts forfaitaires ;

2. Si la résolution intervient après le commencement des travaux, l'indemnité ci-dessus est augmentée d'une somme égale au montant de la plus value apportée aux terrains par les travaux régulièrement réalisés sans que cette somme puisse dépasser la valeur des matériaux et le prix de la main-d'œuvre utilisée.

La plus-value sera fixée par voie d'expertise contradictoire, l'expert de P étant l'administration des domaines, celui de C pouvant, si C ne pourvoit pas à sa désignation, être désigné d'office par le président du tribunal judiciaire sur requête de P.

Tous les frais seront à la charge de C.

Les hypothèques ayant grevé l'immeuble du chef du cessionnaire défaillant seront reportés sur l'indemnité de résolution dans les conditions fixées à l'article L. 411-4 du code de l'expropriation pour cause d'utilité publique.

Toutefois, pour l'application du présent article, l'obligation de construire sera (*Nota. - Si la construction doit être effectuée en plusieurs tranches de travaux, insérer les mots : « en ce qui concerne la tranche de travaux en cause »*) considérée comme remplie au jour du versement par le Crédit foncier de France de la première tranche du prêt consenti par cet établissement ou d'une avance sur ce prêt à titre de démarrage ou de préfinancement.

(*Nota. - Alinéa à insérer uniquement si les constructions doivent être édifiées avec l'aide de prêts du Crédit foncier.*)

(6) Désormais commissaire de justice.

Article G. – Vente, partage, location des terrains cédés

Les terrains ne pourront être vendus par C qu'après réalisation des travaux d'aménagement et des constructions prévus au projet d'aménagement du... (*Nota.* - suivant les cas « groupe d'habitation » ou « groupe de constructions à usage principal de... ») et en conformité des dispositions dudit projet d'aménagement.

Toutefois, C pourra procéder à la vente globale des terrains (*Nota. - S'il est prévu que la réalisation des travaux doit être effectuée en plusieurs tranches, ajouter : « ou, si une partie des aménagements et des constructions a déjà été effectuée, à la vente globale de la partie des terrains non encore utilisés »*), à charge pour l'acquéreur de réaliser ou d'achever les travaux d'aménagement et de construction. Avant toute mise en vente, C devra aviser au moins quatre mois à l'avance (*Nota. - Le représentant qualifié de P*)... de ses intentions. P pourra, jusqu'à l'expiration de ce délai, exiger que les terrains lui soient rétrocédés ou soient vendus à un acquéreur désigné ou agréé par lui. En cas de rétrocession, le prix de rétrocession sera calculé dans les conditions prévues pour l'indemnité de résolution, sans qu'il y ait lieu à une déduction de 10 %. En cas de vente à un acquéreur désigné ou agréé par P de la totalité des terrains ou d'une partie non encore entièrement aménagée, P pourra exiger que le prix de vente soit fixé dans les mêmes conditions.

Aucune location des terrains cédés ne pourra être consentie tant qu'ils n'auront pas reçu l'affectation prévue.

Les actes de vente, de partage ou de location qui seraient consentis par C en méconnaissance des dispositions du présent article seraient nuls en application de l'article L. 411-3 du code de l'expropriation pour cause d'utilité publique.

Article H. – Vente ou location des logements construits

P se réserve le droit de contrôler le caractère non lucratif de l'opération poursuivie par C et de demander que les prix de vente ou de location des logements construits soient soumis à son agrément.

Plusieurs locaux ne peuvent être loués ou vendus à une même personne qu'avec l'agrément préalable de P.

Les actes de vente ou de location qui seraient consentis par C en méconnaissance des dispositions du présent article seraient nuls, en application de l'article L. 411-3 du code de l'expropriation pour cause d'utilité publique.

(*Nota. - Clause à insérer uniquement lorsque la cession a été effectuée de gré à gré en raison du caractère non lucratif de l'opération de construction de logements poursuivie par le cessionnaire. Cette clause n'a pas à être insérée si le cessionnaire est une société HLM.*

Lorsque l'opération poursuivie n'est pas à but désintéressé, il est toutefois recommandé d'insérer une clause prévoyant au profit du cédant un droit de contrôle des ventes et des locations et limitant à un certain pourcentage le bénéfice maximum du cessionnaire.

Une telle clause devra être insérée lorsque le bénéfice susceptible d'être réalisé par le constructeur est limité par un texte législatif ou réglementaire, notamment par les textes relatifs à la participation des employeurs à l'effort de construction.)

7.1.5 Clauses types à insérer dans le cahier des charges annexé à l'acte de cession d'un terrain destiné à être loti dans un but non lucratif par le bénéficiaire de la cession, lorsque ce dernier n'est pas une collectivité publique ou un établissement public

Annexe 5

Article A. - Objet de la cession

La présente cession est consentie à C (la lettre C désigne le bénéficiaire de la cession) en raison du caractère non lucratif de l'opération qu'il désire réaliser.

Cette cession est consentie en vue de la création d'un lotissement à usage de...

Ce lotissement devra être réalisé conformément à un projet d'aménagement qui sera établi dans les conditions définies... (*Nota. - « aux articles R. 441-3 et R. 441-4 du code de l'urbanisme »*) et agréées par P (la lettre P désigne la collectivité publique ou l'établissement public cédant).

(*Nota. - Alinéa à insérer si le projet d'aménagement du lotissement n'a pas été encore approuvé.*)

Ce lotissement devra être réalisé conformément aux prévisions du projet d'aménagement approuvé à cet effet par arrêté préfectoral du...

(*Nota. - Alinéa à insérer si le projet d'aménagement du lotissement est déjà approuvé.*)

Article B. - Participation aux travaux d'équipements généraux

C devra réaliser les travaux d'équipements généraux définis en annexe au présent cahier des charges.

C s'engage à participer par voie de fonds de concours (ou « d'offres de concours ») à la réalisation des travaux d'équipements généraux définis en annexe au présent cahier des charges, à concurrence de... (X... € ou X... % du coût des travaux).

(*Nota.* - Insérer l'un ou l'autre de ces alinéas suivant que le cessionnaire doit réaliser lui-même ces travaux ou seulement participer financièrement à leur réalisation.)

Cette réalisation (ou « cette participation ») est garantie par le versement entre les mains de... d'un cautionnement de... €.

M... se porte caution solvable pour C par engagement enregistré le... dont une copie est annexée au présent cahier des charges.

(*Nota. - Insérer, s'il y a lieu, l'un ou l'autre de ces alinéas si une garantie [cautionnement ou caution solvable] est demandée.*)

Article C. - Délai d'exécution des travaux d'équipements généraux

(*Nota. - Article à insérer uniquement si l'exécution de travaux d'équipements généraux est mise à la charge du cessionnaire.*)

C doit avoir réalisé les travaux d'équipements généraux mis à sa charge dans un délai de... à dater de la signature de l'acte de cession.

(*Nota.* - Le cas échéant, des délais différents pourront être prévus par catégories de travaux. Les préciser.)

Article D. – Délais de réalisation du lotissement

C doit :
– déposer le dossier du projet d'aménagement du lotissement dans un délai de... mois à dater de la signature de l'acte de cession ;

(*Nota. - Alinéa à insérer si le projet d'aménagement du lotissement n'a pas encore été approuvé.)* ;

– entreprendre les travaux d'aménagement dans un délai de... et les avoir réalisés dans un délai de... à dater... ;

(*Nota. - Si le projet d'aménagement est déjà approuvé, ajouter : « de la signature de l'acte de cession ». Si le projet d'aménagement n'est pas encore approuvé, ajouter : « de l'approbation du projet d'aménagement »*) ;

– mettre les lots en vente dès l'achèvement des travaux d'aménagement ;

(*Nota. - Éventuellement, la réalisation du lotissement peut être autorisée en plusieurs tranches. En ce cas, cet article peut :*

– définir [sommairement, si le projet d'aménagement n'a pas encore été approuvé, par référence à ce projet d'aménagement au cas contraire] les travaux compris dans chaque tranche ;
– fixer des délais différents pour l'achèvement de chacune des tranches ;
– préciser que les lots pourront être mis en vente au fur et à mesure de l'achèvement de chacune des tranches).

Article E. – Prolongation éventuelle des délais

Les délais d'exécution prévus au présent cahier des charges seront, si leur inobservation est due à un cas de force majeure, prolongés d'une durée égale à celle durant laquelle C a été dans l'impossibilité de réaliser ses obligations. La preuve de la force majeure et de la durée de l'empêchement est à la charge de C.

Les difficultés de financement des travaux ne sont pas considérées comme constituant des cas de force majeure.

Article F. – Résolution en cas d'inobservation d'un des délais

La cession pourra être résolue par décision de P notifiée par acte d'huissier(7) en cas d'inobservation d'un des délais fixés.

(7) Désormais commissaire de justice.

C aura droit, en contrepartie, à une indemnité de résolution qui sera calculée ainsi qu'il suit :

1. Si la résolution intervient avant le commencement de tous travaux, l'indemnité sera égale au prix de cession, déduction faite de 10 % à titre de dommages et intérêts forfaitaires ;

2. Si la résolution intervient après le commencement des travaux, l'indemnité ci-dessus est augmentée d'une somme égale au montant de la plus-value apportée aux terrains par les travaux régulièrement réalisés sans que cette somme puisse dépasser la valeur des matériaux et le prix de la main-d'œuvre utilisée.

La plus-value sera fixée par voie d'expertise contradictoire, l'expert de P étant l'administration des domaines, celui de C pouvant, si C ne pourvoit pas à sa désignation, être désigné d'office par le président du tribunal judiciaire sur requête de P.

Tous les frais seront à la charge de C.

Les hypothèques ayant grevé l'immeuble du chef du cessionnaire défaillant seront reportés sur l'indemnité de résolution dans les conditions prévues à l'article L. 411-4 du code de l'expropriation pour cause d'utilité publique.

Article G. - Vente, location ou partage

Aucune vente ou location de lots ne pourra être effectuée avant complet achèvement des travaux d'aménagement, sous réserve toutefois de l'application éventuelle de l'article R. 442-13 du code de l'urbanisme.

(Nota. - Si la réalisation du lotissement est prévue en plusieurs tranches, ajouter « et des dispositions du présent cahier des charges relatives à la réalisation du lotissement en plusieurs tranches de travaux »).

Il sera également interdit à C de procéder, avant achèvement des travaux, à la vente, au partage ou à la location globale de l'ensemble ou d'une fraction des terrains cédés. Si C renonce à poursuivre personnellement la réalisation du lotissement, il devra rétrocéder les terrains à P. Le prix de rétrocession sera calculé dans les conditions prévues pour l'indemnité de résolution sans qu'il y ait lieu à une déduction de 10 %.

L'opération poursuivie par C ayant un caractère non lucratif, le total des prix de vente des lots ne devra pas excéder le montant du coût de l'opération calculé, compte tenu des frais généraux, de l'intérêt au taux commercial des capitaux apportés par C et de la charge des emprunts contractés par lui.

Le prix de vente de chaque lot devra être soumis à l'agrément de P, qui pourra exiger toutes justifications utiles des dépenses à prendre en compte.

Plusieurs lots ne peuvent être vendus à un même acquéreur qu'avec l'agrément de P.

Le cahier des charges annexé à chacun des actes de vente ou de location des lots ou d'attribution dans le partage sera soumis à l'agrément de P. Ce cahier des charges devra obligatoirement comporter une clause prévoyant les délais dans lesquels l'acquéreur, le locataire ou l'attributaire sera tenu, sous peine de résolution de plein droit de la vente, de la location ou de l'attribution à la requête de C ou de P, de déposer la demande de permis de construire et d'édifier la construction prévue.

(Nota. - P devra veiller à ce que ces cahiers des charges soient analogues à ceux faisant l'objet de l'annexe 2 du code de l'expropriation pour cause d'utilité publique.)

Les actes de vente, d'attribution, dans le partage ou de location qui seraient consentis par C en méconnaissance des dispositions du présent article seraient nuls en application de l'article L. 411-3 du code de l'expropriation pour cause d'utilité publique.

Conformément au premier alinéa du I de l'article 7 du décret n° 2021-1888 du 29 décembre 2021, ces dispositions entrent en vigueur le 1er janvier 2022.

7.2 Immeubles expropriés concernés par le cahier des charges

La cession de gré à gré ou la concession temporaire à des personnes de droit privé ou de droit public, à la condition qu'elles les utilisent aux fins prescrites par le cahier des charges susvisé, ne peuvent porter que sur les immeubles suivants :

• les immeubles expropriés en vue de la construction d'ensembles immobiliers à usage d'habitation avec leurs installations annexes ou en vue de la création de lotissements destinés à l'habitation ou à l'industrie ;

• les immeubles expropriés en vue :
– de l'aménagement progressif et suivant des plans d'ensemble des zones affectées à l'habitation ou à des activités par des projets d'aménagement, des plans d'urbanisme approuvés ou par des plans d'occupation des sols rendus publics ou approuvés,
– d'opérations dans les zones d'aménagement concerté prévues à l'article L. 311-1 du Code de l'urbanisme,
– d'opérations de résorption de l'habitat insalubre ainsi que d'opérations régies par les articles 25 et 26 de la loi n° 70-612 du 10 juillet 1970 ;

• les immeubles en état manifeste d'abandon expropriés en application de l'article L. 2243-4 du Code général des collectivités territoriales, les immeubles expropriés et situés dans un ensemble immobilier faisant l'objet d'un plan de sauvegarde en application de l'article L. 615-1 du Code de la construction et de l'habitation ou pour lesquels l'état de carence a été déclaré en application de l'article L. 615-6 du même code, les immeubles expropriés en vue de leur restauration en application de l'article L. 313-4-1 du Code de l'urbanisme ;

• les immeubles expropriés en vue de l'épuration des eaux provenant d'un établissement industriel, commercial, artisanal ou agricole et, d'une façon générale, les immeubles expropriés en vue d'éviter la pollution des eaux par des déversements, écoulements, jets, dépôts directs ou indirects de matières de cet établissement, lorsque ce résultat ne peut être obtenu que par des travaux s'étendant en dehors de l'établissement ;

• les immeubles expropriés compris dans le plan d'aménagement touristique ou sportif des abords d'un plan d'eau créé ou aménagé par l'État, les départements, les communes, les associations foncières ou les groupements de ces collectivités ainsi que leurs concessionnaires ;

• dans les périmètres de protection et de reconstitution forestières créés en application des articles L. 133-1 à L. 133-3 et L. 133-8 du nouveau Code forestier et dans les périmètres de restauration des terrains en montagne créés en application de l'article L. 424-1 du Code forestier, les immeubles expropriés en application de ces dispositions. Les catégories de personnes auxquelles ces immeubles pourront être cédés de gré à gré sont fixées par décret en Conseil d'État. Pour ces cessions de gré à gré, une priorité sera accordée aux anciens propriétaires expropriés et à leurs ascendants et, en cas de refus de leur part, aux collectivités locales (les propriétaires ayant cédé leur terrain à l'amiable et leurs descendants bénéficient de la même priorité que les propriétaires expropriés) ;

REMARQUE

Dans cette hypothèse, les immeubles peuvent être cédés de gré à gré selon l'ordre de préférence aux personnes suivantes :
– propriétaires expropriés ou ayant cédé leurs terrains à l'amiable, ainsi que leurs descendants, en ce qui concerne leurs anciennes parcelles ;
– département de la situation des biens ;
– commune de la situation des biens ;
– sociétés d'aménagement foncier et d'établissement rural en ce qui concerne les immeubles destinés à être mis en culture, ou société d'économie mixte d'aménagement pour les terrains affectés à l'habitation.

– les immeubles expropriés pour la constitution de réserves foncières lorsque la cession ou la concession temporaire de ces immeubles est faite en vue de la réalisation d'opérations pour lesquelles la réserve a été constituée conformément aux dispositions des articles L. 221-1 et L. 221-2 du Code de l'urbanisme ou de l'article 13 (2e alinéa) de la loi n° 70-612 du 10 juillet 1970 ;
– les immeubles expropriés en vue de l'aménagement et de l'exploitation d'installations d'élimination ou de traitement des déchets ;
– les immeubles expropriés par l'établissement public créé par l'article L. 325-1 du Code de l'urbanisme en vue de la création, l'extension, la transformation ou la reconversion des espaces commerciaux et artisanaux dans les quartiers prioritaires de la politique de la ville ;
les immeubles classés au titre des monuments historiques, expropriés dans les conditions prévues au titre II du livre VI du Code du patrimoine.

PARTIE 3

Acquisition par voie de préemption

Le droit de préemption est une autre arme puissante aux mains de la personne publique dans sa quête de la maîtrise du foncier.

Sa différence essentielle avec l'expropriation réside dans le fait que le propriétaire a choisi lui-même d'aliéner son bien.

L'exercice du droit de préemption va toutefois conduire la personne publique à s'immiscer dans une transaction de droit privé et acquérir le bien au prix convenu entre les parties.

Partant, l'acquisition par voie de préemption est une véritable entrave à la liberté contractuelle et à la possibilité pour un vendeur de choisir son potentiel acquéreur.

L'exercice du droit de préemption possède toutefois ses limites, il doit nécessairement être mis en œuvre pour satisfaire les objectifs définis à l'article L. 300-1 du Code de l'urbanisme.

Le contentieux de la préemption est abondant et fait intervenir tant le juge administratif, qui va s'attacher à contrôler la légalité de la décision de préemption, que le juge de l'expropriation, qui se prononcera sur le prix du bien en cas de désaccord entre le vendeur et le titulaire du droit de préemption.

Il convient de noter que la dernière réforme importante du droit de préemption a été réalisée par la loi n° 2014-366 du 24 mars 2014 pour l'accès au logement et un urbanisme rénové dite loi « ALUR » qui a modifié tant le champ d'application que la procédure du droit de préemption urbain(1). La loi « 3DS » du 21 février 2022 a néanmoins apporté des modifications substantielles à certaines dispositions. Cependant, d'autres droits de préemption ont depuis vu le jour, tels que le droit de préemption pour la préservation des ressources en eau destinées à la consommation humaine ou encore le droit de préemption pour l'adaptation des territoires au recul du trait de côte(2).

(1) Code de l'urbanisme, art. L. 218-1 et s.

(2) Code de l'urbanisme, art. L. 219-1 et s.

Cet ouvrage ayant vocation à appréhender les techniques de maîtrise foncière, traitera uniquement du cas du droit de préemption urbain, ce qui exclut donc le droit de préemption dit « commercial », le droit de préemption dans les espaces naturels sensibles ou autres droits de préemption spécifiques.

Pour que le titulaire du droit de préemption urbain puisse préempter régulièrement un bien, la cession doit effectivement entrer dans le champ d'application du droit de préemption et son exercice doit avoir été régulièrement et préalablement institué *(cf. chapitre 8).*

La décision de préemption est ensuite prise selon un processus complexe et dans des délais stricts *(cf. chapitre 9).*

En cas de désaccord sur le prix de la cession, le propriétaire et le titulaire du droit de préemption pourront en faire fixer le prix judiciairement *(cf. chapitre 10).*

Enfin, il convient d'indiquer que la préemption ne porte pas nécessairement sur une vente de gré à gré entre deux personnes privées mais qu'elle peut également concerner une vente réalisée dans le cadre d'une adjudication *(cf. chapitre 12).*

CHAPITRE 8

Droit de préemption urbain

Le droit de préemption urbain peut être exercé si, d'une part, le bien entre dans le champ d'application de ce droit *(cf. § 8.1)*, et d'autre part, si le droit de préemption urbain a été légalement institué *(cf. § 8.2)* et, le cas échéant, délégué *(cf. § 8.3)*.

8.1 Diversité des biens soumis au droit de préemption urbain

REMARQUE

Les biens soumis au droit de préemption selon l'article L. 213-1 du Code de l'urbanisme

Les biens soumis au droit de préemption sont regroupés en quatre catégories :

– Les immeubles (bâtis ou non bâtis) ou droits sociaux aliénés à titre onéreux :

« 1° Tout immeuble ou ensemble de droits sociaux donnant vocation à l'attribution en propriété ou en jouissance d'un immeuble ou d'une partie d'immeuble, bâti ou non bâti, lorsqu'ils sont aliénés, à titre onéreux, sous quelque forme que ce soit, à l'exception de ceux qui sont compris dans un plan de cession arrêté en application de l'article L. 631-22 ou des articles L. 642-1 et suivants du code de commerce ; »

– Les cessions de droits indivis :

« 2° Les cessions de droits indivis portant sur un immeuble ou une partie d'immeuble, bâti ou non bâti, sauf lorsqu'elles sont consenties à l'un des coindivisaires, et les cessions de tantièmes contre remise de locaux à construire ; »

– Les cessions de parts sociales de SCI :

« 3° Les cessions de la majorité des parts d'une société civile immobilière ou les cessions conduisant un acquéreur à détenir la majorité des parts de ladite société, lorsque le patrimoine de cette société est constitué par une unité foncière, bâtie ou non, dont la cession serait soumise au droit de préemption. Le présent 3° ne s'applique pas aux sociétés civiles immobilières constituées exclusivement entre parents et alliés jusqu'au quatrième degré inclus ; »

– Les immeubles construits ou acquis par des organismes d'habitation à loyer modéré :

« Les immeubles construits ou acquis par les organismes mentionnés à l'article L. 411-2 du code de la construction et de l'habitation et qui sont leur propriété, sous réserve des droits des locataires définis à l'article L. 443-11 du même code. […] ».

Le Code de l'urbanisme définit également des biens qui échappent, par leur nature, au droit de préemption :
– « Les immeubles construits par les sociétés coopératives d'habitations à loyer modéré de location-attribution [...] ; »
– « Les immeubles qui font l'objet d'un contrat de vente d'immeuble à construire dans les conditions prévues par les articles 1601-1 et suivants du Code civil, sauf lorsque ces dispositions sont appliquées à des bâtiments existants ; »
– « Les parts ou actions de sociétés d'attribution visées aux chapitres II et III du titre Ier du livre II du Code de la construction et de l'habitation, qui font l'objet d'une cession avant l'achèvement de l'immeuble ou pendant une période de dix ans à compter de son achèvement ; »
– « Les immeubles cédés au locataire en exécution de la promesse de vente insérée dans un contrat de crédit-bail immobilier conclu en application du 2 de l'article L. 313-7 du code monétaire et financier ; »
– « Les immeubles qui font l'objet d'une mise en demeure d'acquérir en application des articles L. 152-2, L. 311-2 ou L. 424-1 ou des articles L. 241-1 et L. 241-2 du Code de l'expropriation pour cause d'utilité publique ; »
– « L'aliénation par l'État, ses établissements publics ou des sociétés dont il détient la majorité du capital de terrains, bâtis ou non bâtis, en vue de la réalisation des logements situés dans les périmètres mentionnés au deuxième alinéa du I de l'article 1er de la loi n° 2006-872 du 13 juillet 2006 portant engagement national pour le logement, tant que les décrets prévus au même alinéa ne sont pas caducs ou en vue de la réalisation des opérations d'intérêt national mentionnées à l'article L. 132-1 ; »
– « Les transferts en pleine propriété des immeubles appartenant à l'État ou à ses établissements publics, réalisés conformément à l'article 141 de la loi n° 2006-1771 du 30 décembre 2006 de finances rectificative pour 2006 ; »
– « Les biens acquis par un organisme visé aux articles L. 321-4 et L. 324-1 lorsqu'il agit à la demande expresse de la collectivité titulaire du droit de préemption urbain ; »
– « Les cessions entre la SNCF, SNCF Réseau et SNCF Voyageurs [...] ; »
– « Les cessions de la Société du Grand Paris ».

8.1.1 Droit de préemption urbain « simple »

La loi ALUR a intégré de nouvelles cessions dans le champ d'application du droit de préemption urbain(1) :
– les immeubles achevés depuis plus de quatre ans (la durée était de dix ans auparavant sauf si le droit de préemption urbain renforcé avait été institué) ;
– les cessions à titre gratuit d'immeubles ou ensemble de droits sociaux donnant vocation à l'attribution en propriété ou en jouissance d'un immeuble ou d'une partie d'immeuble, bâti ou non bâti (sauf si la cession est effectuée entre des personnes ayant des liens de parenté jusqu'au sixième degré ou des liens issus d'un mariage ou d'un PACS) ;
– les apports en nature au sein d'une SCI d'immeubles ou ensembles de droits sociaux relatifs à l'attribution en propriété ou en jouissance d'un bien immobilier bâti ou non bâti.

On appelle le droit de préemption urbain « simple » par opposition au droit de préemption urbain « renforcé », car il ne peut pas s'exercer sur les biens mentionnés à l'article L. 211-4 du Code de l'urbanisme.

Cet article prévoit ainsi de nouvelles exceptions à la mise en œuvre du droit de préemption urbain. Le droit de préemption urbain dit « simple » n'est pas applicable :
– à l'aliénation d'un ou plusieurs lots constitués soit par un seul local à usage d'habitation, à usage professionnel ou à usage professionnel et d'habitation, soit par un tel local et ses locaux accessoires, soit par un ou plusieurs locaux accessoires d'un tel local, compris dans un bâtiment effectivement soumis, à la date du projet d'aliénation, au régime de la copropriété, soit à la suite du partage total ou partiel d'une société d'attribution, soit depuis dix

(1) Code de l'urbanisme, art. L. 211-4.

années au moins dans les cas où la mise en copropriété ne résulte pas d'un tel partage, la date de publication du règlement de copropriété au fichier immobilier constituant le point de départ de ce délai ;
– à la cession de parts ou d'actions de sociétés visées aux titres II et III de la loi n° 71-579 du 16 juillet 1971 et donnant vocation à l'attribution d'un local d'habitation, d'un local professionnel ou d'un local mixte et des locaux qui lui sont accessoires ;
– à l'aliénation d'un immeuble bâti, pendant une période de quatre ans à compter de son achèvement.

Toutefois, par délibération motivée, la commune peut décider d'appliquer ce droit de préemption aux aliénations et cessions mentionnées à l'article L. 211-4 du Code de l'urbanisme sur la totalité ou certaines parties du territoire soumis à ce droit.

8.1.2 Droit de préemption urbain « renforcé »

Certaines catégories de biens échappent donc au droit de préemption simple et nécessitent une délibération motivée du conseil municipal pour l'institution de ce droit spécifique et la possibilité de préempter les biens listés à l'article L. 211-4 précité.

Ainsi, toutes les catégories de bien listées audit article entrent dans le champ du droit de préemption si la commune a spécifiquement délibéré sur l'institution du droit de préemption urbain renforcé.

EXEMPLE

Lots de copropriété

Un lot constitué par un seul local à usage d'habitation ou professionnel situé dans une copropriété de plus de dix ans est soumis au droit de préemption urbain renforcé.

Un lot constitué par un seul local à usage d'habitation ou professionnel et situé dans une copropriété depuis moins de dix ans et dans un bâtiment achevé depuis plus de quatre ans est soumis au droit de préemption urbain simple.

Afin d'accélérer la maîtrise du foncier par les personnes publiques, un certain nombre de cessions, auparavant régies par le droit de préemption urbain renforcé, sont désormais possibles lorsqu'est institué le droit de préemption urbain simple.

REMARQUE

La cession de la majorité des parts d'une SCI ou conduisant un acquéreur à détenir la majorité de ces parts est désormais soumise au droit de préemption urbain simple ce qui, depuis l'entrée en vigueur de la loi ALUR, a permis d'accroître sensiblement les préemptions sur les cessions de parts de SCI.

Le patrimoine de la SCI doit être constitué d'une unité foncière, bâtie ou non, dont la cession serait elle-même soumise au droit de préemption.

REMARQUE

Depuis l'entrée en vigueur de la loi ALUR, le droit de préemption urbain renforcé peut être institué par simple arrêté motivé du préfet lorsque celui-ci est compétent en lieu et place de la commune carencée en logements sociaux.

8.1.3 Cas particulier : l'unité foncière partiellement incluse dans le périmètre du droit de préemption

TEXTE OFFICIEL

Article L. 213-2-1 du Code de l'urbanisme

« Lorsque la réalisation d'une opération d'aménagement le justifie, le titulaire du droit de préemption peut décider d'exercer son droit pour acquérir la fraction d'une unité foncière comprise à l'intérieur d'une partie de commune soumise à un des droits de préemption ».

Le titulaire du droit de préemption a donc la possibilité exceptionnelle de préempter partiellement une unité foncière lorsque celle-ci est à cheval sur un périmètre soumis au droit de préemption urbain et sur un autre périmètre qui ne l'est pas.

Cependant, dans cette hypothèse, il est contraint d'accepter la réquisition d'emprise totale si le propriétaire lui en fait la demande.

Cette préemption partielle doit par ailleurs être justifiée par l'opération d'aménagement.

En cas de fixation judiciaire du prix, le juge de l'expropriation pourra tenir compte de l'éventuelle dépréciation foncière subie par la fraction restante.

8.2 Instauration du droit de préemption urbain

8.2.1 Instauration du droit de préemption dans les communes dotées de PLU ou de POS

Le droit de préemption urbain peut notamment être institué[(2)] :
- dans toutes les communes dotées d'un plan d'occupation des sols ou d'un plan local d'urbanisme approuvé ;
- sur tout ou partie des zones urbaines et d'urbanisation future de ces plans.

Un formalisme particulier s'impose aux délibérations du conseil municipal instituant le droit de préemption urbain :
- la délibération doit être affichée en mairie pendant un mois ;
- une mention doit être publiée dans deux journaux diffusés dans le département.

Le point de départ du caractère exécutoire de cette délibération court à partir du premier jour de l'exécution de l'ensemble de ces formalités.

IMPORTANT

La publication dans un journal local ne suffit pas à satisfaire la condition relative à la diffusion « dans le département ». S'il n'existe pas de journal à l'échelle départementale, il convient alors de faire publier la délibération dans un journal national.

En cas de contentieux concernant le caractère exécutoire de la délibération instaurant le droit de préemption urbain, cette preuve de publication peut être apportée par tout moyen comme des factures acquittées aux organes de presse.

---

(2) Code de l'urbanisme, art. R. 211-2.

La jurisprudence considère que l'annulation du document d'urbanisme entraîne l'illégalité de la décision instituant le droit de préemption urbain, car celle-ci en est une mesure d'application.

JURISPRUDENCE

Cependant, le juge administratif a jugé que, dans l'hypothèse où un PLU a été annulé alors qu'il remplaçait un POS, l'annulation du PLU a eu pour conséquence immédiate de redonner vie au POS antérieur et donc de faire renaître la délibération qui avait institué le précédent droit de préemption urbain, sous l'empire de ce POS(3).

8.2.2 Instauration du droit de préemption en ZAD

Une zone d'aménagement différé est un secteur où une collectivité locale, un établissement public y ayant vocation ou une société d'économie mixte titulaire d'une convention d'aménagement dispose, pour une durée de six ans renouvelable, d'un droit de préemption sur toutes les ventes et cessions à titre onéreux de biens immobiliers ou de droits sociaux.

Elle est créée conformément aux dispositions des articles L. 212-1 et suivants du Code de l'urbanisme par le préfet.

8.3 Titulaire et délégataire du droit de préemption

Le droit de préemption peut être directement exercé par son titulaire de « plein droit » *(cf. § 8.3.1)*, être délégué ou même subdélégué *(cf. § 8.3.2)*.

8.3.1 Titulaires

8.3.1.1 Conseil municipal

L'autorité compétente pour exercer le droit de préemption urbain selon l'article L. 211-1 du Code de l'urbanisme est le conseil municipal.

8.3.1.2 L'intercommunalité compétente en matière d'urbanisme

Un EPCI (communauté urbaine, d'agglomération ou de communes) peut être également titulaire du droit de préemption en fonction des compétences qui lui ont été transférées(4).

REMARQUE

La compétence d'un EPCI à fiscalité propre, ainsi que celle de la métropole de Lyon en matière de plan local d'urbanisme, emporte leur compétence de plein droit en matière de droit de préemption urbain.

La communauté urbaine dispose déjà de la compétence d'élaboration du plan local d'urbanisme.

(3) CAA Marseille, 15 mars 2012, Commune de Six-Fours-les-Plages, n° 10MA01865.

(4) Code de l'urbanisme, art. L. 211-2, alinéa 2.

Les modifications opérées par la loi ALUR prévoient que désormais la communauté de communes ou la communauté d'agglomération, qui n'est pas déjà compétente en matière d'élaboration du document d'urbanisme, le devient le lendemain de l'expiration d'un délai de trois ans à compter de la publication de ladite loi, c'est-à-dire le 27 mars 2017.

La loi ALUR a toutefois introduit une minorité de blocage dans le cadre de ce transfert. Ainsi, le transfert de compétence n'aura pas lieu si dans les trois mois précédant le terme du délai de trois ans susvisé, au moins 25 % des communes représentant au moins 20 % de la population s'y opposent. Cette faculté de s'opposer au transfert a été constamment renouvelée depuis par des modifications législatives. L'échéance est aujourd'hui reportée aux élections municipales de 2026.

L'EPCI devient *de facto* compétent de plein droit pour exercer et instaurer le droit de préemption urbain.

La commune perd alors, automatiquement, les attributions qui lui ont été conférées pour mettre en œuvre le droit de préemption urbain.

L'organe délibérant de l'EPCI, titulaire de plein droit du droit de préemption, peut alors lui-même déléguer l'exercice du DPU, à l'État, à une collectivité locale, à un établissement public y ayant vocation ou au concessionnaire d'une opération d'aménagement.

Cette délégation peut porter sur une ou plusieurs parties des zones concernées ou être accordée à l'occasion de l'aliénation d'un bien.

Les biens ainsi acquis entrent dans le patrimoine du délégataire.

REMARQUE

La loi « 3DS » du 21 février 2022 a introduit la possibilité, dans le périmètre d'une grande opération d'urbanisme au sens de l'article L. 312-3 du Code de l'urbanisme, que le droit de préemption soit exercé par la collectivité territoriale ou l'établissement public cocontractant mentionné au même article L. 312-3. La collectivité territoriale ou l'établissement public peut alors déléguer l'exercice de ce droit à un établissement public y ayant vocation ou au concessionnaire d'une opération d'aménagement.

8.3.1.3 La communauté d'agglomération pour la mise en œuvre de la politique sociale de l'habitat

Pour favoriser l'intervention des communautés d'agglomération dans le domaine de la politique communautaire d'équilibre social de l'habitat, celles-ci peuvent, avec l'accord de ou des communes concernées, fixer des périmètres au sein desquels elles pourront exercer le droit de préemption urbain(5).

Dès lors que les compétences permettant d'assurer la politique communautaire d'équilibre social de l'habitat font partie des compétences déléguées à la communauté d'agglomération, il y a transfert de compétence en matière de droit de préemption urbain au profit de l'EPCI afin, et afin seulement, de mettre en œuvre cette politique d'équilibre social de l'habitat définie préalablement par le plan local de l'habitat.

Le transfert du droit de préemption à la communauté d'agglomération ne peut toutefois être réalisé que dans des conditions strictes, ce transfert étant soumis à l'accord de la commune ou des communes intéressées. Celles-ci peuvent donc s'y opposer.

(5) CGCT, art. L. 5216-5-II *bis*.

Le droit de préemption urbain ne peut donc être exercé par une communauté d'agglomération que dans la mesure où la zone de préemption a été délimitée par le conseil de communauté, sous réserve d'une délibération concordante de la commune concernée.

Dans cette hypothèse, la communauté d'agglomération est bien titulaire du droit de préemption urbain et peut le déléguer à son tour.

8.3.1.4 Le préfet en cas de carence de la commune dans la production de logements sociaux

Dans les communes carencées en matière de logement social au titre de l'article L. 302-5 du Code de la construction et de l'habitation, le préfet sera titulaire de plein droit pour préempter tous types d'immeubles, quel que soit leur régime de propriété dès lors qu'ils sont affectés au logement (ce qui ne rend donc pas le préfet compétent pour préempter tous types de bien)(6).

IMPORTANT

La commune reste donc compétente pour intervenir sur des cessions de biens qui ne sont pas affectés à l'habitation.

REMARQUE

La procédure de carence est prévue par le Code de la construction et de l'habitation.

Elle est initiée par le préfet et celui-ci prononce un arrêté préfectoral de carence lorsqu'il constate, qu'au terme d'une période triennale, le nombre de logements sociaux à réaliser n'a pas été atteint par la commune.

La possibilité pour le préfet d'être automatiquement titulaire du droit de préemption urbain est une réforme majeure initiée par la loi ALUR qui a pour conséquence directe de faire perdre toute maîtrise du foncier pour les communes dont la carence a été prononcée par arrêté préfectoral.

En outre, comme il a été précisé précédemment, le préfet peut désormais, par simple arrêté motivé, instituer le droit de préemption urbain renforcé lorsqu'il a préalablement prononcé la carence en production de logements sociaux de la commune.

REMARQUE

La loi « 3DS » du 21 février 2022 a introduit un infléchissement de ce régime. Désormais, le préfet peut, sur demande motivée de la collectivité territoriale initialement titulaire du droit de préemption et en vue d'un bien précisément identifié, renoncer pour lui-même à exercer ce droit et autoriser, par arrêté motivé, ladite collectivité territoriale à exercer ce droit pour ce seul bien. L'arrêté mentionne notamment le bien concerné et la finalité pour laquelle la préemption est exercée.

8.3.2 Délégataires

La délégation la plus fréquemment rencontrée est celle, réalisée en interne à la collectivité, faite au maire ou au président de l'EPCI.

(6) Code de l'urbanisme, art. L. 210-1, alinéa 2.

8.3.2.1 Délégation au maire

Le maire peut exercer, au nom de la commune, le droit de préemption urbain, que la commune en soit titulaire ou délégataire[7], et de déléguer l'exercice de ces droits à l'occasion de l'aliénation d'un bien dans les conditions que fixe le conseil municipal[8].

Il est fréquent que le conseil municipal limite cette délégation et fixe ainsi un montant maximum au-dessus duquel le conseil municipal redevient compétent pour exercer le droit de préemption. Cette limite a pour but de s'assurer que le maire ne puisse pas décider seul d'engager les finances de la commune au-delà d'un certain montant.

IMPORTANT

Si le conseil municipal a délégué cette compétence au maire, il ne peut plus se substituer à lui pour prendre une décision de préemption ou encore pour la déléguer à une autre autorité, à peine d'entacher sa décision d'un vice d'incompétence. Le conseil municipal doit, au préalable, rapporter sa délibération dans les mêmes formes[9].

JURISPRUDENCE

Par un arrêt en date du 28 janvier 2021, le Conseil d'État est venu préciser les règles de délégation en matière de droit de préemption jugeant qu'un maire est bien compétent pour exercer le droit de préemption urbain s'il a reçu classiquement une délégation générale par son conseil municipal en début de mandat sur le fondement du 15° de l'article L. 2122-22 du Code général des collectivités territoriales, alors même que la commune n'était pas encore compétente en matière de droit de préemption à cette date[10].

La délégation dévolue au maire lui permet d'exercer le droit de préemption dont la commune est titulaire, mais également de subdéléguer ce droit ponctuellement à l'occasion de l'aliénation d'un bien.

Modèle d'arrêté municipal délégant ponctuellement le droit de préemption pour l'aliénation d'un bien

Décision du maire prise en application de l'article L. 2122-22 du Code général des collectivités territoriales

Le maire,

Vu l'article L. 2122-22 du Code général des collectivités territoriales,

Vu le Code de l'urbanisme, et notamment ses articles L. 210-1, L. 300-1, L. 213-3, R. 213-1, R. 213-2 et R. 213-3,

Vu la délibération du conseil municipal en date du <*à compléter*> donnant au maire délégation pour exercer au nom de la commune le droit de préemption et de déléguer l'exercice de ces droits à l'occasion de l'aliénation d'un bien,

Vu le plan local d'urbanisme approuvé le <*date*>,

Vu la délibération du conseil municipal en date du <*à compléter*> instaurant un droit de préemption urbain sur l'ensemble du territoire de la commune,

---

(7) CGCT, art. L. 2122-22-15.

(8) Code de l'urbanisme, art. R. 213-1.

(9) CE 2 octobre 2013, n° 357008.

(10) CE 28 janvier 2021, n° 429584, *Lebon T.*

Vu la déclaration d'intention d'aliéner au prix de *<montant>* réceptionnée en mairie le *<date>* relative au bien situé *<adresse>* cadastré section *<références cadastrales>* et appartenant à *<nom>*,

Vu *<statuts du délégataire>*,

Considérant *<motivation de la délégation du droit de préemption en fonction des compétences du délégataire>*,

Considérant que le bien est situé *<adresse>*,

DÉCIDE :

Article 1

DÉLÈGUE l'exercice du droit de préemption urbain à *<nom>* à l'occasion de la déclaration d'intention d'aliéner référencée *<à compléter>* enregistrée le *<date>* portant sur le bien *<à compléter>* situé *<adresse>* cadastrée *<références cadastrales>* appartenant à *<nom>* demeurant *<adresse>*.

Article 2

PRÉCISE que dans le délai de deux mois à compter de son affichage, la présente décision peut faire l'objet d'un recours gracieux devant le maire ainsi que d'un recours contentieux devant le tribunal administratif de *<ville>* (*<adresse>*).

Article 3

DIT que la présente décision sera soumise aux procédures de contrôle de légalité, d'affichage en mairie et sera inscrite au recueil des actes administratifs de la commune.

Article 4

Un exemplaire de la décision de délégation est envoyé à ce jour à :
- M. le préfet ;
- le délégataire ;
- le vendeur ;
- le notaire ;
- l'acquéreur évincé.

<signature>

8.3.2.2 Délégation à l'intercommunalité

Lorsque la commune fait partie d'un EPCI y ayant vocation, elle peut, en accord avec cet établissement, lui déléguer tout ou partie des droits de préemption[11].

Cette procédure autorise la commune à transférer les compétences qui lui sont attribuées par le chapitre I du titre I du livre II du Code de l'urbanisme.

Le transfert peut donc avoir pour objet non seulement le pouvoir d'instaurer, de modifier, ou de supprimer le droit de préemption urbain, mais aussi le pouvoir d'exercer ce droit.

(11) Code de l'urbanisme, art. L. 211-2, alinéa 1er.

L'étendue de la compétence susceptible d'être transférée peut donc être totale ou partielle.

Cette délégation n'est toutefois envisageable que lorsque l'EPCI a « vocation » à utiliser cet instrument. Une telle délégation doit donc permettre de répondre à des compétences qu'il détient.

Si l'EPCI concerné n'est pas compétent pour exercer le droit de préemption, une modification de ses statuts sera nécessaire. L'EPCI devra également formellement accepter le transfert qui doit résulter d'une délibération concordante du conseil municipal et de l'organe délibérant de l'EPCI.

Il reviendra à la délibération du conseil municipal de préciser l'étendue et, le cas échéant, les conditions dans lesquelles ce transfert est consenti.

La conséquence de cette délégation est que la commune sera dessaisie de son droit de préemption. Celle-ci ne pourra plus exercer les attributions qu'elle a transférées.

Modèle de délibération du conseil municipal portant délégation de l'exercice du droit de préemption urbain a un EPCI pour une zone délimitée

Le conseil municipal :

Vu le Code général des collectivités territoriales, et notamment les articles L. 2122-21 et suivants,

Vu l'article L. 211-2 du Code de l'urbanisme,

Vu la délibération n° <*à compléter*> en date du <*à compléter*> par laquelle le conseil municipal a supprimé le droit de préemption urbain sur le territoire de la commune et par laquelle il a rapporté les délibérations portant délégation pour exercer le droit de préemption ou pour le déléguer,

Vu l'arrêté préfectoral en date du <*à compléter*> par lequel a été créée <*à compléter*>,

Vu les statuts de l'EPCI <*à compléter*>,

Considérant qu'aux termes de l'article L. 211-2 du Code de l'urbanisme, lorsque la commune fait partie d'un établissement public de coopération intercommunale y ayant vocation, elle peut, en accord avec cet établissement, lui déléguer sa compétence en matière de droit de préemption urbain.

Après en avoir délibéré :

Article 1

DÉCIDE de déléguer la compétence de la commune en matière de droit de préemption urbain à l'EPCI <*à compléter*> sur la zone délimitée sur le plan annexé à la délibération.

Article 2

PRÉCISE que dans le délai de deux mois à compter de son affichage, la présente décision peut faire l'objet d'un recours gracieux devant le maire ainsi que d'un recours contentieux devant le tribunal administratif de <*ville*> (<*adresse*>).

Article 3

DIT que la présente décision sera soumise aux procédures de contrôle de légalité, d'affichage en mairie et sera inscrite au recueil des actes administratifs de la commune.

Article 4

DIT que la présente délibération sera transmise au préfet et au président de l'EPCI.

<signature>

Modèle de délibération du conseil communautaire portant acceptation de la délégation du droit de préemption urbain

Le conseil communautaire :

Vu le Code général des collectivités territoriales, et notamment les articles L. 2122-21 et suivants,

Vu l'article L. 211-2 du Code de l'urbanisme,

Vu les statuts de l'établissement public de coopération intercommunale (EPCI) *<à compléter>*

Vu la délibération n° *<à compléter>* en date du *<à compléter>* par laquelle le conseil municipal de *<à compléter>* manifesté l'intention de déléguer à l'EPCI sa compétence en matière de droit de préemption urbain,

Considérant que l'EPCI a vocation à exercer le droit de préemption urbain,

Considérant l'intérêt pour l'EPCI d'être délégataire du droit de préemption urbain en vue d'assurer la maîtrise foncière de son territoire,

Après en avoir délibéré :

Article 1

DÉCIDE de donner son accord à ce que la commune de *<à compléter>* délègue sa compétence en matière de droit de préemption urbain à l'EPCI.

Article 2

PRÉCISE que dans le délai de deux mois à compter de son affichage, la présente décision peut faire l'objet d'un recours gracieux devant le maire ainsi que d'un recours contentieux devant le tribunal administratif de *<ville>* (*<adresse>*).

Article 3

DIT que la présente décision sera soumise aux procédures de contrôle de légalité, d'affichage au siège de l'EPCI.

Article 4

DIT que la présente délibération sera transmise au préfet et à la commune de *<à compléter>*.

<signature>

8.3.2.3 Délégation sur une zone délimitée ou pour l'aliénation ponctuelle d'un bien

Seul l'exercice du droit de préemption urbain peut être délégué, soit pour une zone préalablement définie, soit pour l'aliénation ponctuelle d'un bien, à[12] :
- l'État ;
- une collectivité territoriale ;
- un établissement public y ayant vocation ;
- un concessionnaire d'une opération d'aménagement.

IMPORTANT

Les biens acquis sont la propriété exclusive du délégataire.

Cette délégation peut porter sur une ou plusieurs parties des zones concernées ou être accordée à l'occasion de l'aliénation d'un bien. Elle est donc plus réduite que celle mentionnée précédemment à l'article L. 211-2 du Code de l'urbanisme.

La délégation doit nécessairement résulter d'une délibération de l'organe délibérant du titulaire de droit de préemption urbain et ne peut être retirée que par une délibération prise dans les mêmes formes.

Si le droit de préemption a déjà été délégué au maire par le conseil municipal, celui-ci sera alors compétent pour subdéléguer ce droit aux personnes visées ci-dessus.

IMPORTANT

Si une commune a délégué l'exercice du droit de préemption urbain à l'intercommunalité à laquelle elle appartient, elle ne peut donc plus l'exercer pour toutes les cessions comprises dans le périmètre indiqué dans la délibération, sauf à rapporter dans les mêmes formes la délibération de délégation.

La jurisprudence a tranché quant au régime spécifique de publicité des actes de délégation intervenant en matière de préemption. Il est désormais acquis que la délibération délégant le droit de préemption, même pour l'aliénation ponctuelle d'un bien, est une décision réglementaire et, par conséquent, elle n'a pas à être notifiée au propriétaire du bien concerné ni à l'acquéreur pressenti, mais doit être publiée.

REMARQUE

Lorsque l'exercice du droit de préemption urbain est délégué à un EPCI ou à un établissement public, il est recommandé de prévoir une délégation interne au président de l'EPCI ou au directeur général de l'établissement afin de pouvoir exercer plus rapidement le droit de préemption et respecter le délai de deux mois.

8.3.2.4 Délégation au titulaire d'une concession d'aménagement

Le titulaire d'une concession d'aménagement peut se voir déléguer l'exercice du droit de préemption sur le fondement des articles L. 213-3 et L. 300-4 du Code de l'urbanisme.

Cette délégation n'est alors applicable que dans le périmètre de la zone d'aménagement concerté (ZAC) et pour des motifs fondés sur la réalisation de la ZAC.

L'aménageur délégataire de l'exercice du droit de préemption ne pourra ainsi pas préempter en se fondant sur une motivation étrangère à l'objet de la ZAC.

(12) Code de l'urbanisme, art. L. 213-3 et R. 213-1.

Cette délégation peut prendre deux formes distinctes et exclusives l'une de l'autre :
– par une délibération municipale ;
– par l'insertion d'une clause explicite dans le traité de concession d'aménagement pour le périmètre de la ZAC.

Il convient d'être vigilant avant de déléguer l'exercice du droit de préemption au titulaire d'une concession d'aménagement par le biais d'une délibération. En effet, le conseil municipal ne doit pas avoir délégué au maire le droit de préemption et la possibilité de le déléguer à l'occasion de l'aliénation d'un bien comme il y est autorisé par l'article L. 2122-22-15 du Code général des collectivités territoriales.

Dès lors que le maire dispose d'une délégation générale pour exercer, au nom de la commune, les droits de préemption définis par le Code de l'urbanisme, cette délégation a pour effet de réaliser un véritable transfert juridique de compétences au profit de l'exécutif communal.

Lorsque la commune décide de déléguer le droit de préemption par l'intermédiaire d'une clause d'un traité de concession d'aménagement, ladite clause du contrat doit être dépourvue de toute ambiguïté concernant l'effectivité de la délégation.

La délégation ne sera effective qu'à compter de la date d'entrée en vigueur du traité de concession.

8.3.2.5 Délégation de l'exercice du droit de préemption à une SEM ou à un organisme HLM

La loi n° 2015-990 du 6 août 2015 pour la croissance, l'activité et l'égalité des chances économiques dite « loi Macron » a institué un nouveau champ de délégation du droit de préemption urbain(13).

Ainsi, les sociétés d'économie mixte et les organismes d'habitation à loyer modéré pourront notamment être délégataires du droit de préemption urbain lorsque l'aliénation prévue porte sur un bien ou sur des droits affectés au logement.

La loi « 3DS » du 21 février 2022 a par ailleurs introduit une disposition permettant de déléguer le droit de préemption urbain à un organisme de foncier solidaire mentionné à l'article L. 329-1 du Code de l'urbanisme pour les biens nécessaires à son objet principal(14).

Ces organismes peuvent également subdéléguer l'exercice du droit de préemption urbain.

Une limite importante est toutefois fixée quant au projet motivant *in fine* la décision de préemption : les biens acquis par l'exercice du droit de préemption ne peuvent être utilisés qu'en vue de la réalisation d'opérations d'aménagement ou de construction permettant alternativement :
– la réalisation des objectifs fixés dans le programme local de l'habitat ;
– la construction de logements sociaux.

(13) Code de l'urbanisme, art. L. 211-2, alinéa 3.

(14) Loi n° 2022-217 du 21 février 2022 relative à la différenciation, la décentralisation, la déconcentration et portant diverses mesures de simplification de l'action publique locale.

CHAPITRE 9

Décision de préemption

La décision de préemption est encadrée par un formalisme contraignant et des délais stricts *(cf. § 9.1)* dont le contrôle est du ressort du juge administratif *(cf. § 9.2)*.

9.1 Processus décisionnel

Le point de départ du processus est la réception d'une déclaration d'intention d'aliéner en mairie *(cf. § 9.1.1)*. Le délai de deux mois pour préempter pourra être éventuellement suspendu selon les demandes effectuées par le titulaire du droit de préemption au vendeur *(cf. § 9.1.2)*.

Durant l'instruction, l'avis du service des Domaines devra être sollicité *(cf. § 9.1.3)*.

La décision de préemption devra être dûment motivée selon un projet réel et préexistant dont les objectifs sont prévus par l'article L. 300-1 du Code de l'urbanisme *(cf. § 9.1.4)*.

Enfin, la décision devra être soumise au contrôle de légalité et notifiée avant l'expiration du délai requis *(cf. § 9.1.5)*.

Selon le prix mentionné dans l'offre de préemption, la vente pourra être parfaite dès sa notification au vendeur. À défaut, le vendeur devra alternativement *(cf. § 9.1.6)* :
– renoncer à la mutation ;
– accepter le prix proposé par le titulaire du droit de préemption ;
– accepter le principe d'une fixation judiciaire du prix.

9.1.1 Déclaration d'intention d'aliéner

Chaque aliénation soumise au droit de préemption urbain doit faire l'objet du dépôt d'une déclaration d'intention d'aliéner (DIA) en mairie de la commune où se trouve le bien. Cette

DIA va permettre de renseigner le titulaire du droit de préemption sur la nature du bien et son prix de vente[1].

Elle est rédigée et transmise par le propriétaire ou son mandataire (généralement le notaire en charge de la vente) et va suspendre le processus d'aliénation le temps que le titulaire du droit de préemption renonce explicitement ou implicitement à l'exercice du droit de préemption, au maximum dans un délai de deux mois (sauf cas visés dans le § 9.1.2).

REMARQUE

Elle peut être déposée par voie dématérialisée.

IMPORTANT

La DIA doit être obligatoirement déposée ou notifiée en mairie du lieu où est situé le bien, et ce même si la commune n'est plus titulaire du droit de préemption, car elle l'a préalablement déléguée[2].

Si le droit de préemption a été délégué à un tiers, il appartient au maire de transmettre rapidement la DIA au délégataire du droit de préemption en lui précisant sa date de réception.

CONSEIL

Il convient de conserver le récépissé de réception de la lettre en mairie afin de pouvoir éventuellement en justifier en cas de contentieux les délais de préemption.

L'absence du dépôt d'une DIA en cas de cession soumise au droit de préemption urbain entraîne la nullité de la vente si une action est intentée dans un délai de cinq ans après sa publication au service de publicité foncière.

La DIA est établie selon un formulaire Cerfa n° 10072*02[3] et peut être complétée par une annexe.

Elle doit obligatoirement comporter :
– l'identité du ou des propriétaires ;
– la désignation du bien (cadastre, surface, ancienneté de l'immeuble, usage) ;
– le prix ou les conditions de la transaction ;
– la signature du propriétaire ou du mandataire.

Le titulaire du droit de préemption urbain ne peut exercer le droit de préemption que pour les biens mentionnés par le formulaire Cerfa de la DIA.

Si une DIA unique mentionne deux biens qui ne sont pas compris dans une unité foncière, le titulaire du droit de préemption a la possibilité de solliciter du notaire une nouvelle DIA, jugeant celle-ci incomplète, ou directement exercer son droit de préemption sur une seule des propriétés mentionnées à la DIA.

A contrario, il est interdit au titulaire du droit de préemption de ne préempter que certains biens figurant dans une DIA lorsqu'ils font partie d'une propriété incluse dans une unité

(1) Code de l'urbanisme, art. L. 213-2 et R. 213-5.

(2) Cass. 3e civ., 13 février 2013, n° 11-20655.

(3) Disponible sur www.impots.gouv.fr.

foncière[4]. La préemption partielle est donc strictement interdite dès lors que les biens sont compris dans la même unité foncière et tous soumis au champ d'application du droit de préemption urbain. L'article L. 213-2-1 du Code de l'urbanisme n'autorise en effet l'acquisition d'une fraction d'une unité foncière que lorsque le reliquat n'est pas compris dans le périmètre du droit de préemption urbain[5].

JURISPRUDENCE

La Cour de cassation a explicitement indiqué que toute clause d'indivisibilité de la vente de plusieurs biens, ne composant pas une même unité foncière, qu'elle soit mentionnée ou non dans la DIA et portée à la connaissance ou non du titulaire du droit de préemption, lui est inopposable[6].

REMARQUE

Si le montant de la commission d'agence immobilière à la charge de l'acquéreur n'a pas été inscrit dans la DIA, le titulaire du droit de préemption n'aura alors pas ce montant annexe à sa charge.

En cas de DIA incomplète, le délai ne commence à courir qu'à compter de la réception des éléments complémentaires. Cependant, la demande de ces pièces devra nécessairement être transmise dans le délai de deux mois. Si tel n'est pas le cas, le titulaire du droit de préemption est réputé avoir renoncé implicitement à l'exercice de ce droit.

Il convient de préciser que toute demande supplémentaire portant sur des mentions non prévues par le Code de l'urbanisme n'a pas pour effet de proroger la décision de préemption.

REMARQUE

L'absence de mention de l'acquéreur dans la DIA ne la rend pas incomplète mais privera éventuellement l'acquéreur de son droit de rétrocession.

Une DIA peut être retirée à tout moment dans le délai de deux mois à condition qu'aucune décision de préemption n'ait été préalablement notifiée. Dans cette hypothèse, le propriétaire devra alors déposer une nouvelle DIA s'il souhaite aliéner à nouveau son bien.

Modèle de lettre de demande d'informations complémentaires en cas de DIA incomplète

[Par LRAR]

Objet : Déclaration d'intention d'aliéner relative au bien sis *<à compléter>*

[Madame, Monsieur, Maître]

Par lettre recommandée avec accusé réception, vous avez souscrit une déclaration d'intention d'aliéner pour le bien cadastré section *<à compléter>*. sis *<à compléter>* reçue en mairie de *<ville>* le *<date>*.

(4) Selon la définition donnée par le Conseil d'État : CE 27 juin 2005, n° 264667 : « îlot d'un seul tenant composé d'une ou plusieurs parcelles appartenant à un même propriétaire ou à la même indivision ».

(5) Voir § 8.1.3.

(6) Cass. 1re civ., 17 octobre 2012, n° 11-24.466.

Cette déclaration d'intention d'aliéner est incomplète car elle ne comporte par les mentions suivantes :

[Exemples de motifs :]
– identité complète du propriétaire ;
– désignation du bien ;
– conditions financières de la transaction ;
– signature de la déclaration d'intention d'aliéner.

Je vous précise que le délai d'instruction de votre déclaration, fixé à deux mois, ne commencera à courir qu'à compter de la réception des informations demandées.

À défaut de réponse de votre part dans le délai de deux mois, vous serez réputé avoir renoncé à la vente du bien référencé ci-dessus et, dans cette hypothèse, une nouvelle déclaration d'intention d'aliéner devra être souscrite et transmise en mairie.

<signature>

9.1.2 Visite des lieux et demande de pièces complémentaires

Le délai pour préempter de deux mois, longtemps inamovible, peut désormais être suspendu(7).

Ces innovations ont été clairement introduites en faveur du titulaire du droit de préemption qui peut désormais interrompre les délais d'instruction de la DIA afin de mieux appréhender la consistance du bien avant de prendre sa décision.

Le délai sera ainsi interrompu en cas de visite des lieux et en cas de demande de communication de documents.

Si, lorsque le délai recommence à courir, il est inférieur à un mois, le titulaire du droit de préemption aura un mois incompressible pour notifier sa décision de préemption.

CONSEIL

Afin d'allonger au maximum les délais d'instruction, le titulaire du droit de préemption a tout intérêt à notifier sa demande de visite du bien ou de communication de documents, au moins un mois après la réception de la DIA.

IMPORTANT

Le délai n'est suspendu qu'à compter de la date de réception par le propriétaire de la visite du bien ou de la demande de communication de documents. Si la demande est notifiée par courrier recommandé avec accusé de réception, il convient d'être vigilant et de ne pas notifier cette demande dans les derniers jours ou, à défaut, de doubler cette notification par une signification *via* commissaire de justice(8).

JURISPRUDENCE

En cas de demandes conjointes ou simultanées de visite et de communication de documents, le juge administratif considère que le délai d'instruction de la DIA reprend à compte de « la date d'accomplissement de la plus tardive des deux formalités »(9). Attention, le délai d'instruction ne peut être suspendu qu'une seule fois.

---

(7) Code de l'urbanisme, art. L. 213-2.

(8) Anciennement huissier de justice.

(9) Voir par exemple CAA Lyon, 18 mai 2021, n° 19LY04499.

9.1.2.1 Visite des lieux

La demande de visite doit être faite obligatoirement par écrit[10].

Elle est notifiée par le titulaire du droit de préemption, par lettre recommandée avec accusé réception, dans le délai d'instruction de la DIA et de préemption, soit dans le délai de deux mois :
– au propriétaire ou à son mandataire ;
– au notaire (si le notaire est lui-même le mandataire, la notification peut éventuellement être effectuée à lui seul).

IMPORTANT

Tant que l'exercice du droit de préemption n'a pas été ponctuellement délégué pour le bien en question, le titulaire du droit de préemption reste seul compétent pour effectuer cette demande de visite.

La demande de visite du bien doit indiquer :
– les références de la DIA ;
– les dispositions de l'article L. 213-2, D. 213-13-2 et D. 213-13-3 du Code de l'urbanisme ;
– le nom et les coordonnées du titulaire du droit de préemption ;
– le fait que la visite doit être réalisée en présence du propriétaire ou de son représentant ainsi que du titulaire du droit de préemption.

Modèle de demande de visite du bien

(Madame, Monsieur/Maître)

La commune de <*à compléter*> a reçu le <*date*> une déclaration d'intention d'aliéner relative à la vente d'un bien <*à compléter*> sis <*adresse*> à <*ville*>, cadastrée section <*références cadastrales*> et appartenant à <*nom*> pour un montant de <*à compléter*> €.

<*motivation facultative de la demande de visite du bien*>

Conformément aux dispositions de l'article L. 213-2 du Code de l'urbanisme, j'ai l'honneur de vous notifier une demande de visite du bien objet de la déclaration d'intention d'aliéner susvisée avec le représentant du service des Domaines afin de procéder à son évaluation. En cas d'acceptation de votre part, je vous indique que la visite devra être faite en présence du propriétaire ou de son représentant et <*titulaire du droit de préemption*>.

Conformément à l'article D. 213-13-4 du Code de l'urbanisme, sont intégralement reproduites ci-dessous les dispositions des articles L. 213-2, D. 213-13-2 et D. 213-13-3 du Code de l'urbanisme :

– Article L. 213-2 du Code de l'urbanisme :

<*citer l'article*>

– Article D. 213-13-2 du Code de l'urbanisme :

<*citer l'article*>

(10) Code de l'urbanisme, art. D. 212-13-1 et s.

– Article D. 213-13-3 du Code de l'urbanisme :

<citer l'article>

L'adresse à laquelle doit parvenir votre réponse est : *<adresse>*

<formule de politesse>

Organisation de la visite du bien

L'acceptation de la visite par le propriétaire est nécessairement écrite et doit être notifiée au titulaire du droit de préemption dans le délai de huit jours à compter de la date de réception de la demande de visite.

La demande de visite suspend le délai d'instruction de la déclaration d'intention d'aliéner et d'exercice du droit de préemption jusqu'à, soit :
– l'acceptation expresse de la visite par le propriétaire dans le délai de huit jours ;
– le refus exprès de la visite par le propriétaire dans le délai de huit jours ;
– le refus implicite de la visite par le propriétaire à l'issue du délai de huit jours.

IMPORTANT

Il est fréquent, pour l'organisation de la visite, que des échanges informels aient lieu (par courriel ou téléphone) entre le propriétaire et le titulaire du droit de préemption. Cependant, malgré son intention d'accepter la visite, si le propriétaire ne notifie pas par écrit son acceptation expresse dans le délai de huit jours, le délai d'instruction recommence à courir.

La visite du bien doit impérativement se dérouler dans le délai de quinze jours calendaires à compter de la réception de la visite, en dehors des samedis, dimanches et jours fériés.

Un constat contradictoire de la visite doit être dressé et il doit mentionner obligatoirement :
– la date de la visite ;
– les noms et qualités des personnes présentes ;
– la signature du propriétaire ou de son représentant ;
– la signature du titulaire du droit de préemption.

L'absence de visite dans le délai de quinze jours calendaires vaut soit refus de visite soit renonciation à la demande de visite, et le délai recommence à courir à l'issue de ce délai de quinze jours.

EXEMPLE

Pour une DIA reçue en mairie le 1er mars, le délai pour exercer le droit de préemption court jusqu'au 1er mai (inclus).

Si une demande de visite du bien est reçue le 15 avril par le propriétaire, le délai est suspendu durant un délai de huit jours.

Si une réponse positive à la demande de visite du bien est effectuée le 22 avril par le titulaire du droit de préemption, le délai est encore suspendu durant un délai de quinze jours calendaires.

Si la visite du bien se déroule le 9 mai (soit dans le délai de quinze jours requis, car le quinzième jour était un samedi), le délai pour exercer le droit de préemption ne recommence à courir qu'à compter du 9 mai. Cependant, comme le délai restant à courir est inférieur à un mois (16 jours) : le titulaire du droit de préemption peut notifier sa décision de préemption, dans un délai d'un mois, soit jusqu'au 9 juin inclus.

9.1.2.2 Demande de communication de pièces complémentaires

Désormais, le titulaire du droit de préemption peut faire une demande de communication de pièces complémentaires(11). Cependant, pour valablement interrompre le délai d'instruction, celle-ci doit répondre à une triple condition :
– la demande doit être adressée dans le délai de deux mois ;
– elle doit être unique ;
– elle ne peut que porter sur les pièces mentionnées à l'article L. 213-2 et R. 213-7 du Code de l'urbanisme.

Les pièces communicables sont les suivantes :

« 1° Le dossier mentionné à l'article L. 271-4 du code de la construction et de l'habitation ;

2° S'il y a lieu, l'information prévue au IV de l'article L. 125-5 du code de l'environnement ;

3° S'il y a lieu, le diagnostic technique prévu à l'article L. 111-6-2 du code de la construction et de l'habitation ou, à compter du 1er janvier 2017, s'il existe, celui prévu à l'article L. 731-1 du même code dans sa rédaction issue du II de l'article 58 de la loi n° 2014-366 du 24 mars 2014 pour l'accès au logement et un urbanisme rénové ;

4° S'il y a lieu et s'ils existent, les documents dont la transmission à l'acquéreur est prévue aux articles L. 125-7 et L. 512-18 du code de l'environnement ;

5° L'indication de la superficie des locaux prévue par l'article 46 de la loi n° 65-557 du 10 juillet 1965 et par l'article 4-1 du décret n° 67-223 du 17 mars 1967 relatif à l'application de la loi n° 65-557 du 10 juillet 1965 précitée ou, s'il existe, le mesurage effectué par un professionnel ;

6° Les extraits de l'avant-contrat de vente contenant les éléments significatifs relatifs à la consistance et l'état de l'immeuble ;

7° Sous réserve qu'ils soient mentionnés dans la déclaration prévue à l'article L. 213-2 :
– la convention ou le bail constitutif de droits réels et, si elles existent, ses annexes, notamment les plans et état des lieux,
– la convention ou le bail constitutif de droits personnels et, si elles existent, ses annexes, notamment les plans et état des lieux ;

8° Sous réserve qu'il soit mentionné dans la déclaration prévue à l'article L. 213-2 et qu'il ait été publié au registre de la publicité foncière, l'acte constitutif de la servitude et, si elles existent, ses annexes, notamment les plans et état des lieux ;

9° Les statuts à jour de la société civile immobilière dont les parts sont cédées ;

10° Les livres et les documents établis pour le dernier exercice social clos mentionnés à l'article 1855 du code civil ;

11° Le rapport de reddition de compte établi pour le dernier exercice social clos mentionné à l'article 1856 du code civil ;

---

(11) Code de l'urbanisme, art. R. 213-7.

12° À défaut des documents mentionnés aux 10° et 11° du présent II, un état certifié par le gérant établissant la composition de l'actif ainsi que du passif de la société civile immobilière et précisant le bénéfice du dernier exercice social clos. »

Ainsi, toute demande ultérieure de pièces complémentaires non visées par ces dispositions n'aura pas pour effet de suspendre le délai d'exercice du droit de préemption.

Contrairement à la demande de visite du bien qui ne peut pas suspendre éternellement les délais, la demande de communication de documents peut, en théorie, suspendre perpétuellement tant la vente projetée que l'exercice du droit de préemption.

En pratique, le vendeur est susceptible de prendre un temps non négligeable pour réunir l'ensemble des documents demandés (la liste des documents communicables étant relativement importante). Tant que celui-ci n'aura pas adressé l'ensemble des documents au titulaire du droit de préemption, le délai sera suspendu. Ainsi, si le vendeur ne répond jamais à cette demande, la situation sera *de facto* bloquée et cela signifiera que le vendeur renonce implicitement à sa vente.

Enfin, comme en matière de demande de visite, si à la réception de l'ensemble des documents sollicités, le délai restant à courir est inférieur à un mois, le titulaire du droit de préemption disposera encore d'un mois pour édicter sa décision.

Modèle de demande unique de communication de documents

(Madame, Monsieur)

La commune de *<à compléter>* a reçu le *<date>* une déclaration d'intention d'aliéner relative à la vente d'un bien *<à compléter>* sis *<adresse>* à *<ville>*, cadastrée section *<références cadastrales>* et appartenant à *<nom>* pour un montant de *<à compléter>* €.

<motivation facultative de la demande de communication unique de documents>

Conformément aux dispositions de l'article L. 213-2 et R. 213-7 du Code de l'urbanisme, j'ai l'honneur de vous notifier une demande unique de communication des documents suivants :

<liste des documents demandés visés uniquement aux articles L. 213-2 et R. 213-7 du Code de l'urbanisme>

Je vous rappelle que, conformément à l'article L. 213-2 du Code de l'urbanisme, le délai d'instruction de la déclaration d'intention d'aliéner est suspendu jusqu'à la réception complète des documents visés ci-dessus.

L'adresse à laquelle doivent parvenir ces documents est : *<adresse>*

<formule de politesse>

9.1.3 Avis du service des Domaines

Le titulaire du droit de préemption doit obligatoirement consulter le service des Domaines afin de recueillir l'avis de ce service concernant l'évaluation du bien[12].

(12) Code de l'urbanisme, art. R. 213-21.

IMPORTANT

Le service des Domaines doit rendre un avis pour :
– toute cession supérieure ou égale à 180 000 euros[13] ;
– toute acquisition par exercice du droit de préemption urbain renforcé sans condition de montant[14] ;
– toute acquisition par exercice du droit de préemption en ZAD sans condition de montant[15].

Si le service des Domaines ne répond pas à l'issue d'un délai d'un mois, le titulaire du droit de préemption peut préempter le bien sans cet avis.

CONSEIL

Il est recommandé de saisir le service des Domaines également pour de cessions inférieures à 180 000 euros lorsque le titulaire du droit de préemption va préempter en révision de prix (en effet, en cas de désaccord du vendeur, le juge de l'expropriation peut être saisi pour fixer judiciairement le prix du bien ; le titulaire du droit de préemption doit parallèlement consigner une somme égale à 15 % de l'évaluation faite par le service des Domaines selon l'article L. 213-4-1 du Code de l'urbanisme).

IMPORTANT

Il est recommandé de saisir le service des Domaines durant le premier mois de l'instruction de la DIA, car ce dernier dispose d'un délai d'un mois pour se prononcer. Une saisine durant le deuxième mois pourrait alors compromettre la notification d'une décision de préemption dans le délai de deux mois si ce dernier n'est pas réactif et diligent.

Le titulaire du droit de préemption n'est pas, en principe, lié par l'évaluation du service des Domaines et peut préempter au prix qu'il souhaite sous réserve du statut du titulaire du droit de préemption. Les collectivités territoriales ont ainsi une liberté leur permettant d'acquérir à un prix plus élevé dès lors qu'ils peuvent justifier des motifs d'intérêt général. Cette liberté n'est pas accordée aux établissements publics fonciers d'État qui ne peuvent outrepasser le montant fixé par cet avis[16].

JURISPRUDENCE

Par un arrêt en date du 23 décembre 2014, le Conseil d'État a considéré que la consultation du service des domaines dans ce cadre constituait une garantie, aussi bien pour le titulaire du droit de préemption que pour l'auteur de la déclaration d'intention d'aliéner[17].

Modèle de saisine du service des Domaines

[Par LRAR]

[Madame, Monsieur]

Objet : Déclaration d'intention d'aliéner *<à compléter>* – Article R. 213-21 du Code de l'urbanisme

Le droit de préemption a été institué par une délibération en date du *<à compléter>* sur la commune de *<à compléter>*

(13) Arrêté du 5 décembre 2016 relatif aux opérations d'acquisitions et de prises en location immobilières poursuivies par les collectivités publiques et divers organismes [NOR : ECFE1634125A].

(14) Code de l'urbanisme, art. L. 211-4.

(15) Code de l'urbanisme, art. R. 213-12.

(16) Voir CGPPP, art. R. 1211-6.

(17) CE 23 décembre 2014, n° 364785.

Le <*date*>, une DIA a été reçue par la commune de <*à compléter*> concernant le bien sis <*à compléter*> cadastré <*à compléter*>.

Il s'agit d'une parcelle d'une contenance de <*à compléter*> m^2, supportant <*à compléter*>.

Selon cette déclaration d'intention d'aliéner, ce bien serait vendu [libre/occupé] au prix de <*à compléter*> € [auquel s'ajoute une commission d'agence de <*à compléter*> €].

Le bien se situe en zone <*à compléter*> du plan local d'urbanisme.

Conformément à l'article R. 213-21 du Code de l'urbanisme, je vous saurais gré de bien vouloir me faire part de votre avis concernant le prix indiqué dans cette déclaration d'intention d'aliéner dans le délai réglementaire d'un mois.

Je me tiens à votre disposition pour organiser la visite du bien ou vous fournir toute information complémentaire.

[Formule de politesse]

Pièces jointes :
– Copie de la déclaration d'intention d'aliéner ;
– Plan cadastral.

9.1.4 Motivation et réalité du projet justifiant la préemption

Afin d'interdire toute préemption « d'opportunité », une double obligation pèse sur le titulaire du droit de préemption :
– de forme : la décision doit être motivée ;
– de fond : cette motivation doit faire apparaître un projet réel et préexistant à la date à laquelle la décision de préemption a été prise[18].

9.1.4.1 Motivation de la décision de préemption

Toute décision de préemption doit mentionner l'objet pour lequel ce droit est exercé.

La motivation est une formalité substantielle dont la méconnaissance entache d'illégalité la décision de préemption.

Ainsi, une délibération qui ne mentionnerait pas un tel objet peut être annulée par le juge administratif.

La décision de préemption doit donc énoncer les éléments de fait et de droit pour lesquels la décision de préemption a été prise afin de permettre au propriétaire préempté de connaître les raisons qui ont déterminé le titulaire du droit de préemption à acquérir le bien.

Cependant, il convient de préciser que le Conseil d'État a infléchi sa position en matière de motivation de la décision de préemption, car désormais elle doit simplement révéler la nature et la réalité du projet poursuivi par son auteur.

(18) Code de l'urbanisme, art. L. 210-1.

JURISPRUDENCE

CE 20 novembre 2009, Commune de Noisy-le-Grand, n° 316961

« [...] Considérant qu'il résulte de ces dispositions que les collectivités titulaires du droit de préemption urbain peuvent légalement exercer ce droit, d'une part, si elles justifient, à la date à laquelle elles l'exercent, de la réalité d'un projet d'action ou d'opération d'aménagement répondant aux objets mentionnés à l'article L. 300-1 du code de l'urbanisme, alors même que les caractéristiques précises de ce projet n'auraient pas été définies à cette date et, d'autre part, si elles font apparaître la nature de ce projet dans la décision de préemption ».

Il suffit donc que l'autorité qui préempte décrive succinctement le projet en vue duquel elle exerce son droit de préemption pour que sa décision soit considérée par le juge administratif comme étant suffisamment motivée, sans qu'il soit utile de faire apparaître les caractéristiques précises des constructions devant être édifiées sur la parcelle préemptée, ni de préciser qui conduira l'opération.

Motivation par référence

Une motivation de la décision de préemption par référence à un acte antérieur est autorisée.

Concrètement, cela signifie que la décision de préemption ne mentionnera pas l'objet de la préemption mais se bornera à citer un acte ou une décision antérieure.

La décision de préemption peut se référer à :
– l'acte créant la zone d'aménagement différé si le droit de préemption est exercé à des fins de réserves foncières ;
– la délibération prise pour définir les actions à mettre en œuvre en présence d'un programme local de l'habitat ;
– la délibération prise pour délimiter un périmètre dans lequel la collectivité a décidé d'intervenir pour aménager et améliorer la qualité urbaine.

IMPORTANT

Si la décision de préemption est motivée par référence à un acte, cet acte ne doit pas nécessairement être joint à la décision de préemption mais ce renvoi doit impérativement « permettre de déterminer la nature de l'action ou de l'opération d'aménagement que la collectivité publique entend mener »(19).

9.1.4.2 Réalité du projet

Les droits de préemption sont exercés en vue de la réalisation, dans l'intérêt général, des actions ou opérations répondant aux objets définis à l'article L. 300-1 du Code de l'urbanisme. Ce sont les actions ou opérations d'aménagement ayant pour objet de mettre en œuvre :
– un projet urbain ;
– une politique locale de l'habitat ;
– l'organisation du maintien, de l'extension ou de l'accueil des activités économiques ;
– le développement des loisirs et du tourisme ;
– la réalisation d'équipements collectifs ou de locaux de recherche ou d'enseignement supérieur ;
– la lutte contre l'insalubrité et l'habitat indigne ou dangereux ;
– le recyclage foncier et le renouvellement urbain ;

(19) CE 20 novembre 2009, Commune d'Ivry-sur-Seine, n° 316732.

– la sauvegarde ou la mise en valeur du patrimoine bâti ou non bâti et des espaces naturels ;
– la renaturation ou la désartificialisation des sols.

REMARQUE

La loi « ZAN » du 20 juillet 2023 visant à faciliter la mise en œuvre des objectifs de lutte contre l'artificialisation des sols a introduit un nouvel objectif particulièrement innovant concernant la renaturation des sols. Désormais, le titulaire du droit de préemption peut user de son droit pour rendre le bâti à la nature, sous réserve du caractère réel de son projet.

L'article L. 210-1 du Code de l'urbanisme indique que la décision de préemption doit être exercée pour satisfaire une action ou une opération d'aménagement dont les objectifs sont définis à l'article L. 300-1 du Code de l'urbanisme.

Durant longtemps, le juge administratif adoptait une position stricte en la matière et censurait une décision de préemption lorsque les caractéristiques du projet étaient imprécises.

Mais depuis la décision « Commune de Meung-sur-Loire »(20), le titulaire du droit de préemption n'a plus à démontrer l'existence d'un projet précis et certain à la date d'édiction de sa décision.

En d'autres termes, l'administration doit simplement démontrer que le bien préempté est concerné par un projet préexistant, relevant de l'un des objets visés à l'article L. 300-1 du Code de l'urbanisme.

REMARQUE

La réalité du projet s'apprécie à la date de l'édiction de la décision de préemption et non à la date du dépôt de la déclaration d'intention d'aliéner.

Cette réalité peut être établie « soit par des éléments attestant de l'antériorité du projet, soit par des précédents démontrant qu'il s'insère dans une politique dont il est l'une des manifestations et qui rendent sa réalisation quasi certaine(21) ».

La décision de préemption doit donc simplement décrire la nature du projet, sans qu'il soit nécessairement justifié de la réalisation d'une opération d'aménagement préexistante et sans qu'il soit nécessaire de donner des précisions sur les caractéristiques de l'opération à l'échelle de la parcelle.

Les contraintes de l'administration sont donc moins strictes qu'auparavant, le juge administratif se contentant de vérifier, à partir d'un faisceau d'indices, la réalité du projet.

Cependant, cette « réalité » reste subjective dans son appréciation, car il ne suffit pas que l'opération envisagée réponde aux objectifs énumérés par les dispositions de l'article L. 300-1, il faut qu'à la date à laquelle la décision est prise, un projet soit élaboré ou suffisamment avancé pour témoigner de son existence réelle.

Un certain nombre d'éléments peuvent être pris en compte tels que, par exemple :
– les actions menées par la commune au cours des années précédentes en matière de développement du logement locatif social et dont la poursuite figure au nombre des orientations

(20) CE 7 mars 2008, Commune de Meung-sur-Loire, n° 288371.

(21) R. Hostiou, *Expropriation et préemption*, Litec, 4e éd., 2011, p. 343.

du projet d'aménagement et de développement durable (PADD), et ceci alors même que l'opération n'était pas précisément définie au plan technique(22) ;
– des lettres, notes de service ou discours(23) ;
– une étude de faisabilité de l'opération d'aménagement(24) ;
– les objectifs d'une convention d'intervention foncière passée entre un établissement public foncier et la commune intéressée, les orientations du PADD, les mentions d'un rapport d'étape et une étude de faisabilité(25).

JURISPRUDENCE

Qualification d'une opération d'aménagement pour la réalisation de logements locatifs sociaux

Le Conseil d'État a jugé qu'un projet de construction de trente-cinq logements sociaux, eu égard à son ampleur et à sa consistance, présentait par lui-même le caractère d'une action ou d'une opération d'aménagement et a par nature pour objet la mise en œuvre d'une politique locale de l'habitat nonobstant le fait que la commune ait déjà atteint ses objectifs de production de logements sociaux(26).

Prise en compte d'éléments postérieurs à la décision pour cette qualification et caractère réaliste du projet

Par un arrêt en date du 15 juillet 2020, le Conseil d'État a jugé que la réalité d'un projet d'action ou d'opération d'aménagement motivant une décision de préemption sur le fondement de l'article L. 300-1 du Code de l'urbanisme peut être analysée à la lumière d'évènements postérieurs à son exercice et le projet doit comporter un caractère réaliste(27).

9.1.5 Caractère exécutoire de la décision de préemption

9.1.5.1 Contrôle de légalité

Avant d'être notifiée, la décision de préemption doit nécessairement être transmise au contrôle de légalité afin de devenir exécutoire(28).

Une décision de préemption notifiée régulièrement dans le délai de deux mois mais qui serait reçue en préfecture après ce même délai est irrégulière.

9.1.5.2 Notification de la décision de préemption

La loi ALUR impose désormais que la décision de préemption soit notifiée :
– au vendeur (à tous les vendeurs en cas de pluralité) ;
– au notaire ;
– à l'acquéreur évincé si son nom est régulièrement inscrit dans la DIA.

Une décision de préemption doit obligatoirement être notifiée à toutes les personnes visées ci-dessus dans le délai de deux mois.

(22) CAA Lyon, 6 avril 2010, SCI du centre, n° 08LY00354.
(23) CAA Marseille, 20 novembre 2009, Commune de Villelaure, n° 07MA02480.
(24) CAA Versailles, 18 mai 2010, SCI Guizier, n° 09VE03109
(25) CAA Versailles, 30 janvier 2014, RC Demeures, n° 12VE01488.
(26) CE 2 novembre 2015, n° 374957.
(27) CE 15 juillet 2020, n° 432325.
(28) Code de l'urbanisme, art. L. 210-1.

Par conséquent, si la notification est effectuée par lettre recommandée avec accusé de réception, il faut s'assurer que celle-ci a bien été retirée dans les délais requis. En matière de préemption, le Conseil d'État précise que doit être pris en compte, de manière dérogatoire pour la lettre recommandée avec accusé de réception, « la date à laquelle le pli est présenté pour la première fois »[29].

Il convient de rappeler que le délai de deux mois court à compter de la réception en mairie de la DIA.

Ce délai se compte de quantième à quantième et expire le jour du second mois à minuit.

CONSEIL

Il est recommandé, surtout lorsque le délai de deux mois risque d'expirer, de faire signifier la décision de préemption par voie de commissaire de justice afin de s'assurer de sa date de réception (même en cas d'absence de la personne lors de la visite du commissaire de justice, la date de remise du pli vaudra date de notification si le commissaire de justice s'est assuré que le domicile était exact).

REMARQUE

L'absence de notification de la décision de préemption à l'acquéreur évincé ne rend pas irrégulière la décision de préemption qui conserve son caractère exécutoire. L'absence de notification empêche néanmoins de faire courir le délai contentieux à son encontre.

Le juge administratif considère également que l'absence de notification de la décision de préemption au vendeur n'est pas une cause d'irrégularité sous réserve que le notaire ait reçu ladite notification et qu'il soit le mandataire du vendeur ayant coché la case prévue à cet effet dans le formulaire Cerfa de la DIA.

9.1.5.3 Publication de la décision de préemption

La loi ALUR prévoit également la publication de la décision de préemption.

Lorsque le conseil municipal ou le maire est titulaire du droit de préemption, cet affichage peut se faire régulièrement sur les panneaux de la mairie prévus à cet effet.

Si un établissement public est délégataire du droit de préemption, il peut être envisagé de faire publier l'acte au recueil des actes administratifs de la préfecture.

Les textes législatifs et réglementaires ne précisent ni les modalités de publication ni la sanction en cas d'un éventuel défaut de publication.

Par conséquent, une absence de publication n'aura aucune incidence sur le caractère exécutoire de la décision de préemption qui est une décision individuelle devant être notifiée seulement aux vendeurs, au notaire et, le cas échéant, à l'acquéreur évincé.

La publication n'a pour but que de faire courir le délai de recours vis-à-vis des tiers, voire de l'acquéreur évincé dont le nom ne figurerait pas sur la DIA.

Cette innovation de la loi ALUR permet d'éviter que tout contribuable ou association puisse attaquer, sans délai, la décision de préemption.

(29) CE 10 mai 2017, n° 398736.

9.1.6 Préemption, renonciation ou fixation judiciaire

9.1.6.1 Offre de préemption

Lorsque le titulaire du droit de préemption décide de répondre dans le délai imparti, de deux mois ou plus en cas de suspension de délai, il dispose donc de trois choix alternatifs[30] :

• Soit de renoncer explicitement à l'exercice du droit de préemption dans le délai de deux mois.

Cet acte n'est pas obligatoire mais demeure pratique pour le vendeur qui disposera d'une réponse du titulaire du droit de préemption avant l'échéance du délai de deux mois et pourra donc réaliser sa vente plus rapidement.

Le titulaire du droit de préemption ne pourra plus préempter le bien en cause durant un délai de trois ans, seulement si le vendeur vend son bien au prix de la DIA révisé éventuellement selon l'indice du coût de la construction ;

IMPORTANT

Un retrait de décision de renonciation à l'exercice du droit de préemption est impossible, et ce même dans les délais classiques de retrait des actes administratifs individuels créateurs de droit[31].

La décision de renonciation à préempter est irrévocable pour le bien en cause, au prix fixé par la DIA, et durant un délai de trois ans.

• Soit d'acquérir le bien aux prix et conditions proposés dans la DIA.

Dans cette hypothèse, le vendeur ne pourra plus se délier de la vente projetée, car les deux parties auront donné leur consentement sur le prix et les conditions de la vente. La vente est réputée parfaite.

Cette « préemption au prix » prive donc le vendeur du libre choix de son acquéreur.

Il appartiendra ensuite au titulaire du droit de préemption de payer ou de consigner le prix dans le délai de quatre mois, à défaut le vendeur se trouvera libre d'aliéner le bien[32] ;

• Soit de proposer d'acquérir le bien à un prix différent.

Dans cette hypothèse, le vendeur dispose d'un délai de deux mois pour se prononcer sur l'offre du titulaire du droit de préemption.

9.1.6.2 Réponse du vendeur en cas de contre-offre

Le vendeur pourra alternativement[33] :

– accepter le prix et les conditions proposés par le titulaire du droit de préemption.

La vente sera alors parfaite dès la réception de la décision du vendeur. Elle pourra alors être conclue sous réserve du paiement ou de la consignation du prix dans le délai de quatre mois.

(30) Code de l'urbanisme, art. R. 213-8.

(31) CE 12 novembre 2009, n° 327451.

(32) Voir § 10.2.

(33) Code de l'urbanisme, art. R. 213-10.

– maintenir son prix fixé dans la DIA et accepter qu'il soit fixé par le juge de l'expropriation.

Le titulaire du droit de préemption disposera alors de quinze jours pour saisir le juge de l'expropriation(34).

– renoncer à l'aliénation.

Le propriétaire devra alors nécessairement déposer une nouvelle DIA s'il souhaite à nouveau vendre son bien.

Si le vendeur ne répond pas dans ce délai de deux mois, il sera réputé avoir renoncé implicitement à l'aliénation.

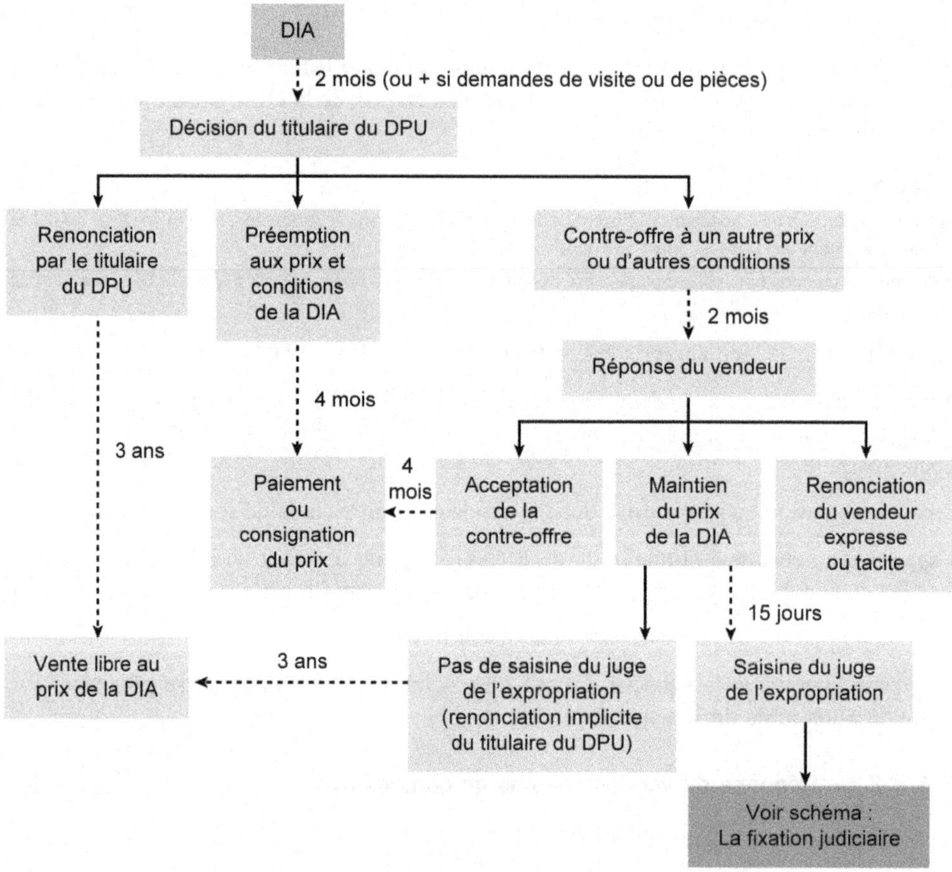

Fig. 9.1. Processus décisionnel

(34) Voir chapitre 10.

9.2 Conséquences d'une annulation ou d'une suspension de la préemption

Le contentieux de la légalité de la décision de préemption est relativement nourri devant le juge administratif.

Comme tout acte déféré au juge administratif, la décision peut faire l'objet d'une suspension *(cf. § 8.2.1)* ou d'une annulation et entraîner des répercussions importantes tant pour le titulaire du droit de préemption que pour le vendeur *(cf. § 8.2.2)*.

9.2.1 Suspension des effets de la décision de préemption

Le vendeur ou l'acquéreur évincé peuvent introduire un référé suspension à l'encontre de la décision de préemption[35].

JURISPRUDENCE

En cas de renonciation à l'aliénation par le vendeur, la décision de préemption continue à produire des effets vis-à-vis de l'acquéreur évincé. Ce dernier dispose donc d'un intérêt à agir à en demander la suspension[36].

Ce recours peut être introduit sous deux conditions :
– l'urgence à suspendre la décision ;
– l'existence d'un moyen propre à créer un doute sérieux sur la légalité de la décision.

REMARQUE

Parallèlement à la demande de suspension, le requérant devra avoir introduit une requête au fond, dont il produira une copie dans le cadre de la procédure de référé.

La condition d'urgence doit en principe être constatée lorsque l'acquéreur évincé demande la suspension d'une décision de préemption.

REMARQUE

La présomption d'urgence peut toutefois être renversée si le titulaire de ce droit justifie de circonstances particulières tenant à l'intérêt qui s'attache à la réalisation rapide du projet qui a donné lieu à l'exercice du droit de préemption. Il appartient alors au juge des référés de procéder à une appréciation objective et globale compte tenu de l'ensemble des circonstances de l'affaire[37].

Cette présomption est également renversée lorsque le vendeur, en cas de désaccord sur le prix, a renoncé, implicitement ou explicitement, à l'aliénation de son bien, empêchant ainsi la collectivité publique titulaire du droit de préemption de l'acquérir.

La caducité de la décision de préemption, en l'absence de paiement ou de consignation du prix de vente dans le délai de quatre mois conformément à l'article L. 213-14 du Code de l'urbanisme, est également un cas d'inversion de la présomption d'urgence dont bénéficie l'acquéreur évincé[38].

(35) CJA, art. L. 521-1.

(36) CE 12 novembre 2007, Société Globe Invest, n° 295798.

(37) CE 28 février 2001, Préfet des Alpes-Maritimes, n° 229562.

(38) CE 29 juin 2020, n° 435502.

Lorsque le vendeur sollicite la suspension de la décision de préemption devant le juge des référés, celui-ci doit démontrer que l'exécution de cette décision porte atteinte de manière suffisamment grave et immédiate à sa situation.

JURISPRUDENCE

CE 14 novembre 2003, n° 258248

« [...] Considérant que l'urgence justifie que soit prononcée la suspension d'un acte administratif lorsque l'exécution de celui-ci porte atteinte de manière suffisamment grave et immédiate à un intérêt public, à la situation du requérant ou aux intérêts qu'il entend défendre ; qu'il appartient au juge des référés d'apprécier concrètement, au vu des justifications fournies par le requérant, si les effets de l'acte litigieux sont de nature à caractériser une urgence justifiant que, sans attendre le jugement de la requête au fond, l'exécution de la décision soit suspendue ».

Par conséquent, pour que la condition d'urgence soit considérée comme remplie, le vendeur doit démontrer concrètement que sa situation financière est précaire et que l'absence d'une vente à court terme lui causerait un préjudice financier suffisamment important.

EXEMPLE

Lorsque le vendeur doit assumer les frais d'une succession, rembourser des emprunts, des dettes ou encore faire face à une liquidation judiciaire, la condition d'urgence doit être regardée comme remplie.

9.2.2 Annulation

Le délai de recours contentieux contre une décision de préemption est de deux mois à partir de sa notification sous réserve qu'elle mentionne les voies et délais de recours.

L'annulation d'une décision de préemption par le juge administratif emporte diverses conséquences pour le titulaire du droit de préemption.

9.2.2.1 Interdiction de préempter pendant un an

Lorsque la décision de préemption a été définitivement annulée par le juge administratif, c'est-à-dire lorsque les délais de recours contentieux sont entièrement expirés, et qu'il n'y a pas eu transfert de propriété, le vendeur dispose d'un délai d'un an pour vendre son bien(39) :
– à la personne de son choix ;
– aux prix et aux conditions qu'il décide librement, sans tenir compte de la DIA qu'il a précédemment déposée.

Si un acte authentique n'a pas été conclu dans ce délai d'un an à compter de la date de la décision définitive, le vendeur devra déposer une nouvelle DIA s'il souhaite aliéner son bien et le titulaire du droit de préemption recouvrera la faculté d'exercer son droit.

9.2.2.2 Obligation de restituer ou de vendre le bien et ses limites

Lorsque la décision de préemption est annulée (la procédure devant le juge administratif peut durer plusieurs années) mais que le bien a fait l'objet d'un transfert de propriété, le

(39) Code de l'urbanisme, art. L. 213-8, alinéa 5.

titulaire du droit de préemption sera contraint de proposer la revente du bien au vendeur ou à l'acquéreur évincé(40).

Le Conseil d'État avait admis qu'en cas d'annulation de la décision de préemption, le juge administratif pouvait enjoindre, lorsqu'il était saisi de conclusions en ce sens, au titulaire du droit de préemption de proposer à l'acquéreur évincé puis, le cas échéant, au propriétaire initial d'acquérir le bien, au prix et aux conditions de la vente consécutive à la décision de préemption(41).

Concrètement, si le transfert de propriété avait été effectué et que l'acquéreur évincé avait obtenu l'annulation de la décision de préemption, ce dernier pouvait obtenir rapidement par injonction du juge administratif, la rétrocession du bien préempté à son profit, au prix de la précédente vente, et l'interdiction pour le titulaire du droit de préemption de revendre le bien à un tiers.

Toutefois, la loi « ALUR » a inversé cette solution prétorienne et a donc rallongé inutilement cette procédure.

Désormais, en cas d'annulation de la décision de préemption et si le transfert de propriété a déjà été effectué, le titulaire du droit de préemption devra proposer en priorité aux anciens propriétaires ou à leurs héritiers, l'acquisition du bien.

Les anciens propriétaires ou leurs héritiers disposeront d'un délai de trois mois à compter de la notification de la décision juridictionnelle devenue définitive pour accepter expressément l'acquisition.

Ce n'est que dans l'hypothèse où les anciens propriétaires renoncent expressément ou tacitement, dans le délai de trois mois, à l'acquisition que le titulaire du droit de préemption devra proposer l'acquisition à l'acquéreur évincé si son nom était bien inscrit dans la DIA.

Le juge de l'expropriation est compétent en cas de litige sur le prix de la rétrocession du bien.

IMPORTANT

Cas de la revente du bien avant l'annulation de la décision de préemption

Si le titulaire du droit de préemption a cédé le bien acquis par préemption avant que la décision de préemption soit annulée, le juge administratif n'est plus compétent pour ordonner la rétrocession.

La dualité d'ordre de juridiction impose donc une procédure particulièrement contraignante à l'acquéreur évincé qui devra se tourner vers le juge judiciaire (après avoir obtenu l'annulation de la décision de préemption devant le juge administratif) pour une action en nullité de la vente passée entre le tiers et le titulaire du droit de préemption.

Il est à noter que par un arrêt en date du 7 septembre 2022, la Cour de cassation a fixé comme principe que, lorsqu'après s'être acquitté de son obligation de proposer l'acquisition du bien à l'ancien propriétaire, qui y a renoncé, le titulaire du droit de préemption propose cette acquisition à l'acquéreur évincé, qui l'accepte, celui-ci n'est plus recevable à demander l'annulation de la vente conclue avec l'ancien propriétaire, et ce à compter de la date de la conclusion de la promesse de vente(42).

(40) Code de l'urbanisme, art. L. 213-11-1.

(41) CE 26 février 2003, Bour, n° 231558.

(42) Cass. 3e civ., 7 septembre 2022, n° 21-12.114, *Bulletin*.

JURISPRUDENCE

Conséquences de l'annulation d'une décision de préemption

Par un arrêt en date du 28 septembre 2020, le Conseil d'État a énoncé les conséquences de l'annulation d'une décision de préemption dans la continuité de la décision du Tribunal des conflits du 12 juin 2017(43) qui a clarifié la répartition des compétences entre juge administratif et juge judiciaire après les modifications apportées par la loi « ALUR » du 24 mars 2014. Le Conseil d'État indique ainsi que le juge administratif est compétent pour prononcer des injonctions, le cas échéant sous astreinte, au titulaire du droit de préemption dont la décision a été annulée afin que celui-ci propose l'acquisition du bien à l'ancien propriétaire ou à l'acquéreur évincé, sous réserve que le rétablissement de la situation initiale ne porte pas une atteinte excessive à l'intérêt général(44).

Recours d'un acquéreur évincé non mentionné dans une DIA

Par un arrêt en date du 28 septembre 2020, le Conseil d'État a considéré que l'acquéreur évincé pourtant non mentionné dans une DIA est recevable à saisir le juge administratif afin que ce dernier enjoigne la collectivité de lui proposer l'acquisition du bien, après l'annulation de la décision de préemption(45).

9.2.2.3 Responsabilité du titulaire du droit de préemption

Dans l'hypothèse où la décision d'annulation deviendrait définitive, le titulaire du droit de préemption pourra voir sa responsabilité engagée à travers une action en dommages et intérêts peu importe que l'acquéreur ait accepté ou non la restitution du bien.

Cependant, l'octroi de dommages et intérêts est conditionné par le motif d'annulation retenu par le juge administratif.

Lorsque le motif d'annulation réside dans l'absence ou l'insuffisance de motivation ou dans un autre vice procédural, il a été précisé que même si cette illégalité constituait bien une faute de nature à engager la responsabilité de l'administration, elle ne créait aucun préjudice, car la même décision aurait pu être légalement justifiée. Toute illégalité fautive n'entraîne donc pas nécessairement la responsabilité du titulaire du droit de préemption.

JURISPRUDENCE

Le Conseil d'État l'a rappelé au regard du vice d'incompétence en matière de préemption, estimant qu'il appartenait au juge administratif de rechercher, en forgeant sa conviction au vu de l'ensemble des éléments produits par les parties, si la même décision aurait pu légalement intervenir et aurait été prise, dans les circonstances de l'espèce, par l'autorité compétente. Dans le cas où il juge qu'une même décision aurait été prise par l'autorité compétente, le préjudice allégué ne peut alors être regardé comme la conséquence directe du vice d'incompétence qui entachait la décision administrative illégale(46).

A contrario, si la décision de préemption est annulée pour défaut de projet réel, l'acquéreur évincé pourra solliciter la réparation de son préjudice.

Plusieurs chefs de préjudice peuvent être indemnisés par le juge administratif ; à titre d'exemples non exhaustifs, on peut citer :
– la perte des revenus engendrés par le produit de la vente ;
– la réalisation d'une moins-value sur le prix de vente de l'immeuble ;
– l'échec de la vente.

(43) Tribunal des conflits, 12 juin 2017, n° 4085.

(44) CE 28 septembre 2020, n° 436978.

(45) CE 28 septembre 2020, n° 432063.

(46) CE 13 novembre 2023, n° 466959.

CHAPITRE 10

Fixation judiciaire du prix

Les dispositions relatives à la procédure de fixation judiciaire du prix *(cf. § 10.1)* sont communes à celles gouvernant la fixation judiciaire des indemnités d'expropriation avec toutefois quelques spécificités prévues par le Code de l'urbanisme.

En outre, comme le processus décisionnel de préemption, les conditions de transfert de propriété et du paiement du prix sont enfermées dans des délais contraints *(cf. § 10.2)*.

10.1 Intervention du juge de l'expropriation

Le juge de l'expropriation doit être saisi dans un délai de quinze jours *(cf. § 10.1.1)*. Le titulaire du droit de préemption doit ensuite consigner 15 % du prix évalué par le service des Domaines *(cf. § 10.1.2)*.

Durant la procédure, le juge de l'expropriation organise un transport sur les lieux *(cf. § 10.1.3)* et le représentant du service des impôts appelé « commissaire du gouvernement » va donner son avis sur l'évaluation du bien préempté *(cf. § 10.1.4)*.

Le prix est évalué par le juge *(cf. § 10.1.5)* dans un jugement motivé *(cf. § 10.1.6)* qu'il convient de signifier par commissaire de justice pour faire courir les délais d'appel *(cf. § 10.1.7)*.

Lorsque la décision est devenue définitive, les parties disposent de deux mois pour renoncer à l'aliénation *(cf. § 10.1.8)*.

10.1.1 Saisine du juge dans le délai de quinze jours

À compter de la réception de la réponse du propriétaire souhaitant maintenir son prix de vente, qui doit intervenir dans un délai de deux mois suivant la notification de la décision de préemption, le titulaire du droit de préemption urbain peut demander au juge de l'expropriation de fixer judiciairement le prix du bien.

La saisine doit être impérativement faite dans un délai de quinze jours[1]. À défaut, le titulaire du droit de préemption est réputé avoir renoncé à l'aliénation et le vendeur sera libre de réaliser la vente selon les conditions de la DIA durant le délai de trois ans.

IMPORTANT

Les formalités de la saisine du juge de l'expropriation sont les suivantes :
- délai impératif de quinze jours ;
- envoi en double exemplaire du mémoire de saisine au greffe des expropriations du tribunal judiciaire par lettre recommandée avec accusé de réception ;
- envoi, le même jour, du mémoire de saisine à l'ensemble des propriétaires-vendeurs avec reproduction impérative dans le courrier des dispositions des articles R. 311-11, R. 311-12, R. 311-13 alinéa 1er, et R. 311-22 du Code de l'expropriation pour cause d'utilité publique.

La procédure devant le juge de l'expropriation est écrite. Depuis le 1er janvier 2020, la constitution d'avocat est obligatoire, sauf pour l'État, les collectivités territoriales et leurs établissements publics qui peuvent se faire assister ou représenter par un fonctionnaire ou un agent de leur administration.

IMPORTANT

Tout écrit ou mémoire déposé par le vendeur qui n'aurait pas constitué d'avocat sera jugé irrecevable par le juge de l'expropriation.

Modèle de courrier de notification de mémoire de saisine au greffe du juge de l'expropriation

Madame, Monsieur, le juge de l'expropriation,

Conformément aux articles L. 213-4, R. 213-10 et R. 213-11 du Code de l'urbanisme, j'ai l'honneur de vous saisir aux fins de fixation du prix d'acquisition dû à *<nom>* pour le bien cadastré section *<références cadastrales>* sis *<adresse>* à *<ville>*.

Vous trouverez sous ce pli en double exemplaire le mémoire et les pièces que je leur notifie par courrier recommandé en date du *<à compléter>*.

Vous remerciant de bien vouloir donner à la présente les suites qu'elle requiert,

<formule de politesse>

(1) Code de l'urbanisme, art. R. 213-11.

REMARQUE

Le défendeur dispose d'un délai de six semaines à compter de la notification du mémoire du demandeur pour adresser à celui-ci son mémoire en réponse. Les mémoires comportent un exposé des moyens des conclusions indiquant le prix proposé, et doivent être notifiés à la partie adverse, au plus tard la veille de l'audience.

En pratique, si le propriétaire répond au-delà du délai de six semaines, ses arguments seront pris en compte par le juge de l'expropriation. Cependant, en appel les délais prescrits sont impératifs.

10.1.2 Consignation

Le titulaire du DPU doit consigner 15 % de l'évaluation mentionnée dans l'avis du service des Domaines, après avoir saisi le juge de l'expropriation(2).

Cette consignation est réalisée auprès de la Caisse des dépôts et consignations sur simple présentation du courrier de saisine du juge de l'expropriation.

IMPORTANT

Informations pratiques sur les modalités de la consignation

Les pièces à transmettre lors de cette consignation sont(3) :
- la déclaration de consignation remplie et signée ;
- le paiement par chèque ou virement ;
- la décision de préemption ;
- le courrier de saisine du juge de l'expropriation ;
- l'avis du service des Domaines.

L'autorité préemptrice doit obligatoirement notifier le récépissé de consignation, dans un délai de trois mois, au juge de l'expropriation et au vendeur.

L'absence de notification de ce récépissé dans le délai de trois mois correspond à un nouveau motif de renonciation implicite à l'exercice du droit de préemption.

REMARQUE

La procédure de consignation est désormais entièrement dématérialisée par la Caisse des dépôts et consignations : https://consignations.caissedesdepots.fr/organisme-public/amenagement-developpement-economique/preemption.

(2) Code de l'urbanisme, art. L. 213-4-1.

(3) Pour plus d'informations : http://consignations.caissedesdepots.fr/preemption.html.

Caisse des Dépôts
SERVICES BANCAIRES
www.consignations.caissedesdepots.fr

Déclaration de Consignation

Cadre réservé à la Caisse des Dépôts

N° de consignation (si nouvelle consignation)

Catégorie

Nom : ....

(1) N° de consignation si déjà ouverte

Somme versée (2) : ....
(en chiffres)

Date : ....

Nom et adresse (à mentionner très lisiblement dans l'encadré ci-contre)

M. ....

CODE POSTAL — VILLE OU PAYS

Qualité de la partie versante
- A consigné en qualité de ....
- Les deniers de ....

Rayer le cas échéant la mention inutile
- la somme de (en toutes lettres) ....
- les valeurs ou titres ci-après (joindre le relevé de portefeuille ou la liste détaillée) ....

en cas de notice jointe, s'y reporter impérativement pour remplir cette partie

Motif de la consignation : ....

Charges (hypothèques, privilèges, nantissements...) ❑ oui ❑ non
Oppositions (saisies conservatoires, saisies attribution, ATD...) ❑ oui ❑ non
joindre les pièces justificatives

Liste des bénéficiaires : ❑ oui ❑ non Joindre la liste (en double exemplaire si liste papier)

Modalités de déconsignation : ....

Si la consignation constitue un cautionnement, les intérêts sont payables annuellement sur demande.

Signature du déposant

Récépissé (3)
attestant de la bonne réception des fonds

Cadre réservé à la Caisse des Dépôts

N° du récépissé

Cachet :

Signature du représentant de la Caisse des Dépôts :

Date :

DBR-08-C48

(1) Information à reporter sur cette ligne, par les soins du déposant si une consignation a été précédement ouverte pour le même dossier.
(2) A remplir par le déposant.
(3) Sous réserve d'encaissement, en cas de paiement par chèque.

Fig. 10.1. Déclaration de consignation

10.1.3 Transport sur les lieux

Le juge de l'expropriation transmet au titulaire du droit de préemption une ordonnance fixant la date de transport sur les lieux(4).

REMARQUE

L'édiction de cette ordonnance est très variable selon l'engorgement des greffes des tribunaux. Certaines juridictions de l'expropriation de tribunaux judiciaires d'Île-de-France fixent des transports sur les lieux parfois douze à dix-huit mois après leur saisine.

IMPORTANT

Il appartient au titulaire du droit de préemption de notifier cette ordonnance de transport sur les lieux au commissaire du gouvernement et à la partie adverse.

Cette visite se déroule généralement dans un délai de l'ordre de deux mois à compter de l'édiction de cette ordonnance et, en tout état de cause, postérieurement au délai de six semaines laissé au défendeur pour déposer son mémoire en défense.

Modèle de courrier de notification de l'ordonnance de visite des lieux

Madame, Monsieur,

Par une requête adressée au greffe des expropriations du tribunal judiciaire de *<ville>* le *<date>*, *<nom>* a saisi le juge de l'expropriation aux fins de fixation du prix, en votre qualité de *<propriétaire/propriétaire indivis/copropriétaire>*, pour la parcelle cadastrée section *<références cadastrales>* sis *<adresse>* à *<ville>*.

Conformément aux dispositions de l'article R. 311-15 du Code de l'expropriation pour cause d'utilité publique, je vous prie de bien vouloir trouver ci-joint, pour notification, l'ordonnance de transport sur les lieux rendue le *<date>* par le juge de l'expropriation.

Il ressort des termes de cette ordonnance qu'il sera procédé à l'audition des parties à *<ville>* le *<date>* à *<heure>*, suivie immédiatement de la visite des lieux dont il s'agit.

<formule de politesse>

REMARQUE

La visite sur les lieux est une étape importante dans la procédure de fixation du prix, car le juge de l'expropriation va apprécier l'état du bien directement sur les lieux et vérifier ainsi les informations transmises par les parties.

Il dresse un procès-verbal de la visite qui sera annexé au jugement. Toute remarque pourra ainsi être consignée dans ce procès-verbal sur une simple demande orale faite auprès du juge de l'expropriation lors du transport.

Le procès-verbal de transport sur les lieux a une importance majeure en cas d'appel, car la chambre des expropriations de la cour d'appel ne se déplace pas sur les lieux. Il est donc important, durant le transport, de faire consigner tous les éléments utiles pour l'estimation finale du bien.

(4) Code de l'expropriation, art. R. 311-15.

10.1.4 Commissaire du gouvernement

Le directeur des finances publiques ou son représentant exerce les fonctions de commissaire du gouvernement durant la procédure judiciaire d'expropriation afin d'apporter des éléments d'information à la juridiction.

Il propose une évaluation motivée du prix du bien, ainsi que les références justifiant leur montant et les raisons pour lesquelles les éléments non pertinents ont été écartés.

Ses conclusions doivent, sous peine d'irrecevabilité, être notifiées aux parties au moins huit jours avant la visite des lieux.

REMARQUE

Si les conclusions ne sont pas favorables à une partie, celle-ci pourra donc soulever leur irrecevabilité si elles n'ont effectivement pas été notifiées au moins huit jours avant la visite.

Le commissaire du gouvernement a le même statut que les parties durant la procédure et peut répondre, autant de fois qu'il est nécessaire, aux écritures des parties jusqu'au jour de l'audience.

10.1.5 Fixation du prix du bien

10.1.5.1 Date d'appréciation et date de référence

L'estimation du bien préempté doit être réalisée à la date de la décision de première instance, en fonction de son usage effectif à la date de référence, qui est antérieure à celle de l'estimation(5).

REMARQUE

La date de référence est en principe celle à laquelle est devenu opposable aux tiers le plus récent des actes rendant public, approuvant, révisant ou modifiant le plan d'occupation des sols, ou approuvant, révisant ou modifiant le plan local d'urbanisme et délimitant la zone dans laquelle est situé le bien(6).

Concrètement, les dispositions d'urbanisme à prendre en compte seront celles contenues dans le dernier document d'urbanisme approuvé ou modifié par la commune ou l'EPCI compétent en cas de document d'urbanisme intercommunal.

Il en résulte que le juge de l'expropriation ne peut donc pas prendre en considération un élément de plus-value inexistant à la date du jugement, tel un futur projet d'aménagement par exemple.

10.1.5.2 Méthodes d'évaluation

La méthode d'évaluation par comparaison est la plus couramment utilisée. Elle consiste à mettre en parallèle le bien à évaluer avec des biens présentant des caractéristiques proches et bénéficiant d'une situation géographique comparable.

(5) Code de l'urbanisme, art. L. 213-4.

(6) Code de l'expropriation, art. L. 322-2.

Il appartient aux parties et au commissaire du gouvernement de soumettre au juge les termes de la comparaison.

Le juge de l'expropriation devra justifier les raisons qui l'ont conduit à retenir ceux conservés et soumis aux débats.

Chaque propriétaire dont le bien est en cours de fixation judiciaire peut demander à l'administration fiscale des éléments d'information qu'elle détient au sujet des valeurs foncières déclarées à l'occasion des mutations intervenues dans les cinq dernières années.

L'article L. 135B du Livre des procédures fiscales permet ainsi de réduire l'inégalité de fait entre l'administration préemptrice et le propriétaire qui ne dispose pas *a priori* d'éléments d'informations sur les transactions immobilières en la matière.

REMARQUE

Les rapports « d'expert immobilier » peuvent être écartés par le juge de l'expropriation s'ils ne comportent pas de termes de comparaison pertinents ou de références de publication permettant d'identifier les mutations afin de respecter le principe du contradictoire.

Les références issues des bases des notaires « Base BIEN » ou « Base PERVAL », ou encore la base de données ETALAB en accès libre, doivent également être écartées s'il n'est produit aucune référence de publication permettant de s'assurer de la réalité de cette vente.

REMARQUE

La méthode promoteur est écartée par le juge de l'expropriation puisqu'elle ne permet pas de tenir compte de la consistance du bien au moment où il statue. Il s'agit d'une méthode aléatoire, dépendant pour partie de la marge bénéficiaire fixée par l'aménageur et des frais de commercialisation et de publicité pouvant sensiblement varier d'une opération à l'autre.

La méthode par la valeur de récupération foncière est également utilisée en présence de bâti très dégradé lorsque la valeur des constructions est nettement inférieure à celle du terrain. Le terrain est alors évalué comme un terrain nu, puis, on y soustrait les frais de démolition.

La méthode d'évaluation par le revenu peut également être utilisée en présence d'immeubles locatifs, productifs de revenus. La valeur de l'immeuble dépend alors de la durée du bail, du loyer et du taux de capitalisation retenu.

REMARQUE

Le taux de capitalisation consiste en un pourcentage qui correspond au rapport existant entre le revenu de l'immeuble et sa valeur vénale.

Le choix de ce taux rend en pratique souvent difficile la mise en œuvre de cette méthode lui conférant un caractère aléatoire. Elle est de *facto* peu retenue par le juge de l'expropriation.

Le recours à d'autres méthodes d'évaluation est possible en fonction des caractéristiques particulières des biens.

Le juge de l'expropriation peut, après avoir retenu une valeur de référence, la majorer ou encore la minorer en y appliquant un abattement en fonction des caractéristiques propres du bien.

Les éléments susceptibles d'entraîner une majoration du prix du bien sont, à titre d'exemples non exhaustifs :
– l'évaluation du terrain en tant que terrain à bâtir ;
– une localisation privilégiée du bien (accès facilité aux commerces, aux transports en commun, etc.) ;
– le bon état du bâtiment.

Les éléments susceptibles d'entraîner une minoration du prix du bien sont, à titre d'exemples non exhaustifs :
– la vétusté ;
– la présence d'occupants et de baux ;
– l'encombrement de la parcelle ;
– la présence de servitudes administratives.

10.1.6 Audience et jugement

Selon la pratique de la juridiction de l'expropriation, l'audience peut se tenir immédiatement après le transport sur les lieux ou dans un délai fixé par le juge à l'issue du transport(7).

La procédure est écrite, tous les éléments de fait et de droit doivent avoir été indiqués dans les mémoires préalablement.

Le jugement doit être motivé et le juge doit préciser quelles sont les raisons qui l'on conduit à retenir ou à écarter certains termes de comparaison.

Le juge de l'expropriation statue dans la limite des prétentions des parties et ne peut pas fixer un prix inférieur ou supérieur aux prétentions des parties et du commissaire du gouvernement(8).

REMARQUE

En première instance, le titulaire du droit de préemption est toujours condamné aux dépens de l'instance et éventuellement au paiement des frais irrépétibles (frais d'avocat fixés forfaitairement par le juge) pour des raisons d'équité conformément à l'article L. 312-1 du Code de l'expropriation pour cause d'utilité publique.

Le jugement doit obligatoirement être signifié par voie de commissaire de justice à la partie adverse ainsi qu'au commissaire du gouvernement(9).

Il appartient à la partie la plus diligente de signifier le jugement.

IMPORTANT

Tant que la signification n'est pas effectuée, le jugement n'est pas définitif. Les délais d'appel et ceux relatifs au transfert de propriété ne courent pas.

L'acte de signification par le commissaire de justice doit reproduire certains articles du Code de l'expropriation pour cause d'utilité publique et du Code de procédure civile.

(7) Code de l'expropriation, art. R. 311-18,

(8) Code de l'expropriation, art. R. 311-22, alinéa 1er.

(9) Code de l'expropriation, art. R. 311-30.

Modèle d'acte de signification d'un jugement de fixation judiciaire

SIGNIFICATION DE JUGEMENT À PARTIE

L'AN DEUX MILLE <*à compléter*> et le <*date*> :

À la requête de :

La commune de <*à compléter*>

J'ai, commissaire de justice soussigné, signifié et en tête des présentes, laissé copie certifiée conforme à :

<*nom*>, demeurant <*adresse*> à <*ville*>

Où étant et parlant à :

D'un jugement contradictoirement rendu entre les parties susdénommées par le juge de l'expropriation du tribunal judiciaire de <*ville*> le <*date*> (RG <*numéro*>), notifié à Avocat le <*date*> qui a fixé à <*montant*> euros, le prix d'acquisition dans le cadre de l'exercice du droit de préemption du bien cadastré section <*références cadastrales*> sis <*adresse*> à <*ville*> appartenant à <*nom*>.

Étant précisé qu'appel peut être interjeté dans le délai d'un mois devant la cour d'appel de <*ville*> dans les conditions fixées par les textes ci-après reproduits.

Si vous entendez exercer ce recours, vous devez charger un Avocat admis à postuler devant la Cour d'appel de <*ville*> afin d'accomplir les formalités nécessaires avant l'expiration de ce délai.

– Article 559 du Code de procédure civile :

« En cas d'appel principal dilatoire ou abusif, l'appelant peut être condamné à une amende civile d'un maximum de 10 000 euros, sans préjudice des dommages-intérêts qui lui seraient réclamés. Cette amende, perçue séparément des droits d'enregistrement de la décision qui l'a prononcée, ne peut être réclamée aux intimés. Ceux-ci peuvent obtenir une expédition de la décision revêtue de la formule exécutoire sans que le non-paiement de l'amende puisse y faire obstacle. »

– Article 642 du Code de procédure civile :

« Tout délai expire le dernier jour à vingt-quatre heures.

Le délai qui expirerait normalement un samedi, un dimanche ou un jour férié ou chômé est prorogé jusqu'au premier jour ouvrable suivant. »

– Article 643 du Code de procédure civile :

« Lorsque la demande est portée devant une juridiction qui a son siège en France métropolitaine, les délais de comparution, d'appel, d'opposition, de recours en révision et de pourvoi en cassation sont augmentés de :

1. Un mois pour les personnes qui demeurent dans un département d'outre-mer ou dans un territoire d'outre-mer ;

2. Deux mois pour celles qui demeurent à l'étranger. »

– Article R. 311-24 du Code de l'expropriation pour cause d'utilité publique :

« Les décisions rendues en première instance ne sont pas susceptibles d'opposition.

L'appel est interjeté par les parties ou par le commissaire du Gouvernement dans le délai d'un mois à compter de la notification du jugement, par déclaration faite ou adressée par lettre recommandée au greffe de la cour. La déclaration d'appel est accompagnée d'une copie de la décision.

Le commissaire du Gouvernement peut être suppléé soit par un directeur départemental ou régional des finances publiques compétent pour procéder aux évaluations dans le département où est situé l'immeuble, soit par des fonctionnaires de l'administration chargée des domaines qu'il désigne spécialement à cet effet.

Il est fait application des dispositions de l'article 936 du code de procédure civile aux parties et au commissaire du Gouvernement. »

– Article R. 311-25 du Code de l'expropriation pour cause d'utilité publique :

« L'appel du jugement fixant les indemnités n'est pas suspensif.

Le jugement fixant les indemnités rendu avant que l'ordonnance d'expropriation soit devenue définitive ne peut être exécuté avant le transfert de propriété. »

– Article R. 311-26 du Code de l'expropriation pour cause d'utilité publique :

« À peine de caducité de la déclaration d'appel, relevée d'office, l'appelant dépose ou adresse au greffe de la cour ses conclusions et les documents qu'il entend produire dans un délai de trois mois à compter de la déclaration d'appel.

À peine d'irrecevabilité, relevée d'office, l'intimé dépose ou adresse au greffe de la cour ses conclusions et les documents qu'il entend produire dans un délai de trois mois à compter de la notification des conclusions de l'appelant. Le cas échéant, il forme appel incident dans le même délai et sous la même sanction.

L'intimé à un appel incident ou à un appel provoqué dispose, à peine d'irrecevabilité relevée d'office, d'un délai de trois mois à compter de la notification qui lui en est faite pour conclure.

Le commissaire du Gouvernement dépose ou adresse au greffe de la cour ses conclusions et l'ensemble des pièces sur lesquelles il fonde son évaluation dans le même délai et sous la même sanction que celle prévue au deuxième alinéa.

Les conclusions et les documents sont produits en autant d'exemplaires qu'il y a de parties, plus un.

Le greffe notifie à chaque intéressé et au commissaire du Gouvernement, dès leur réception, une copie des pièces qui lui sont transmises. »

– Article R. 311-27 du Code de l'expropriation pour cause d'utilité publique :

« Les parties et le commissaire du Gouvernement sont convoqués à l'audience par le greffe.

Les parties sont tenues de constituer avocat dans les conditions de l'article R. 311-9. »

– Article R. 311-28 du Code de l'expropriation pour cause d'utilité publique :

« La cour d'appel statue sur mémoires. Les parties et le commissaire du Gouvernement peuvent toutefois développer lors de l'audience les éléments des conclusions qu'ils ont présentés. »

– Article R. 311-29 du Code de l'expropriation pour cause d'utilité publique :

« Sous réserve des dispositions de la présente section et des articles R. 311-19, R. 311-22 et R. 312-2 applicables à la procédure d'appel, la procédure devant la cour d'appel statuant en matière d'expropriation est régie par les dispositions du titre VI du livre II du code de procédure civile. »

10.1.7 Appel

Chaque partie peut interjeter appel, ainsi que le commissaire du gouvernement, dans le délai d'un mois suivant la signification du jugement.

La déclaration d'appel doit être effectuée par un avocat admis à postuler dans le ressort de la cour d'appel conformément à l'article R. 311-27 du Code de l'expropriation pour cause d'utilité publique, sauf pour l'État, les collectivités territoriales et leurs établissements publics qui sont dispensés de cette formalité.

IMPORTANT

La déclaration d'appel doit être faite ou adressée par lettre recommandée au greffe de la cour. Les avocats peuvent également la notifier *via* le réseau électronique des avocats (RPVA).

Les conclusions d'appelant doivent ainsi être déposées dans le délai de trois mois et celles de l'intimé et du commissaire du gouvernement dans le délai de trois mois suivant celles de l'appelant. Les écritures sont transmises au greffe de la cour en autant de copies qu'il y a de parties, plus une[(10)].

L'intimé à un appel incident dispose d'un délai de trois mois pour y répondre.

Contrairement à la procédure de première instance, en appel, c'est le greffe qui se charge des notifications aux parties.

JURISPRUDENCE

Il convient d'être particulièrement vigilant durant la procédure d'appel à bien introduire tous les éléments de fait et de droit dès le mémoire d'appelant et d'y annexer l'ensemble des pièces nécessaires à son argumentation. Le juge refuse de prendre en compte les demandes nouvelles ou les pièces communiquées au-delà du délai de trois mois après le dépôt de la déclaration d'appel[(11)].

REMARQUE

Depuis le 1er janvier 2015, l'audience en formation collégiale de la chambre des expropriations n'est plus composée uniquement de juges de l'expropriation, ce qui posait des difficultés pratiques compte tenu du fait qu'il existe un seul juge de l'expropriation par département.

(10) Code de l'expropriation, art. R. 311-26.

(11) Cass. 3e civ., 29 février 2012, n° 10-27346.

10.1.8 Renonciation

10.1.8.1 Renonciation en cours de procédure

Le titulaire du droit de préemption peut décider à tout moment de la procédure de renoncer à l'exercice de son droit de préemption(12).

La conséquence immédiate de cette renonciation est que le vendeur pourra vendre au prix indiqué dans la DIA, éventuellement révisé en fonction de l'indice du coût de la construction, pendant un délai de trois ans à compter de la renonciation de l'autorité préemptrice(13).

IMPORTANT

Le vendeur n'est pas libre de vendre à n'importe quel prix mais uniquement à celui figurant dans la DIA.

Le vendeur peut également renoncer pendant la procédure à vendre son bien ce qui rend la procédure en fixation judiciaire du prix sans objet(14).

Le vendeur devra donc édicter une nouvelle DIA s'il souhaite à nouveau aliéner son bien.

10.1.8.2 Renonciation après fixation judiciaire

Après la fixation judiciaire du prix par le juge de l'expropriation, les parties peuvent toujours renoncer à la vente si le prix ne leur convient pas dans un délai de deux mois(15).

Pour le vendeur, la conséquence d'une renonciation sera toujours la même : il devra déposer une nouvelle DIA en cas de futur projet de vente.

Si le titulaire du droit de préemption renonce après la fixation judiciaire du prix, il ne pourra plus préempter le bien durant un délai de cinq ans, alors que ce délai n'est que de trois ans en cas de renonciation avant la fixation judiciaire(16).

Le vendeur sera ainsi libre de vendre son bien durant ce délai avec l'obligation toutefois de vendre au prix du jugement éventuellement révisé en fonction de l'indice du coût de la construction.

REMARQUE

La renonciation du titulaire du droit de préemption après fixation judiciaire peut parfois être préjudiciable au vendeur qui a obtenu un prix auprès du juge de l'expropriation satisfaisant élevé. Après la procédure, il peut se retrouver sans acquéreur pour un tel prix auquel il est contraint de vendre le bien durant un délai de cinq ans.

JURISPRUDENCE

Par un arrêt en date du 13 juin 2022, le Conseil d'État a jugé de manière inédite que, dans certaines circonstances, la renonciation du titulaire du droit de préemption à acquérir l'immeuble après exercice du droit de préemption peut constituer un préjudice grave revêtant un caractère spécial pouvant justifier l'engagement de sa responsabilité sans faute(17).

---

(12) Code de l'urbanisme, art. L. 213-7, alinéa 1er.

(13) Code de l'urbanisme, art. L. 213-8, alinéa 1er.

(14) Code de l'urbanisme, art. L. 213-8, alinéa 2.

(15) Code de l'urbanisme, art. L. 213-7.

(16) Code de l'urbanisme, art. L. 213-8, alinéas 3 et 4.

(17) CE 13 juin 2022, n° 437160.

Les parties disposent toutefois d'un délai impératif de deux mois pour renoncer à l'aliénation après fixation judiciaire.

Ce délai commence à courir une fois que la décision de fixation judiciaire est définitive, ce qui signifie qu'elle ne peut plus être contestée par voie d'appel.

IMPORTANT

Si aucune des parties ne se prononce explicitement dans ce délai de deux mois, les parties sont alors réputées avoir accepté le prix fixé judiciairement.

EXEMPLE

On peut supposer un jugement rendu le 15 janvier 2023. Il serait signifié par voie de commissaire de justice aux parties le 1er mars 2023. Et si aucune des parties ne fait appel dans le délai d'un mois, la décision serait définitive le 1er avril à minuit. Les parties auraient donc jusqu'au 1er juin inclus pour renoncer à l'aliénation.

Modèle de renonciation par le titulaire du droit de préemption après fixation judiciaire du prix

(à faire signifier par commissaire de justice pour s'assurer de la date de réception dans le délai de deux mois)

(Madame, Monsieur,)

Vous avez souscrit une déclaration d'intention d'aliéner le <*date*>, reçue en mairie de <*commune*> le <*date*>, préalablement à la cession du bien sis <*adresse*> cadastré section <*références cadastrales*>, au prix de <*montant*> €.

Cette décision a donné lieu à une décision de préemption de <*à compléter*> en date du <*à compléter*>, au prix de <*montant*> €, qui vous a été notifiée par <*nom*>.

En l'absence d'accord sur le prix, <*nom*> s'est vu contraint de saisir le juge de l'expropriation de <*ville*> en vue de la fixation judiciaire dudit prix. Ce dernier a, par jugement du <*date*>, fixé le prix d'acquisition à la somme de <*montant*> €.

<*développement sur une éventuelle procédure en appel*>

C'est dans ces circonstances que <*nom*> vous informe renoncer à la préemption dudit bien. La présente vaut notification à ce titre.

En effet, conformément à l'article L. 213-7 du Code de l'urbanisme, en cas de fixation judiciaire du prix, et au plus tard dans le délai de deux mois qui suit la décision juridictionnelle devenue définitive, le titulaire du droit de préemption peut accepter le prix fixé par la juridiction ou renoncer à la mutation.

Je vous précise, en outre, que le titulaire du droit de préemption ne peut plus l'exercer à votre égard pendant un délai de cinq ans à compter de la décision juridictionnelle devenue définitive si, dans ce délai, vous réalisez la vente de ce bien au prix fixé par la juridiction révisé, s'il y a lieu, en fonction des variations du coût de la construction constatées par l'Institut national de la statistique et des études économiques depuis cette décision.

<*formule de politesse*>

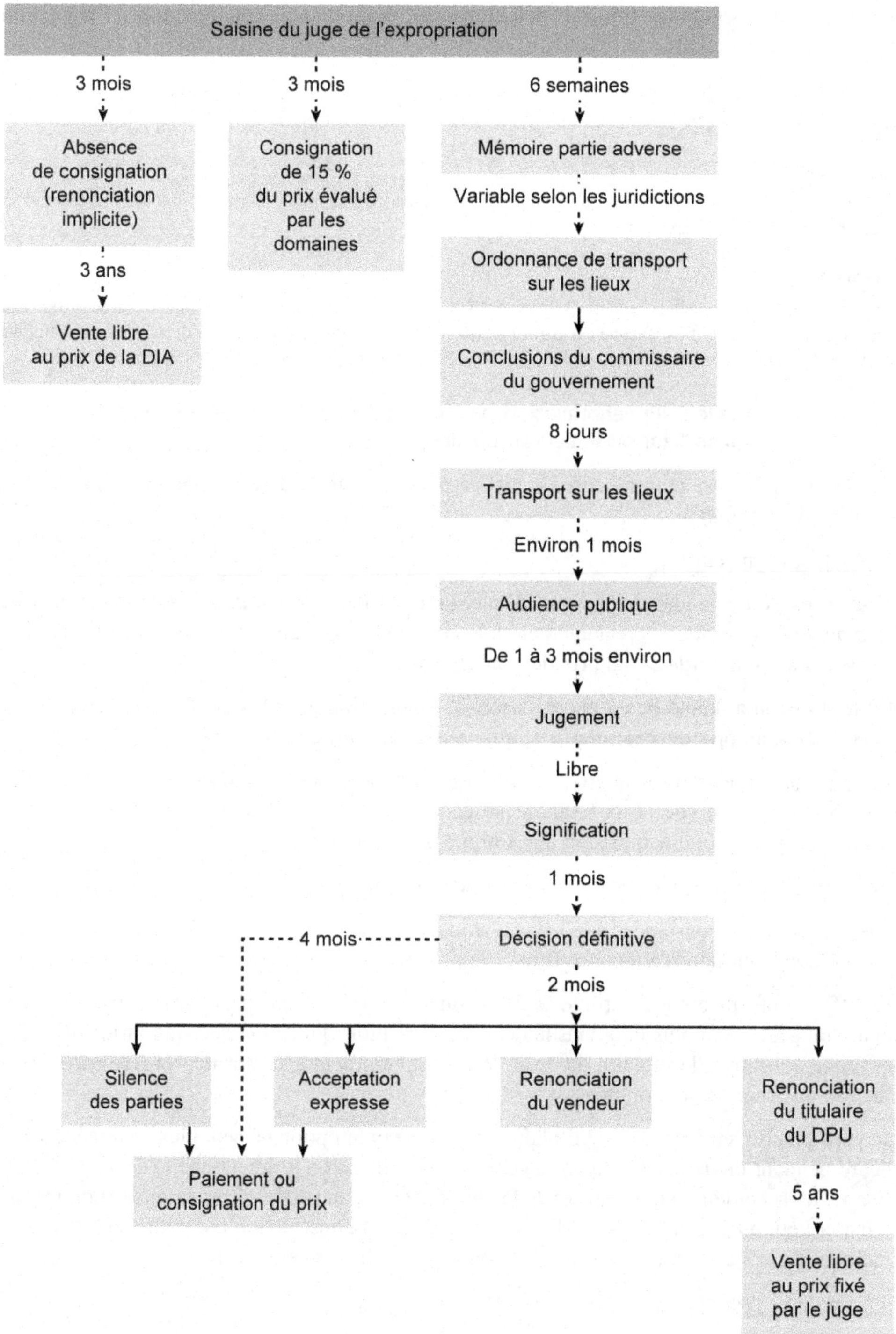

Fig. 10.2. Fixation judiciaire du prix

10.2 Transfert de propriété et paiement du prix

Lorsque les parties sont d'accord sur le prix, avec ou sans procédure de fixation judiciaire, le prix doit impérativement être payé ou consigné dans un délai de quatre mois *(cf. § 10.2.1)*.

Si dans la période de cinq ans suivant son acquisition, le bien est utilisé pour un objet différent que son affectation, il peut en être demandé la rétrocession sous certaines conditions *(cf. § 10.2.2)*.

10.2.1 Délai impératif de quatre mois

La loi ALUR a clarifié et réduit les délais relatifs au paiement du prix et au transfert de propriété(18).

Désormais, le transfert de propriété doit intervenir à la plus tardive des dates auxquelles seront intervenus le paiement du prix et l'acte authentique.

Ainsi, le paiement du prix devra être effectué dans un délai impératif de quatre mois à compter soit de :
- la décision de préemption au prix de la DIA ;
- l'accord du vendeur suite au prix proposé par le titulaire du droit de préemption ;
- la décision définitive de fixation judiciaire ;
- l'acte ou du jugement en cas d'adjudication.

Si le prix de vente n'est pas payé ou consigné dans les quatre mois, le titulaire du droit de préemption sera réputé avoir renoncé à l'exercice du droit de préemption sur ce bien.

En cas de refus du vendeur de percevoir le paiement du prix, le titulaire du droit de préemption pourra consigner le prix de vente selon les mêmes conditions que dans la procédure d'expropriation *(cf. § 7.2)*.

Au regard des délais requis, il devra proposer au vendeur de recevoir le prix rapidement afin de pouvoir effectuer la consignation dans le délai de quatre mois.

Une consignation pourra être éventuellement opérée en démontrant que le propriétaire refuse d'encaisser le prix (le notaire pourra, par exemple, rédiger un procès-verbal de carence à cet effet).

COMMENTAIRE

Ce délai de quatre mois est très bref. Il l'est d'autant plus lorsque le titulaire du droit de préemption ne connaît pas la position du vendeur et doit attendre le délai de deux mois à l'issue de la décision définitive de fixation judiciaire pour que le vendeur accepte implicitement le transfert de propriété. Dans cette hypothèse, le titulaire du droit de préemption n'a plus que deux mois pour payer ou consigner.

EXEMPLE

Toujours sur l'exemple d'un jugement qui serait rendu le 15 janvier et signifié par voie de commissaire de justice aux parties le 1er mars, la décision définitive serait acquise le 2 avril. En cas de silence des parties, le 2 juin, les parties seraient réputées avoir donné leur accord sur le prix de vente. Le prix devra alors être payé ou consigné le 2 août au plus tard.

(18) Code de l'urbanisme, art. L. 213-14.

REMARQUE

Il convient de préciser que depuis l'entrée en vigueur de la loi ALUR, l'article R. 213-12 du Code de l'urbanisme prévoyant les modalités de signature de l'acte authentique n'a toujours pas été révisé. Cet article dispose que l'acte authentique doit être dressé dans le délai de trois mois à compter de l'accord des parties ou à compter de la décision judiciaire devenue définitive.

Ces dispositions paraissent en contradiction avec l'article L. 213-14 qui prévoit que « le transfert de propriété intervient à la plus tardive des dates auxquelles seront intervenus le paiement et l'acte authentique ».

Aucune sanction ne semble toutefois prévue en cas de non-respect de ce délai de trois mois, contrairement au paiement du prix.

JURISPRUDENCE

Par un arrêt en date du 23 septembre 2020, la Cour de cassation a jugé que le « risque avéré de non-restitution du prix de vente en cas d'annulation de l'arrêté de préemption par la juridiction administrative » peut caractériser à lui seul « l'existence d'un obstacle au paiement justifiant la consignation du prix de vente ». En outre, l'arrêt a précisé que l'article 642 du Code de procédure civile est applicable pour le paiement ou la consignation du prix de vente. En conséquence, si le délai pour régler ou consigner expire un samedi, un dimanche ou un jour férié ou chômé, celui-ci est prorogé au premier jour ouvrable suivant[19].

10.2.2 Affectation du bien et droit de rétrocession

Le droit de préemption doit être exercé en vue de la réalisation des actions ou opérations répondant aux objets définis à l'article L. 300-1 du Code de l'urbanisme, c'est-à-dire des « actions ou opérations d'aménagement qui ont pour objets :
– de mettre en œuvre un projet urbain, une politique locale de l'habitat ;
– d'organiser le maintien, l'extension ou l'accueil des activités économiques ;
– de favoriser le développement des loisirs et du tourisme ;
– de réaliser des équipements collectifs ou des locaux de recherche ou d'enseignement supérieur ;
– de lutter contre l'insalubrité ;
– de permettre le renouvellement urbain ;
– de sauvegarder ou de mettre en valeur le patrimoine bâti ou non bâti et les espaces naturels ».

10.2.2.1 Faculté de substituer l'objet de la préemption

Avant l'entrée en vigueur de la loi ALUR, il n'existait aucune disposition législative précisant que l'objet de la préemption devait être identique à la destination effective du bien.

La doctrine et la jurisprudence avaient donc estimé que le titulaire du droit de préemption n'était pas tenu d'affecter le bien préempté à l'objet précis qui a justifié sa décision, dès lors que le bien était utilisé à l'une des fins visées à l'article L. 210-1 du Code de l'urbanisme[20].

Le Code de l'urbanisme consacre désormais cette interprétation du droit positif en autorisant explicitement le titulaire du droit de préemption à substituer l'affectation du bien préempté dans la limite des objectifs visés à l'article L. 300-1 du Code de l'urbanisme. Il est, en effet, prévu expressément que les biens acquis par exercice du droit de préemption doivent être

(19) Cass. 3e civ., 23 septembre 2020, n° 19-14.621.

(20) Cass. 3e civ., 1er décembre 2004, n° 03-14676.

utilisés ou aliénés pour l'un des objets mentionnés au premier alinéa de l'article L. 210-1, qui peut être différent de celui mentionné dans la décision de préemption.

Par conséquent, l'affectation motivant initialement la décision de préemption reste prévisionnelle : une affectation ultérieure différente peut empêcher *de facto* la rétrocession du bien si elle reste conforme aux objectifs de l'article L. 300-1.

Tout changement d'affectation du bien acquis par l'exercice du droit de préemption, dans la limite des objets prévus à l'article L. 210-1, doit faire l'objet d'une décision de l'organe délibérant de la collectivité(21).

REMARQUE

Le conseil municipal semble devoir désormais se prononcer sur tout changement d'affectation ultérieure d'un bien préempté.

REMARQUE

Il convient toutefois de souligner les incertitudes relatives à la mise en œuvre de cette procédure comme en témoigne la teneur des débats parlementaires (Avis n° 79 de M. René Vandierendonck, fait au nom de la commission des lois du Sénat, 16 octobre 2013).

En effet, cette disposition ne précise pas si cette procédure est applicable alors que l'exercice du droit de préemption a été délégué à un tiers, comme un établissement public y ayant vocation. Dans cette hypothèse, le conseil municipal serait alors conduit à délibérer sur l'affectation d'un bien que la ville n'a pas préempté directement et qu'elle ne possède pas dans son patrimoine.

10.2.2.2 Droit de rétrocession

Si le titulaire du droit de préemption décide d'aliéner ou d'utiliser le bien préempté acquis depuis moins de cinq ans pour un objet autre que ceux prévus à l'article L. 300-1 du Code de l'urbanisme, il doit purger un droit de rétrocession auprès des anciens propriétaires ou de leurs héritiers et, en cas de refus de leur part, auprès de l'acquéreur évincé si son nom était mentionné dans la DIA(22).

L'ancien propriétaire et, le cas échéant, l'acquéreur évincé dispose d'un délai de trois mois pour se prononcer sur le rachat du bien.

Le juge de l'expropriation est compétent pour en fixer le prix s'il y a désaccord entre les parties selon la procédure décrite préalablement.

En cas de non-respect des obligations relatives au droit de rétrocession, les anciens propriétaires, leurs héritiers, ou l'acquéreur évincé pourront introduire une action en dommages et intérêts à l'encontre du titulaire du droit de préemption dans un délai de cinq ans à compter soit(23) :
- de la mention de l'affectation ou de l'aliénation du bien au registre ;
- de la décision de la juridiction administrative devenue définitive.

Le législateur n'a ainsi pas permis aux anciens propriétaires de faire annuler la vente consentie en méconnaissance du droit de rétrocession.

(21) Code de l'urbanisme, art. L. 213-11, alinéa 1er.

(22) Code de l'urbanisme, art. L. 213-11.

(23) Code de l'urbanisme, art. L. 213-12.

La purge du droit de rétrocession n'est plus nécessaire au-delà du délai de cinq ans alors que le titulaire du droit de préemption décide effectivement d'aliéner le bien pour un objet non prévu à l'article L. 300-1 du Code de l'urbanisme.

REMARQUE

La renonciation de l'ancien propriétaire ne le prive pas d'intenter une action ultérieure en dommages et intérêts s'il parvient à prouver un préjudice direct, matériel et certain.

IMPORTANT

Le droit de rétrocession n'est pas applicable lorsque le bien a été acquis à la suite d'une demande d'acquisition selon l'article L. 211-5 du Code de l'urbanisme.

10.2.2.3 Aliénation du bien préempté au profit d'une personne privée

TEXTE OFFICIEL

Article L. 213-11, alinéa 1er, du Code de l'urbanisme

« Un bien acquis par voie de préemption peut faire l'objet d'une concession ou d'une aliénation au profit d'une personne publique ou privée ».

Afin d'éviter des détournements de procédure, ou simplement prévenir des abus éventuels, l'utilisation ou l'aliénation d'un bien au profit d'une personne privée (autre que le concessionnaire d'une opération d'aménagement ou qu'une société d'habitations à loyer modéré) doit faire l'objet d'une délibération motivée du conseil municipal ou, le cas échéant, d'une décision motivée du délégataire du droit de préemption.

La motivation doit mettre en évidence les raisons pour lesquelles le titulaire du droit de préemption urbain cède l'immeuble à une personne privée qui devra utiliser le bien conformément aux objets définis par l'article L. 210-1 du Code de l'urbanisme.

Le droit de préemption du locataire commercial prévu à l'article L. 145-46-1 du Code de commerce n'est pas applicable à l'occasion de l'aliénation d'un bien au profit d'une personne privée pour un des objets mentionnés au premier alinéa de l'article L. 210-1 du Code de l'urbanisme.

REMARQUE

Sous l'empire des anciennes dispositions de l'article L. 213-11 du Code de l'urbanisme, la décision de vendre un bien préempté n'avait pas à être précédée de l'information des anciens propriétaires, dès lors que l'aliénation poursuivait les mêmes fins que celles qui avaient motivé l'exercice du droit de préemption.

La nouvelle rédaction de l'alinéa 2 de l'article L. 213-11 clarifie ces dispositions puisqu'il est désormais précisé que le titulaire du droit de préemption n'a pas à mettre en œuvre le droit de rétrocession lorsqu'il décide d'utiliser ou d'aliéner le bien pour un objet mentionné au premier alinéa de l'article L. 210-1 du Code de l'urbanisme, alors même que celui-ci serait différent de l'objet de la préemption.

EXEMPLE

Si le bien est vendu à une personne privée dans le délai de cinq ans suivant l'exercice du droit de préemption pour un usage prévu par l'article L. 210-1 du Code de l'urbanisme, le titulaire du droit de préemption n'aura pas à purger le droit de rétrocession.

Mais si le bien est aliéné dans ce délai pour une finalité distincte de celles prévues à l'article L. 210-1 du Code de l'urbanisme, le titulaire du droit de préemption devra proposer la rétrocession à l'ancien propriétaire ou ses ayants droit.

Au-delà de ce délai de cinq ans, le bien pourra être cédé librement quelle que soit son affectation ultérieure.

CHAPITRE 11

Évacuation des occupants du bien préempté

Contrairement à l'appropriation par voie d'expropriation, une acquisition par préemption n'a pas pour effet d'éteindre les droits des preneurs de baux. Le titulaire du droit de préemption devra donc, en principe, tenir compte des droits grevant le bien jusqu'à leur extinction normale.

Le titulaire du droit de préemption peut néanmoins obtenir le départ de tous les occupants des lieux préemptés dès lors qu'il justifie de l'exécution des travaux en lien avec l'objet de la préemption(1).

Les locataires ou occupants de bonne foi des locaux à usage d'habitation ou les locataires commerçants de l'immeuble en cause ne peuvent donc s'opposer à l'exécution des travaux.

En contrepartie, les occupants disposent également d'un droit de résiliation anticipé du bail, sachant que des mesures de protection des occupants de locaux d'habitation *(cf. § 11.1)* ainsi que pour les commerçants, artisans ou industriels existent également *(cf. § 11.2)*.

11.1 Relogement des locataires de locaux à usage d'habitation

L'offre de relogement proposé par le titulaire du droit de préemption doit respecter plusieurs conditions *(cf. § 11.1.1)* et permettre un temps suffisant à l'occupant pour quitter les lieux *(cf. § 11.1.2)*.

(1) Code de l'urbanisme, art. L. 213-10.

11.1.1 Modalités du relogement

La personne publique bénéficiaire d'une expropriation ou qui a pris l'initiative d'une opération d'aménagement sur un bien acquis par préemption est tenue à des obligations de relogement des occupants des immeubles intéressés(2).

Elle peut toutefois transférer cette charge à une autre collectivité territoriale, un organisme HLM, un établissement public ou encore à un aménageur en vertu d'une convention spéciale.

REMARQUE

L'occupant est le titulaire d'un droit réel conférant l'usage ; le locataire, le sous-locataire ou l'occupant de bonne foi des locaux à usage d'habitation et de locaux d'hébergement constituant son habitation principale.

Il doit être fait à l'occupant au moins deux propositions portant sur des locaux satisfaisant à la fois aux normes d'habitabilité définies par application du troisième alinéa de l'article L. 322-1 du Code de la construction et de l'habitation et aux conditions prévues à l'article 13 *bis* de la loi n° 48-1360 du 1er septembre 1948.

En application de ces dispositions, les occupants des locaux ont ainsi droit à se voir proposer deux logements alternatifs qui doivent répondre à ces conditions.

COMMENTAIRE

L'article L. 322-1 du Code de la construction et de l'habitation a toutefois été abrogé par l'article 185 III de la loi n° 2000-1208 du 13 décembre 2000 relative à la solidarité et au renouvellement urbains, dite « loi SRU ». Dès lors, bien que l'article L. 314-2 du Code de l'urbanisme en dispose autrement, les seules conditions à remplir sont celles relevant de l'article 13 *bis* de la loi du 1er septembre 1948.

Le local doit être situé :
– dans le même arrondissement ou les arrondissements limitrophes ou les communes limitrophes de l'arrondissement où se trouve le local, objet de la reprise, si celui-ci est situé dans une commune divisée en arrondissements ;
– dans le même canton ou dans les cantons limitrophes de ce canton inclus dans la même commune ou dans les communes limitrophes de ce canton si la commune est divisée en cantons ;
– Dans les autres cas sur le territoire de la même commune ou d'une commune limitrophe, sans pouvoir être éloigné de plus de 5 kilomètres(3).

Le premier alinéa de l'article 6 de la loi du 6 juillet 1989 susvisée impose notamment la remise d'un logement décent ne laissant pas apparaître de risques manifestes pouvant porter atteinte à la sécurité physique ou à la santé et doté des éléments le rendant conforme à l'usage d'habitation.

Les articles L. 423-1 et suivants et R. 423-1 et suivants du Code de l'expropriation pour cause d'utilité publique apportent également des précisions sur les modalités de relogement.

(2) Code de l'urbanisme, art. L. 314-1 et s.

(3) Article 13 *bis* de la loi n° 48-1360 du 1er septembre 1948 portant modification et codification de la législation relative aux rapports des bailleurs et locataires ou occupants de locaux d'habitation ou à usage professionnel et instituant des allocations de logement.

S'il est tenu à une obligation de relogement, l'expropriant en est valablement libéré par l'offre aux intéressés d'un local correspondant à leurs besoins et n'excédant pas les normes relatives aux habitations à loyer modéré.

Lorsque l'expropriation a porté sur une maison individuelle, le relogement est, si cela est possible, offert dans un local de type analogue, n'excédant pas les normes relatives aux habitations à loyer modéré et situé dans la même commune ou dans une commune limitrophe(4).

JURISPRUDENCE

La Cour de cassation a précisé qu'il convient, en conséquence, d'apprécier si les logements proposés correspondent aux besoins et aux possibilités des intéressés au regard de leurs ressources(5).

Récapitulatif

Le titulaire du droit de préemption ou l'expropriant doit formuler deux offres de relogement portant sur des locaux d'habitation qui présentent les caractéristiques suivantes :
– être décents, c'est-à-dire en bon état d'habitation et remplissant des conditions d'hygiène normales ;
– correspondre aux besoins personnels et familiaux des personnes concernées, ainsi qu'à leurs capacités financières ;
– correspondre à un local de type analogue, sans toutefois excéder les normes relatives aux habitations à loyer modéré ;
– être situés dans la même commune ou dans une commune limitrophe éloignée de moins de 5 kilomètres.

11.1.2 Délais impartis en matière de relogement

Toute offre de relogement, définitive ou provisoire, doit être notifiée au moins six mois à l'avance. L'occupant doit faire connaître son acceptation ou son refus dans un délai de deux mois, faute de quoi il est réputé avoir accepté l'offre(6).

Lorsque l'offre de logement notifiée dans le délai de six mois prévu satisfait aux caractéristiques précédemment décrites, la personne publique est regardée comme valablement libérée de ses obligations en la matière.

Le silence conservé par l'occupant est réputé valoir acceptation.

Les contestations relatives au relogement des locataires ou des occupants de locaux d'habitation ou à usage professionnel relèvent de la compétence du juge de l'expropriation statuant selon la procédure accélérée au fond.

(4) Code de l'expropriation, art. L. 423-1 et s. et R. 423-1 et s.
(5) Cass. 3e civ., 16 septembre 2009 n° 08-15.589.
(6) Code de l'urbanisme, art. L. 314-7, alinéa 1.

JURISPRUDENCE

Le juge de l'expropriation vérifie, à cette occasion, que les logements proposés correspondent à l'ensemble des caractéristiques rappelées ci-dessus(7). Il peut ordonner l'expulsion de l'occupant si plusieurs offres de relogement ont été refusées sans motif sérieux(8).

Il ne peut être offert un local de relogement à un propriétaire exproprié, qui occupe tout ou partie de son immeuble, que si cette offre a été acceptée par ce propriétaire avant la fixation des indemnités d'expropriation, afin de permettre au juge et, le cas échéant, à la cour d'appel, de tenir compte de ce relogement lors de la fixation des indemnités d'expropriation.

Récapitulatif

Une offre alternative de relogement doit être notifiée au moins six mois avant qu'il ne soit procédé à l'éviction de l'occupant. Ce dernier dispose d'un délai de deux mois à compter de la réception de cette notification pour faire connaître sa position, faute de quoi il sera supposé avoir accepté le relogement proposé. Son éviction peut, par ailleurs, être justifiée s'il refuse plusieurs offres de relogement sans motifs sérieux.

REMARQUE

L'offre de relogement doit être acceptée par le propriétaire occupant avant la fixation des indemnités d'expropriation, afin de permettre au juge d'en tenir compte.

11.2 Réinstallation des commerçants, artisans et industriels

L'éviction des occupants est conditionnée par l'ampleur et la nature des travaux.

Autrement dit, du fait de leurs caractéristiques, les travaux doivent nécessiter l'éviction des occupants, faute de quoi, ils disposent d'un droit à se maintenir sur place.

Au contraire, si la nécessité des travaux est avérée, le nouveau propriétaire sera en droit d'exiger le départ des occupants. Il s'agit là d'une prérogative exorbitante du droit commun justifiée par la recherche de l'intérêt général sur laquelle se fonde l'opération de préemption.

Selon la nature, l'ampleur des travaux et l'affectation future des locaux, l'éviction pourra être définitive ou provisoire.

Elle sera provisoire si l'occupation est compatible avec l'affectation future des locaux, mais que les travaux à réaliser empêchent un maintien dans les lieux le temps de leur réalisation *(cf. § 11.2.2)*.

En revanche, en cas d'incompatibilité entre le principe de l'occupation du locataire et l'affectation future des locaux, l'éviction pourra être définitive *(cf. § 11.2.1)*.

Les occupants d'un immeuble préempté bénéficient toutefois, en cas d'éviction, de certaines garanties prévues par les articles L. 314-2 et suivants du Code de l'urbanisme.

(7) Cass. 3e civ., 26 mars 1997 n° 95-70188.

(8) Cass. 3e civ., 17 juin 1998 n° 97-70046.

11.2.1 Garanties en cas d'éviction définitive

11.2.1.1 Droit de priorité

Les commerçants, artisans et industriels ne bénéficient pas de droit au relogement. Ils possèdent toutefois un droit de priorité pour l'attribution de locaux de même nature compris dans l'opération d'aménagement à l'issue de sa réalisation lorsque l'activité considérée est compatible avec les dispositions du plan local d'urbanisme applicable(9).

Ainsi, en cas de compatibilité entre la destination finale de l'immeuble et l'activité du commerçant évincé, le propriétaire devra obligatoirement lui proposer l'attribution d'un local.

Dans le cas où le commerçant n'a pas pu bénéficier de l'attribution d'un local de même nature afin d'y être réinstallé, il pourra bénéficier d'un droit de priorité pour l'acquisition d'un local dans l'opération d'aménagement.

Ce droit de priorité subsidiaire s'applique notamment lorsque les locaux ne sont pas destinés à être loués.

Les droits de priorité ne peuvent s'appliquer qu'à la condition que le bénéficiaire évincé exerçait une activité par le passé concordante avec celle dont l'installation est prévue dans les nouveaux locaux.

Le commerçant peut toutefois demander au juge judiciaire de changer la nature de son activité si ce dernier souhaite poursuivre une activité dans un local situé dans l'opération d'aménagement et que des dispositions législatives ou réglementaires s'y opposent.

JURISPRUDENCE

En cas de fixation judiciaire des indemnités d'éviction, le juge de l'expropriation doit surseoir à statuer s'il estime que l'expropriant n'a pas permis à l'occupant évincé d'exercer son droit de priorité lorsque la destination de l'immeuble demeure inchangée. Cette décision considère, en effet, que tant qu'un local de remplacement n'a pas été proposé, il ne peut être statué sur la fixation de l'indemnité d'expropriation dans la mesure où le préjudice, restant alors incertain, ne pourra être définitivement déterminé qu'après la mise en œuvre du droit de priorité(10).

Par ailleurs, l'exercice des droits de priorité concernant l'attribution ou l'acquisition d'un local rend applicables « les dispositions du deuxième alinéa de l'article L. 322-12 du Code de l'expropriation pour cause d'utilité publique » ce qui permet de déroger à l'obligation de fixer une indemnité d'éviction en cas d'offre portant sur un local équivalent situé dans la même agglomération.

En conséquence, en cas d'exercice d'un des droits de priorité mentionnés ci-dessus, le titulaire du droit de préemption n'aura pas à indemniser le commerçant de son préjudice lié à la résiliation du bail.

Cependant, ce dernier pourra bénéficier d'une éventuelle indemnité compensatrice de privation de jouissance et d'une indemnité de déménagement et de réinstallation.

(9) Code de l'urbanisme, art. L. 314-5 et s.

(10) CA Versailles, 8 décembre 2009, n° 08/09075.

REMARQUE

Contrairement au droit au relogement, ce droit de priorité est très aléatoire, car il s'exerce à plus ou moins longue échéance supposant la construction de locaux de type analogue et de même nature.

11.2.1.2 Indemnité d'éviction

S'il n'est pas possible de proposer l'attribution ou l'acquisition d'un local situé dans l'opération d'aménagement, le titulaire du droit de préemption devra proposer une indemnité couvrant l'intégralité du préjudice direct, matériel et certain conformément aux règles en matière d'expropriation selon l'article L. 314-2 du Code de l'urbanisme.

La notification des offres est faite comme en matière d'expropriation(11) et en l'absence d'accord amiable, le juge de l'expropriation est compétent pour en fixer le montant(12).

Indemnité principale

L'indemnité principale est calculée d'après la valeur du fonds de commerce ou la valeur du droit au bail lorsque le titulaire du bail commercial n'exploite pas de fonds de commerce (en cas de bail portant uniquement sur des bureaux par exemple).

La valeur d'un droit au bail peut être dégagée par la méthode dite de « l'économie de loyer ». Selon cette méthode, la valeur du droit au bail est égale à la capitalisation de la différence entre le loyer actuel payé par le locataire et la valeur locative (différentiel de loyer).

Il convient alors d'identifier la valeur locative de locaux de bureaux situés à proximité immédiate du site pour en identifier une valeur moyenne.

• ***Calcul du différentiel de loyer***

Valeur locative moyenne – Montant du loyer actuel = Différentiel de loyer

Si ce différentiel de loyer est positif, il peut être alloué une indemnité relative au droit au bail, car l'occupant devra s'acquitter d'un loyer plus élevé, à la suite de l'éviction.

Cette indemnité se calcule en prenant en compte la valeur du droit au bail par application d'un coefficient dit de situation au différentiel annuel entre le montant du loyer du bail s'il avait été renouvelé et la valeur locative du marché.

• ***Calcul du droit au bail***

Différentiel annuel locatif × Coefficient de situation = Indemnité principale

Indemnités accessoires

L'article L. 321-1 du Code de l'expropriation pour cause d'utilité publique précise que « les indemnités allouées doivent couvrir l'intégralité du préjudice direct, matériel, certain, causé par l'expropriation », ce qui exclut ceux ne répondant pas à ces critères.

---

(11) Voir § 6.1.1.

(12) Voir chapitre 10.

L'indemnité de remploi constitue une indemnité accessoire particulière. Elle est calculée forfaitairement (usuellement de 5 % jusqu'à 23 000 €, 10 % pour la fraction au-delà de 23 000 €) compte tenu des frais de tous ordres normalement exposés pour l'acquisition ou la prise à bail de biens de même nature moyennant un prix égal au montant de l'indemnité principale.

L'indemnité de remploi est indexée sur le montant de l'indemnité principale lorsque l'exproprié a subi un préjudice du fait de son éviction commerciale.

L'indemnité pour trouble commercial et de jouissance répare le préjudice lié à l'indisposition des salariés, durant le temps du transfert des locaux. Cette indemnité peut être évaluée au regard de la masse salariale de la société ou encore *via* le chiffre d'affaires en fonction du nombre de jours prévisionnels occasionnés par le déménagement.

Les indemnités pour frais de déménagement et de réinstallation constituent fréquemment la plus importante indemnité et peuvent être évaluées par la production de devis.

L'indemnité de réinstallation doit s'entendre des frais que devra supporter l'occupant évincé pour mettre en place, dans ses nouveaux locaux, des aménagements similaires à ceux qu'il a perdus.

Cette indemnité doit donc résulter, là encore, de devis qui permettraient de chiffrer le coût d'une réinstallation « à l'identique » (cloisons, faux plafonds, éclairage, ventilation, etc.). Généralement, il est retenu un prix forfaitaire au mètre carré pour cette indemnité qui peut subir un abattement si les locaux sont vétustes.

JURISPRUDENCE

Par un arrêt en date du 29 juin 2022, la Cour de cassation a jugé qu'il n'y a pas lieu d'appliquer un abattement pour vétusté à l'indemnité pour frais de réinstallation allouée à une société évincée de locaux expropriés, afin de lui permettre de poursuivre son activité dans de nouveaux locaux(13).

L'indemnité pour double loyer permet de réparer le fait que l'occupant évincé va se trouver en situation de payer deux loyers lors du transfert.

Il existe un barème classique retenu par les juridictions d'expropriation qui consiste à octroyer une indemnité pour double loyer dans le cadre du transfert de locaux.

D'autres indemnités accessoires peuvent être allouées :
- indemnité pour valeur nette comptable non amortie ;
- indemnité de licenciement de personnel ;
- etc.

JURISPRUDENCE

Par un arrêt en date du 29 juin 2022, la Cour de cassation a jugé que la restitution du dépôt de garantie ne constitue pas un préjudice résultant de l'expropriation à la charge de l'expropriant. Il appartient donc au commerçant évincé de se retourner, le cas échéant, contre son ancien bailleur pour solliciter la restitution de cette somme(14).

(13) Cass. 3e civ., 29 juin 2022, n° 21-15.741, *Bulletin*.

(14) *Ibid.*

11.2.1.3 Offre d'un local équivalent

Le nouveau propriétaire peut faire une offre de réinstallation portant sur un local équivalent situé dans la même agglomération(15).

Dans cette hypothèse, l'occupant évincé ne pourra pas bénéficier d'un droit à une indemnité d'éviction et, s'il refuse cette offre, il devra démontrer que le local proposé n'est pas « équivalent » à celui qu'il a abandonné.

JURISPRUDENCE

Le commerçant évincé n'a pas la liberté de choix entre une indemnité d'éviction et un local équivalent(16).

L'occupant pourra être uniquement indemnisé des préjudices résultant de son trouble de jouissance lors du transfert (frais de déménagement et trouble commercial durant la période de déménagement).

11.2.2 Garanties en cas d'éviction temporaire

11.2.2.1 Droit à la réinstallation provisoire

Le nouveau propriétaire du bien acquis par voie de préemption doit réinstaller provisoirement les occupants commerciaux dans un local de remplacement compatible avec leur activité antérieure.

Si les travaux nécessitent seulement l'éviction provisoire des occupants commerciaux pendant une durée n'excédant pas trois ans, le nouveau propriétaire doit pourvoir à leur réinstallation provisoire dans un local compatible avec leurs besoins, leurs ressources, et, le cas échéant, leur activité antérieure(17).

Les commerçants qui ne peuvent être réinstallés provisoirement bénéficieront d'une indemnisation des pertes financières résultant de la cessation temporaire d'activité.

Cette situation ne peut durer plus de trois ans, sinon l'éviction sera considérée comme définitive.

Les conditions de l'offre de réinstallation provisoire sont fixées par l'article L. 314-7 du Code de l'urbanisme et identiques à celles des occupants de baux habitation.

JURISPRUDENCE

La Cour de cassation a jugé que l'absence de demande de relogement ou de réinstallation de la part des occupants ne caractérise pas leur renonciation à ce droit et que la renonciation implicite ne peut résulter que d'une manifestation de volonté non équivoque, ce qui implique l'existence d'un acte positif(18).

Les propositions de réinstallation doivent être suffisamment détaillées afin de permettre à l'occupant de pouvoir en apprécier la consistance exacte. L'offre doit, en outre, mentionner la nature du local proposé, l'adresse ainsi que le montant du loyer correspondant.

---

(15) Code de l'expropriation, art. L. 322-12.

(16) Cass. 3e civ., 28 février 1996, n° 95-70005.

(17) Code de l'urbanisme, art. L. 314-3.

(18) Cass. 3e civ., 27 février 2013, n° 12-11997.

Il convient de préciser que les dispositions légales et réglementaires ne précisent pas à quelle date s'opérera la suspension du bail. L'article L. 314-7 du Code de l'urbanisme énonce cependant que toute offre de relogement doit être notifiée au moins six mois à l'avance, ce qui sous-entend que les offres doivent être assorties d'un congé expressément formulé.

CONSEIL

L'offre de réinstallation devra donc indiquer qu'elle est assortie d'un congé à compter de son acceptation par le locataire et que l'occupant sera déchu de tout titre d'occupation des locaux à l'expiration du délai mentionné dans l'offre.

Le nouveau propriétaire devra pouvoir justifier, notamment en cas de procédure d'expulsion, des offres qu'il a formulées et de leur réception par leur destinataire. Il convient donc d'adresser les propositions par lettres recommandées avec accusé de réception ou, à défaut, les faire signifier par voie de commissaire de justice.

Si l'occupant n'a pas répondu dans le délai de deux mois, il sera présumé les avoir implicitement acceptées. De même, s'il a refusé les offres, il perdra son droit au maintien dans les lieux et le propriétaire sera regardé comme ayant rempli ses obligations en matière de protection de l'occupant.

Les occupants sont toutefois remboursés de leurs frais normaux de déménagement et de réinstallation.

11.2.2.2 Droit à réintégrer les locaux après l'achèvement des travaux

Une fois les travaux achevés, les occupants disposent du droit de réintégrer le local quitté, sauf si un accord est intervenu pour reporter le bail sur un local équivalent et si l'éviction n'a pas duré plus de trois ans[(19)].

La réintégration induit une mise en demeure l'ancien occupant de lui faire connaître sous un mois s'il souhaite réintégrer les locaux[(20)].

En cas d'éviction de plus de trois ans, les garanties relatives à l'éviction définitive deviennent applicables.

Résumé des garanties applicables pour le commerçant, artisan ou industriel évincé

• En cas d'éviction définitive, le commerçant évincé pourra bénéficier alternativement, et dans cet ordre, d'une des garanties suivantes :
– une proposition de réinstallation dans un local équivalent compris dans l'opération d'aménagement ou, en cas d'impossibilité d'y pourvoir, une proposition d'acquisition d'un local équivalent compris dans l'opération d'aménagement ;
– ou, en cas de non-exercice du droit de priorité, une indemnité d'éviction couvrant son préjudice direct, matériel et certain ou, selon le choix du nouveau propriétaire, une offre de réinstallation dans un local équivalent situé dans la même agglomération.

(19) Code de l'urbanisme, art. L. 314-4, alinéa 4.

(20) Code de l'urbanisme, art. L. 314-7.

• En cas d'éviction temporaire, le commerçant évincé pourra bénéficier alternativement :
– d'une offre de réinstallation provisoire et une indemnité de déménagement ;
– ou, en cas d'impossibilité de le réinstaller, d'une indemnité couvrant son préjudice de cessation temporaire d'activité.

Le commerçant évincé provisoirement pourra réintégrer les lieux, sauf si l'éviction dure plus de trois dans. Dans cette hypothèse, il pourra alors bénéficier des garanties applicables en matière d'éviction définitive.

CHAPITRE 12

Particularités de la préemption sur adjudication

La vente judiciaire d'un bien immobilier, rendue obligatoire par la loi ou les règlements, est soumise au droit de préemption.

L'adjudication de l'immeuble se déroule lors d'une vente aux enchères ouverte au public à l'audience du juge des saisies immobilières.

REMARQUE

Il s'agit du juge de l'exécution du tribunal judiciaire territorialement compétent, c'est-à-dire dans le ressort duquel est situé l'immeuble.

Cette adjudication, appelée plus communément vente aux enchères ou vente forcée, se définit comme le mode d'acquisition d'un immeuble saisi par un créancier pour être vendu au plus offrant.

En d'autres termes, il s'agit d'une forme particulière de vente qui a lieu après publicité et mise en concurrence du bien d'un débiteur qui ne s'est pas acquitté des sommes dont il était redevable auprès d'un créancier qui décide, par suite, de mettre en vente ce bien pour obtenir le règlement des dettes dues.

La préemption exercée sur ce type de bien est dite préemption sur adjudication *(cf. § 12.1)*.

La particularité de la procédure d'adjudication induit nécessairement des modalités spécifiques d'exercice du droit de préemption *(cf. § 12.2)*.

À l'issue de la procédure d'adjudication, le titulaire du droit de préemption obtiendra un titre de propriété sur l'immeuble après s'être acquitté du prix fixé par le juge à hauteur de l'offre la plus élevée *(cf. § 12.3)*.

REMARQUE

Toute la difficulté de cette procédure réside dans le fait qu'elle ressort de deux législations distinctes, celle relative aux saisies immobilières codifiée au Code des procédures civiles d'exécution et celle relative à la préemption codifiée au Code de l'urbanisme. La combinaison de ces deux catégories de règles peut s'avérer parfois difficile, voire même contradictoire, dans leur mise en œuvre pratique.

12.1 Principe de soumission au droit de préemption

La vente forcée figure parmi les cessions soumises au droit de préemption(1).

L'acquisition par le titulaire du droit de préemption a alors lieu au prix de la dernière enchère, par substitution à l'adjudicataire.

REMARQUE

L'adjudicataire est la personne qui dans le cadre de la vente forcée de l'immeuble porte la dernière et la plus forte enchère.

REMARQUE

Le montant de la mise à prix est fixé par le créancier poursuivant qui sera toutefois déclaré adjudicataire d'office à défaut d'enchère.

La vente par adjudication forcée d'un bien soumis au droit de préemption est soumise à une procédure particulière, dérogatoire de la procédure classique de préemption en termes de délai, paiement du prix ou de l'acte portant transfert de propriété.

JURISPRUDENCE

L'article L. 213-2-1 du Code de l'urbanisme permettant une préemption d'une unité foncière partiellement comprise dans un périmètre du droit de préemption urbain n'est pas applicable en matière d'adjudication. Le titulaire du droit de préemption ne peut donc exercer ce droit en adjudication pour un bien non intégralement compris dans le périmètre du droit de préemption urbain(2).

12.2 Modalités d'exercice du droit de préemption

Les ventes par adjudication forcée sont soumises, comme les ventes classiques, à déclaration d'intention d'aliéner(3).

Elles doivent toutefois faire l'objet d'une préemption dans un délai encore plus contraint.

Le délai du titulaire de préemption pour exercer son droit diffère ainsi de celui fixé dans la procédure de droit commun.

12.2.1 Déclaration d'intention d'aliéner

Les ventes par adjudication forcée doivent être précédées d'une déclaration au maire par le greffier de la juridiction ou le notaire chargé de procéder à la vente, faisant connaître la date et les modalités de la vente.

REMARQUE

En pratique, la déclaration d'intention d'aliéner (DIA) est faite par le greffe des saisies immobilières.

---

(1) Code de l'urbanisme, art. L. 213-1.

(2) CE 21 mai 2008, n° 310951.

(3) Code de l'urbanisme, art. R. 213-15.

12.2.1.1 Forme

La réglementation applicable prévoit que la DIA est établie dans les formes prescrites dans le cadre de la procédure de droit commun, c'est-à-dire à partir du formulaire Cerfa n° 10072.

REMARQUE

En pratique, le greffe établit son propre « modèle » à partir du formulaire susvisé et d'après les directives du ministère de l'Équipement, des Transports et du Logement.

Modèle de déclaration d'intention d'aliéner dans le cadre d'une préemption sur adjudication

Modèle établi à partir du formulaire Cerfa n° 10072*01 établi d'après les directives du ministère du Logement et de l'Habitat durable.

DÉCLARATION D'INTENTION D'ALIÉNER OU DEMANDE D'ACQUISITION D'UN BIEN SOUMIS À L'UN DES DROITS DE PRÉEMPTION PRÉVUS PAR LE CODE DE L'URBANISME

Article A. 213.1 du Code de l'urbanisme

☐ DÉCLARATION D'INTENTION D'ALIÉNER UN BIEN (1)

☐ soumis au droit de préemption urbain (DPU) (articles L. 211-1 et suivants (2))

☐ compris dans une zone d'aménagement différé (ZAD) (articles L. 212-1 et suivants du Code de l'urbanisme et article L. 616 du Code de la construction et de l'habitation (3))

☐ compris dans une zone de préemption délimitée au titre des espaces naturels sensibles de départements (articles L. 142-1 et suivants du Code de l'urbanisme (4))

☐ DEMANDE D'ACQUISITION D'UN BIEN (1)

☐ soumis au droit de préemption urbain (DPU) (2)

☐ compris dans une zone d'aménagement différé (ZAD) (3)

Direction générale de l'urbanisme, de l'habitat et de la construction

Affaire n° *<à compléter>*

Avocat poursuivant : *<à compléter>* (à contacter pour toutes demandes de renseignements complémentaires ou insuffisants)

A – PROPRIÉTAIRE(S)

☐ Personne physique

NOM(S) (de la société s'il y a lieu) et ADRESSE (du siège social s'il y a lieu) : *<à compléter>*

☐ **Si le bien est en indivision**, indiquer le(s) nom(s) de l'(des) autre(s) co-indivisaire(s) et sa (leur) quote-part : *<à compléter>*

B – SITUATION DU BIEN ET DÉSIGNATION DU BIEN

VENTE SUR SAISIE IMMOBILIÈRE MISE À PRIX *<montant>* EUROS

Sur la commune de *<à compléter>*, dans le bâtiment *<à compléter>*, au *<à compléter>* étage,

Un appartement, numéro *<à compléter>*, une cave numéro *<à compléter>*, formant le lot *<à compléter>* de l'état descriptif de division de l'immeuble sis *<adresse>*, cadastré section *<références cadastrales>*, pour une contenance de *<à compléter>* et les parties communes y afférentes.

S'agissant d'une copropriété :

Le bâtiment est achevé depuis :

☐ plus de dix ans

☐ moins de dix ans

Le règlement de copropriété a été publié aux hypothèques depuis :

☐ plus de dix ans

☐ moins de dix ans

DROITS SOCIAUX :

Désignation de la société : *<à compléter>*

Désignation des droits : *<à compléter>*

Nature : *<à compléter>*

Nombre : *<à compléter>*

Numéro des parts : *<à compléter>*

C – USAGE ET OCCUPATION

USAGE :

☐ habitation

☐ professionnel

☐ mixte

☐ commercial

☐ agricole

☐ autre : *<à préciser>*

OCCUPATION :

☐ par le(s) propriétaire(s)

☐ par un (ou des) locataire(s)

☐ sans occupant

☐ autre : *<à préciser>*

D – DROITS RÉELS ou PERSONNELS

Grevant les biens :

☐ oui

☐ non

Préciser la nature : *<à compléter>*

Indiquer si rente viagère antérieure : *<à compléter>*

E – MODALITÉS DE LA CESSION

1 – VENTE AMIABLE

Prix de vente ou évaluation (en lettres et en chiffres) : *<montant>*

Modalités de paiement :
– comptant à la signature de l'acte authentique : *<à compléter>*
– à terme (préciser) : *<à compléter>*

☐ PAIEMENT EN NATURE :

Désignation de la contrepartie de l'aliénation : *<à compléter>*

Évaluation de la contrepartie : *<montant>*

☐ RENTE VIAGÈRE :

Montant annuel : *<montant>*

Montant comptant : *<montant>*

Bénéficiaire(s) de la rente : *<nom(s)>*

☐ DROIT D'USAGE ET D'HABITATION :

Évaluation de l'usage ou de l'usufruit : *<montant>*

☐ VENTE DE LA NUE-PROPRIÉTÉ : *<montant>*

☐ ÉCHANGE :

Désignation des biens reçus en échange : *<à compléter>*

Montant de la soulte, le cas échéant : *<montant>*

Propriétaire(s) contre-échéangistes(s) : *<nom(s)>*

☐ APPORT EN SOCIÉTÉ :
– Bénéficiaire : *<nom>*
– Estimation du bien apporté : *<montant>*

☐ CESSION DE TANTIÈMES DE TERRAIN CONTRE REMISE DE LOCAUX À CONSTRUIRE :

Estimation du terrain : *<montant>*

Estimation des locaux à remettre : *<montant>*

☐ LOCATION – ACCESSION :

Estimation de l'immeuble, objet du contrat de location-accession : *<montant>*

2 – ADJUDICATION

☐ Volontaire

☒ Rendue obligatoire par une disposition législative ou réglementaire

☐ Vente mettant fin à une indivision ne résultant pas d'une donation-partage

Estimation : *<montant>*

Lieu et date de l'adjudication : *<à compléter>*

F – LE(S) SOUSSIGNÉ(S) DÉCLARE(NT)

☐ Que le(s) propriétaire(s) nommé(s) à la rubrique A :

- ☐ Demande(nt) au titulaire du droit de préemption d'acquérir les biens désignés à la rubrique B au prix et conditions indiqués
- ☐ A (ont) recherché et trouvé un acquéreur disposé à acheter les biens désignés à la rubrique B aux prix et conditions indiqués

NOM, prénom de l'acquéreur : *<à compléter>*

ADRESSE : *<à compléter>*

INDICATIONS COMPLÉMENTAIRES concernant l'opération envisagée par l'acquéreur (facultatif) : *<à compléter>*

☐ Qu'il est chargé de procéder à la vente par voie d'adjudication comme indiqué à la rubrique E2 des biens désignés à la rubrique B appartenant au(x) propriétaire(s) nommé(s) en A

À *<ville>* le *<date>*

<Signature et cachet s'il y a lieu>

G – RUBRIQUE À REMPLIR SI LE SIGNATAIRE N'EST PAS LE PROPRIÉTAIRE

TRIBUNAL JUDICIAIRE : *<ville>*

Greffe des saisies immobilières : *<nom>*

ADRESSE : *<à compléter>*

H – NOTIFICATION DES DÉCISIONS DU TITULAIRE DU DROIT DE PRÉEMPTION

Toutes les décisions relatives à l'exercice du droit de préemption doivent être notifiées :

☐ À l'adresse du (des) propriétaire(s) mentionné à la rubrique A

☐ À l'adresse du mandataire mentionné à la rubrique G, adresse où le(s) propriétaire(s) a (ont) fait élection de domicile

CADRE RÉSERVÉ AU TITULAIRE DU DROIT DE PRÉEMPTION

<à compléter le cas échéant>

12.2.1.2 Délai d'envoi au maire

La déclaration d'intention d'aliéner doit être adressée au maire trente jours au moins avant la date fixée pour la vente par lettre recommandée avec accusé de réception ou par voie électronique.

Le délai est donc bien plus contraint que dans le cadre d'une préemption classique où il est de deux mois.

REMARQUE

L'article R. 213-15 du Code de l'urbanisme précise que l'envoi de la DIA par voie électronique doit être réalisé « dans les conditions prévues aux articles L. 112-11 et L. 112-12 du code des relations entre le public et l'administration [...] ».

La DIA doit faire ensuite l'objet des communications et transmissions prévues dans le cadre de la procédure de préemption classique.

12.2.1.3 Délai pour préempter

Le titulaire du droit de préemption dispose ensuite d'un délai de trente jours à compter de l'adjudication pour informer le greffier ou le notaire de sa décision de se substituer à l'adjudicataire.

Là encore, le délai est bien plus bref que dans le cadre de la procédure classique où il est également de deux mois.

IMPORTANT

La décision notifiée doit être exécutoire, c'est-à-dire avoir été préalablement transmise au contrôle de légalité.

À défaut, la décision de préemption sera considérée comme dépourvue d'effet juridique et le titulaire du droit de préemption sera regardé, par suite, comme ayant renoncé à l'exercice de son droit.

Le silence du titulaire du droit de préemption dans ce délai de trente jours vaut renonciation à son droit de substitution au dernier enchérisseur.

12.2.1.4 Prix de la préemption

Le titulaire du droit de préemption ne peut préempter qu'au prix de la dernière enchère ou de la surenchère, sachant que cette dernière doit être réalisée dans les dix jours suivant l'adjudication.

La surenchère permet à une personne, dit enchérisseur, de se porter adjudicataire moyennant le prix de la première adjudication, augmenté d'un certain pourcentage.

Toute personne peut, ainsi, faire une surenchère du dixième au moins du prix principal de la vente.

IMPORTANT

Une surenchère dans le délai de dix jours interrompt le délai de trente jours dont dispose le titulaire du droit de préemption pour exercer son droit.

En pratique, la procédure de préemption sur adjudication demande une très forte réactivité du titulaire du droit de préemption.

En effet, dans la mesure où il ne peut préempter qu'au prix de la dernière enchère ou de la surenchère, il est contraint, une fois la DIA reçue, d'attendre l'expiration du délai de dix jours pour prendre sa décision, délai correspondant au laps de temps pendant lequel la surenchère peut intervenir.

En d'autres termes, ce n'est qu'une fois la surenchère intervenue qu'il connaîtra le prix définitif du bien adjugé nécessaire pour préempter en toute sécurité.

CONSEIL

Si la surenchère interrompt le délai de trente jours pour préempter jusqu'à la prochaine audience d'adjudication, le Code de l'urbanisme ne prévoit pas que le titulaire du droit de préemption soit informé officiellement de la nouvelle date d'audience par une nouvelle DIA. Il lui appartient donc de se renseigner directement auprès du greffe.

12.2.1.5 Modalités de notification de la décision de préemption

La décision de se substituer à l'adjudicataire doit être notifiée au greffier par lettre recommandée avec accusé de réception ou par voie électronique dans les conditions susanalysées.

CONSEIL

Il est recommandé de notifier également la décision de préemption au créancier poursuivant ou à son avocat, au créancier inscrit ou à son avocat, ainsi qu'au dernier adjudicataire.

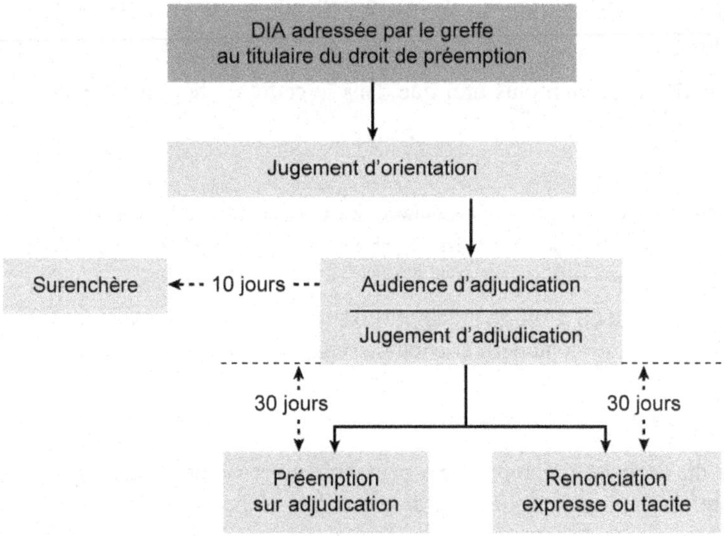

Fig. 12.1. Schéma récapitulatif

12.3 Règlement des frais, des émoluments et du prix

Le règlement du prix du bien préempté par adjudication, voire des frais et émoluments de l'avocat poursuivant, est certainement la phase de la procédure la plus problématique en raison de dispositions « contradictoires » entre celles relevant, d'une part, du Code de l'urbanisme et, d'autre part, du Code des procédures civiles d'exécution et les prescriptions du cahier des conditions de vente.

REMARQUE

La procédure d'adjudication repose sur le cahier des conditions de vente, dont un modèle type est édité par le conseil national des barreaux, comportant l'état descriptif de l'immeuble et les modalités de la vente (*cf.* Annexe C).

Ce document est déposé par le créancier poursuivant au greffe du juge de l'exécution dans le cadre de la procédure d'adjudication.

12.3.1 Règlement des frais et émoluments

Le titre de vente n'est délivré à l'adjudicataire que sur justification du paiement des frais taxés et émoluments de l'avocat poursuivant.

Ce règlement doit être justifié auprès du greffe des saisies immobilières dans un délai de deux mois à compter de l'adjudication.

12.3.1.1 Frais de poursuite

Les frais de poursuite sont ceux que l'avocat poursuivant a exposés pour parvenir à la vente.

REMARQUE

Il peut s'agir des frais de publicité, des frais de commissaire de justice, des frais de recherches hypothécaires, etc.

L'avocat doit pouvoir les justifier devant le juge des saisies immobilières, en la personne du juge de l'exécution auprès du tribunal judiciaire dans le ressort duquel se trouve le bien objet de la procédure de préemption sur adjudication. Le juge prendra les concernant une ordonnance de taxe.

Le titulaire du droit de préemption doit justifier au greffe du paiement de ces frais avant l'expiration du délai de deux mois à compter de la date d'adjudication définitive, à peine de réitération des enchères.

Toute stipulation contraire est réputée non écrite.

REMARQUE

Le cahier des conditions de vente prévoit que ces frais doivent être acquittés dans un délai d'un mois à compter de l'adjudication devenue définitive (*cf.* Annexe C).

RÉFÉRENCES

Extrait du cahier des conditions de vente en matière de saisie immobilière – Modèle type du CNB

Article 16 – Paiement des frais de poursuites

« L'acquéreur paiera entre les mains et sur la quittance de l'avocat poursuivant, en sus du prix et dans le délai d'un mois à compter de la vente définitive, la somme à laquelle auront été taxés les frais de poursuite et le montant des émoluments fixés selon le tarif en vigueur, majorés de la TVA applicable.

Il en fournira justificatif au greffe avant l'expiration du délai de deux mois à compter de la date de l'adjudication définitive. Le titre de vente ne sera délivré par le greffe du juge de l'exécution qu'après la remise qui aura été faite de la quittance des frais de poursuite, laquelle quittance demeurera annexée au titre de vente.

Si la même vente comprend plusieurs lots vendus séparément, les frais taxables de poursuites sont répartis proportionnellement à la mise à prix de chaque lot ».

L'opposabilité de ce délai d'un mois au titulaire du droit de préemption fait débat dès lors qu'il résulte du seul cahier des conditions de vente.

En tout état de cause, ce n'est qu'une fois ce règlement effectué que l'adjudicataire peut obtenir la délivrance, par l'avocat poursuivant, d'une quittance qui lui permettra de poursuivre la procédure.

Et pour cause, c'est uniquement sur la base de cette quittance que le greffe des saisies immobilières délivrera la grosse du jugement et sa copie hypothécaire, qui vaut titre de propriété.

REMARQUE

Le titre de vente consiste dans l'expédition du cahier des conditions de vente revêtue de la formule exécutoire, à la suite de laquelle est transcrit le jugement d'adjudication.

La quittance du paiement des frais est annexée au titre de vente, ainsi que la décision de préemption et l'avis du service des Domaines.

Cet acte devra être publié au service de la publicité foncière par le titulaire du droit de préemption.

12.3.1.2 Émoluments

Les émoluments sont versés afin de rémunérer l'avocat poursuivant pour les diligences accomplies dans le cadre de la vente. Ils remplacent la rémunération versée au notaire dans une vente classique.

Et pour cause, il n'y a pas d'acte notarié dans le cadre d'une préemption sur adjudication puisque c'est le cahier des conditions de vente, rédigé sous la responsabilité de l'avocat poursuivant, qui sera publié au service de la publicité foncière.

Les émoluments sont calculés selon le tarif applicable, par tranches sur le prix d'adjudication, et soumis à TVA à hauteur de 20 %(4).

Pendant longtemps, ils ont ainsi été calculés conformément aux articles 28 et 29 du décret n° 60-323 du 2 avril 1960 fixant le tarif des avoués, suivant les pourcentages ressortant du tableau I, série S1, coefficient 2 du décret n° 78-262 du 8 mars 1978 portant fixation du tarif des notaires.

Il faut désormais se reporter aux dispositions de l'article A444-102 du Code de commerce et de l'arrêté du 28 février 2020(5) fixant les tarifs réglementés des notaires pour connaître le nouveau barème :

Tab. 12.1. Tableau de synthèse sur le nouveau barème applicable

Tranches d'assiette	Taux applicable
De 0 à 6 500 €	3,870 %
De 6 500 à 17 000 €	1,596 %
De 17 000 à 60 000 €	1,064 %
Plus de 60 000 €	0,799 %

(4) Code de commerce, art. L. 444-3.

(5) Arrêté du 28 février 2020 fixant les tarifs réglementés des notaires [NOR : ECOC2003886A].

REMARQUE

Le cahier des conditions de vente prévoit également leur règlement entre les mains de l'avocat poursuivant dans un délai d'un mois à compter de la vente définitive.

12.3.2 Paiement du prix ou consignation

12.3.2.1 Délai de paiement

La question du délai de paiement révèle une deuxième contrariété entre la procédure de préemption de droit commun et la procédure de saisie immobilière.

D'un côté, la législation relative à la préemption prévoit que le prix d'acquisition du bien préempté est payé ou, en cas d'obstacle au paiement, consigné dans les quatre mois qui suivent la date de l'acte ou du jugement d'adjudication(6).

En cas de non-respect de ce délai, le vendeur peut aliéner librement son bien.

De l'autre côté, le cahier des conditions de vente contient les conditions de la vente judiciaire et la mise à prix fixée par le créancier poursuivant, mais également la désignation d'un séquestre des fonds provenant de la vente ou de la Caisse des dépôts et consignations(7).

Ce document précise qu'au plus tard à l'expiration du délai de deux mois à compter de la vente définitive, l'acquéreur devra verser son prix entre les mains du séquestre désigné qui en délivrera reçu.

À défaut pour l'adjudicataire de payer le prix dans les délais prescrits, il s'expose à une réitération des enchères(8).

REMARQUE

La réitération consiste en une remise en vente du bien à la demande du créancier poursuivant, d'un créancier inscrit ou du débiteur saisi, aux conditions de la première vente forcée.

Le cahier des conditions de vente prévoit également que passé le délai de deux mois, le prix de vente est augmenté de plein droit des intérêts au taux légal jusqu'au versement complet du prix ou sa consignation.

RÉFÉRENCES

Extrait du cahier des conditions de vente en matière de saisie immobilière – Modèle type du CNB

Article 15 – Vente forcée

« Au plus tard à l'expiration du délai de deux mois à compter de la vente définitive, l'acquéreur sera tenu impérativement et à peine de réitération des enchères de verser son prix en principal entre les mains du séquestre désigné, qui en délivrera reçu.

Si le paiement intégral du prix intervient dans le délai de deux mois de la vente définitive, l'acquéreur ne sera redevable d'aucun intérêt.

Passé ce délai de deux mois, le solde du prix restant dû sera augmenté de plein droit des intérêts calculés au taux légal à compter du prononcé du jugement d'adjudication.

(6) Code de l'urbanisme, art. L. 213-14.

(7) Code monétaire et financier, art. L. 518-17.

(8) Code des procédures civiles d'exécution, art. L. 322-9 et s. et R. 322-56.

Le taux d'intérêt légal sera majoré de cinq points à l'expiration du délai de quatre mois du prononcé du jugement d'adjudication.

L'acquéreur qui n'aura pas réglé l'intégralité du prix de la vente dans le délai de deux mois supportera le coût de l'inscription du privilège du vendeur, si bon semble au vendeur de l'inscrire, et de sa radiation ultérieure.

Le créancier poursuivant de premier rang devenu acquéreur, sous réserve des droits des créanciers privilégiés pouvant le primer, aura la faculté, par déclaration au séquestre désigné et aux parties, d'opposer sa créance en compensation légale totale ou partielle du prix, à ses risques et périls, dans les conditions de l'article 1289 et suivants du Code civil ».

La question s'est donc posée de savoir quel était le délai applicable au titulaire du droit de préemption qui exerce son droit dans le cadre d'une adjudication. S'agit-il du délai de deux mois tel que prévu au cahier des conditions de vente ou du délai de quatre mois fixé par le Code de l'urbanisme ?

Le délai retenu tant par la jurisprudence que par la doctrine est le délai de quatre mois.

JURISPRUDENCE

Le titulaire du droit de préemption est soumis à des dispositions spéciales quant au paiement du prix, dérogatoires au droit commun, et fixées à l'article L. 213-14 du Code de l'urbanisme(9).

RÉFÉRENCES

« Le règlement du prix révèle enfin une particularité notable.

La préemption sur adjudication ne bénéficie pourtant pas ici d'un régime dérogatoire et se range sous l'empire des dispositions de l'article L. 213-14 du Code de l'urbanisme qui prévoit que le prix du bien devra être réglé par le titulaire du droit de préemption dans les six mois(10) qui suivent la date de l'acte ou du jugement d'adjudication.

On retrouve pourtant là une relative discordance entre les textes applicables.

[...] Ce cahier n'est toutefois pas opposable aux autorités titulaires du droit de préemption qui restent donc soumises aux seules dispositions du Code de l'urbanisme »(11).

12.3.2.2 Consignation du prix

La consignation du prix révèle une troisième contrariété entre la procédure de préemption de droit commun et la procédure de saisie immobilière.

D'un côté, les règles applicables dans le cadre de la procédure de préemption de droit commun prévoient que lorsqu'il existe des obstacles au paiement, le titulaire du droit de préemption doit, pour garantir ses propres droits, consigner la somme correspondante au prix, selon les règles applicables en matière d'expropriation.

L'obstacle au paiement peut naître de l'une des causes visées à l'article R. 323-8 du Code de l'expropriation pour cause d'utilité publique, sachant que la liste des obstacles au paiement qu'il dresse est indicative puisqu'elle est précédée de l'adverbe « notamment ».

La consignation est alors effectuée par la personne publique titulaire du droit de préemption, auprès de la Caisse des dépôts et consignation.

(9) Cass. 3e civ., 14 novembre 1991, Ville de Paris, n° 90-10314.

(10) Le délai de six mois a été ramené à quatre mois par la loi ALUR.

(11) D. Landbeck, « La préemption sur adjudication forcée ; quelques précisions sur une préemption particulière », *Construction et Urbanisme*, novembre 2011, n° 11, étude 13.

De l'autre côté, la législation relative aux saisies immobilières prévoit que l'adjudicataire verse le prix sur un compte séquestre ou le consigne auprès de la Caisse des dépôts et consignations.

Il résulte toutefois du cahier des conditions de vente type que le prix de la vente est séquestré entre les mains du bâtonnier séquestre.

RÉFÉRENCES

Extrait du cahier des conditions de vente en matière de saisie immobilière - Modèle type du CNB

Article 13 – Désignation du séquestre

« Les fonds à provenir de la vente décidée par le juge de l'exécution seront séquestrés entre les mains du bâtonnier de l'ordre des avocats ou sur le compte CARPA près le tribunal devant lequel la vente est poursuivie pour être distribués entre les créanciers visés à l'article L. 331-1 du Code des procédures civiles d'exécution.

Le séquestre désigné recevra également l'ensemble des sommes de toute nature résultant des effets de la saisie.

Les fonds séquestrés produisent intérêts au taux de 105 % de celui servi par la Caisse des dépôts et consignations au profit du débiteur et des créanciers, à compter de leur encaissement et jusqu'à leur distribution.

En aucun cas, le séquestre ne pourra être tenu pour responsable ou garant à l'égard de quiconque des obligations de l'acquéreur, hors celle de représenter en temps voulu, la somme consignée et les intérêts produits ».

Deux pratiques viennent ainsi se télescoper :
- d'une part, la prise en charge auprès du bâtonnier séquestre du versement du prix effectué par l'adjudicataire dans le cadre des procédures de saisies immobilières ;
- d'autre part, la consignation auprès de la Caisse des dépôts et consignation, à laquelle procède habituellement le titulaire du droit de préemption.

REMARQUE

En pratique, afin de faciliter la distribution du prix de l'immeuble, effectuée par le créancier poursuivant, les fonds sont généralement consignés entre les mains du bâtonnier séquestre.

La distribution du prix consiste en une répartition entre créanciers du prix de l'immeuble vendu après purge des inscriptions.

Dans un délai de deux mois suivant la publication du titre de vente, l'avocat poursuivant adresse ainsi au séquestre, par lettre recommandée avec accusé de réception, une demande de paiement de sa créance.

La validité d'une consignation auprès de la Caisse des dépôts et consignation est toutefois prévue par les textes et admise par la jurisprudence(12).

12.4 Transfert de propriété

L'article L. 322-10, alinéa 1er, du Code des procédures civiles d'exécution dispose que l'adjudication emporte vente forcée du bien saisi et en transmet la propriété à l'adjudicataire.

Le transfert de propriété entre le saisi et l'adjudicataire se réalise donc au stade de l'adjudication.

L'alinéa 1er de l'article 12 « Transmission de propriété » du cahier des conditions de vente renvoie également à cette règle en précisant cependant que l'acquéreur sera propriétaire par le seul effet de la vente sauf exercice d'un droit de préemption.

(12) Cass. 3e civ., 10 décembre 2003, n° 02-12894.

En la matière, l'article L. 213-14, alinéa 1er, du Code de l'urbanisme, dans sa version issue de la loi n° 2014-366 du 24 mars 2014 pour l'accès au logement et un urbanisme rénové, dite « loi ALUR », a modifié substantiellement le régime des acquisitions par voie de préemption en prévoyant que le transfert de propriété intervient à la plus tardive des dates auxquelles seront intervenus le paiement et l'acte authentique. Ce nouveau principe diffère ainsi du dispositif antérieur selon lequel le titulaire du droit de préemption pouvait devenir propriétaire du bien dès l'accord sur la chose et sur le prix.

Les règles relatives au transfert de propriété énoncées à cet article ne semblent pas pour autant pouvoir s'appliquer telles quelles en matière de préemption sur adjudication.

D'une part, le titre de vente consiste dans l'expédition du cahier des conditions de vente revêtue de la formule exécutoire, à la suite de laquelle est transcrit le jugement d'adjudication. En d'autres termes, il n'y a pas de passation d'acte authentique de vente.

D'autre part, retarder le transfert de propriété au paiement du prix serait *a priori* contraire à l'esprit des règles d'adjudication où l'acquéreur est propriétaire par le seul effet de la vente.

En conséquence, la doctrine considère que lorsque l'aliénation a lieu sous la forme d'une adjudication, le transfert de propriété intervient à la date de réception par le greffier chargé de l'exécution, de la décision du titulaire du droit de préemption de se substituer à l'adjudicataire(13).

JURISPRUDENCE

Le juge judiciaire a jugé, qu'une société devenue propriétaire par le seul fait d'un jugement d'adjudication du 25 octobre 2007 est fondée, aux termes du cahier des conditions de vente, à percevoir les loyers dès le mois de novembre 2007. Il a précisé que l'absence à la date de délivrance du commandement de payer, d'une part, du paiement des frais d'adjudication et de la consignation du prix et, d'autre part, de publication du jugement d'adjudication, est sans incidence sur le droit de l'adjudicataire de percevoir les loyers(14).

Une préemption n'emportant pas en elle-même extinction des droits réels et personnels existant sur le bien préempté, l'ancien propriétaire conserve aux termes de l'article L. 213-15 du Code de l'urbanisme la jouissance de ce bien jusqu'au paiement intégral du prix.

Cette réserve légale de jouissance temporaire au bénéfice de l'ancien propriétaire a pour conséquence de lui laisser le produit des fruits naturels, industriels ou civils du bien préempté jusqu'au paiement intégral du prix.

Partant du postulat que le titulaire du droit de préemption devient propriétaire à compter de la notification de sa décision au greffe chargé de l'exécution, et au regard des règles du Code des procédures civiles d'exécution et du cahier des conditions de vente susmentionnées, il semble pertinent de considérer qu'il entre en jouissance au premier jour du terme suivant ladite notification.

Il résulte de la combinaison des règles applicables en matière de préemption et d'adjudication que dans le cadre d'une préemption sur adjudication, le titulaire de ce droit devient propriétaire à la date de réception de la notification de sa décision par le greffe des saisies immobilières et peut percevoir les loyers à partir du premier jour du terme qui suit.

---

(13) R. Hostiou et J.- F. Struillou, *Expropriation et préemption*, Lexisnexis, Litec, 4e éd., 31 mars 2011.

(14) CA Aix en Provence, 19 mai 2011, n° 2011-311.

PARTIE 4

Réquisition d'achat par voie de délaissement

Le droit de délaissement constitue un outil de maîtrise foncière aux caractéristiques particulières.

Il se définit classiquement comme la faculté donnée au propriétaire d'un bien grevé par un emplacement réservé, une servitude ou une autre charge, et donc susceptible à terme de faire l'objet d'un transfert de propriété à la personne publique, de requérir l'acquisition anticipée dudit bien.

Un emplacement réservé permet notamment de garantir à terme, à la personne publique bénéficiaire de la réserve, la disponibilité du foncier nécessaire à la réalisation de son projet. Un emplacement réservé peut concerner tant une parcelle bâtie que non bâtie : dans le premier cas, l'emplacement réservé fera obstacle à une densification, dans le second cas, il ne pourra pas être bâti.

De la même façon, l'établissement d'une servitude grève la propriété privée d'un certain nombre d'obligations. Elle consiste ainsi à imposer une charge à une parcelle, bâtie ou non, dans un but d'intérêt général. Généralement, il s'agit de servitudes comportant une interdiction de faire certains actes matériels ou juridiques, telle que notamment l'interdiction de construire.

En contrepartie des atteintes portées à la propriété privée, la parcelle en cause pourra être « délaissée » par son propriétaire.

Il peut toutefois être noté que le droit de délaissement en zone d'aménagement différé (ZAD) ou celui exercé dans le cadre du droit de préemption urbain (DPU) diffère sensiblement dans sa mise en œuvre puisqu'il permet au propriétaire d'un bien non pas de contraindre l'administration à son acquisition mais simplement de lui demander de le faire.

L'acquisition d'un bien par ce procédé recouvre, par suite, de multiples hypothèses qui sont aussi nombreuses qu'il existe de droits de délaissement *(cf. chapitre 13).*

Selon la nature du droit de délaissement, les modalités et conditions de mise en œuvre de cet outil d'acquisition foncière varieront *(cf. chapitre 14).*

CHAPITRE 13

Différents droits de délaissement

Les cas d'ouverture du droit de délaissement sont divers.

Deux grandes catégories peuvent néanmoins être dégagées :
– le droit de délaissement dont la mise en œuvre s'exerce dans les conditions prévues par les dispositions des articles L. 230-1 et suivants du Code de l'urbanisme *(cf. § 13.1)* ;
– les droits de délaissement non répertoriés ou pour lesquels la législation applicable ne fait aucun renvoi à ces articles *(cf. § 13.2)*.

13.1 Délaissement prévu par l'article L. 230-1 du Code de l'urbanisme

L'article L. 230-1 du Code de l'urbanisme vise spécifiquement trois types de droits de délaissement *(cf. § 13.1.1)*.

Par ailleurs, certaines législations extérieures au droit de l'urbanisme, comme celles relevant du droit de l'environnement ou du droit des transports, renvoient, pour la mise en œuvre des droits de délaissement qu'elles instituent, aux dispositions de cet article L. 230-1 *(cf. § 13.1.2)*.

13.1.1 Catégories de délaissement

Trois catégories de droits de délaissement sont visées par l'article L. 230-1 du Code de l'urbanisme :
– ceux ouverts dans les périmètres d'étude et à la date d'ouverture de l'enquête préalable à la DUP visés à l'article L. 424-1 du Code de l'urbanisme ;
– ceux résultant d'une inscription au plan local d'urbanisme (PLU) d'une servitude dite « périmètre d'attente », ou d'un emplacement réservé ou d'une servitude visée à l'article L. 151-41 du même code ;
– celui pouvant être exercé dans le périmètre d'une ZAC, visé à l'article L. 311-2.

13.1.1.1 Droits de délaissement ouverts dans les périmètres d'étude et à la date d'ouverture de l'enquête publique préalable à la déclaration d'utilité publique

L'autorité compétente en matière de délivrance des autorisations de construire(1) peut surseoir à statuer, dès la date d'ouverture de l'enquête préalable à la déclaration d'utilité publique (DUP) d'une opération, sur les demandes d'autorisation concernant des travaux, constructions ou installations à réaliser sur des terrains devant être compris dans cette opération(2).

L'autorité compétente pour délivrer le permis de construire est, en principe, le maire. La compétence peut toutefois revenir au président d'un EPCI lorsque la commune membre la lui a déléguée. Enfin, par exception, le préfet peut également être compétent pour se prononcer au nom de l'État sur certains projets.

De la même façon, elle peut opposer un sursis à statuer lorsque des travaux, des constructions ou des installations sont susceptibles de compromettre ou de rendre plus onéreuse :
– l'exécution de travaux publics, et ce dès lors que la mise à l'étude d'un projet de travaux publics a été prise en considération et que les terrains affectés par ce projet ont été délimités ;
– la réalisation d'une opération d'aménagement qui a été prise en considération par décision de l'organe délibérant de la collectivité compétente, ou dans le périmètre des opérations d'intérêt national (OIN), par le préfet du département(3) ;

En contrepartie de l'inconstructibilité temporaire grevant leurs terrains, bâtis ou non bâtis, les propriétaires concernés se sont vus reconnaître un droit de délaissement spécifique.

Le bénéficiaire du délaissement est la collectivité ou le service public à l'origine du projet.

13.1.1.2 Servitudes et emplacements réservés au PLU

Une servitude consiste en une charge résultant de la réglementation d'urbanisme qui limite l'exercice du droit de propriété dans le but d'un aménagement de l'espace urbain répondant à l'intérêt général(4).

Leur institution permet d'éviter qu'un bien fasse l'objet d'une utilisation incompatible avec sa destination future.

En contrepartie de la charge qui en résulte, le propriétaire d'un terrain grevé par la servitude d'urbanisme ou l'emplacement réservé se voit reconnaître un droit de délaissement afin de lui permettre de s'en « débarrasser » s'il le souhaite.

13.1.1.3 Périmètre d'attente de projet d'aménagement global

Il s'agit d'une servitude susceptible d'affecter des terrains, bâtis ou non bâtis, situés en zone urbaine, dite « zone U », ou en zone à urbaniser, dite « zone AU », du PLU. Elle emporte

(1) Il peut s'agir du maire ou du président de l'EPCI.

(2) Code de l'urbanisme, art. L. 424-1.

(3) Cette délibération ou cet arrêté préfectoral de prise en considération du projet d'aménagement délimite les terrains concernés.

(4) Code de l'urbanisme, art. L. 152-2.

interdiction, dans un périmètre qu'elle délimite, et pour une durée maximale de cinq ans, de réaliser les constructions ou installations d'une superficie supérieure à un seuil défini par le règlement de ce document d'urbanisme(5).

Les secteurs ainsi délimités doivent notamment apparaître sur les documents graphiques de ce document d'urbanisme.

Les travaux ayant pour objet l'adaptation, le changement de destination, la réfection ou l'extension limitée des constructions existantes ne sont toutefois pas concernés par cette interdiction.

Cette servitude, qui doit faire l'objet d'une justification particulière, est instituée dans l'attente de l'approbation par la commune d'un projet d'aménagement global.

En contrepartie de cette servitude qui rend temporairement inconstructibles leurs biens, les propriétaires concernés bénéficient d'une possibilité de délaissement(6).

13.1.1.4 Emplacement réservé pour des programmes de logements

Le PLU peut instituer, dans les zones U ou AU, des emplacements réservés en vue de la réalisation, dans le respect des objectifs de mixité sociale, de programmes de logements qu'il définit(7).

Ces emplacements réservés doivent notamment apparaître sur les documents graphiques de ce document d'urbanisme.

Cette servitude particulière est donc contraignante pour les propriétaires puisqu'elle restreint leur choix en matière de programme de construction.

En contrepartie de cette charge, un droit de délaissement leur est ouvert. Il leur permet notamment, lorsqu'ils ne sont pas à même de réaliser ou de faire réaliser le programme de logements défini au PLU, d'obliger la personne publique concernée à acquérir le terrain à cette fin.

Le bénéficiaire du délaissement est la collectivité ou le service public à l'origine du projet.

La servitude est automatiquement levée une fois réalisé le programme de logements défini au PLU ou après cession du terrain concerné à un opérateur social en vue de la réalisation dudit programme.

IMPORTANT

Il ne faut pas confondre les emplacements réservés visés à l'article L. 151-41, 4° du Code de l'urbanisme avec d'autres types de servitudes instituées en vue de favoriser la production de logements sociaux.

L'article L. 151-15 du Code de l'urbanisme prévoit notamment la possibilité, pour le règlement, de délimiter, dans les zones U ou AU, des secteurs dans lesquels, en cas de réalisation d'un programme de logements, un pourcentage de ce programme est affecté à des catégories de logements qu'il définit dans le respect des objectifs de mixité sociale.

Au-delà de leur champ d'application différent, ces deux types de servitudes n'emportent pas les mêmes effets. Seuls les emplacements réservés de l'article L. 151-41, 4° ouvrent, en effet, droit à délaissement.

(5) Code de l'urbanisme, art. L. 151-41, 5°.

(6) Sur le périmètre d'attente de projet d'aménagement global, voir le § 3.2.

(7) Code de l'urbanisme, art. L. 151-41, 4°.

13.1.1.5 Servitude et emplacement réservé pour la réalisation d'équipements publics, d'installations d'intérêt général ou d'espaces verts

En premier lieu, le règlement du PLU peut fixer des emplacements réservés pour un ouvrage public ou une voie publique(8), pour une installation d'intérêt général à créer ou à modifier(9) et pour un espace vert à créer ou à modifier ou aux espaces nécessaires aux continuités écologiques(10).

La notion de voies publiques doit être appréhendée largement : autoroutes, routes, rues, places, chemins, pistes cyclables, aires de stationnement, etc.

La notion d'ouvrage public recouvre, quant à elle, tant les équipements d'infrastructures (exemple : stations d'épuration) que de superstructures (exemple : établissements scolaires).

Si les notions de voies et ouvrages publics, et d'espaces verts, ne posent pas de difficultés d'interprétation particulières, celle d'installations d'intérêt général est plus problématique.

Cette dernière semble toutefois exclure *de facto* toutes les installations réalisées pour satisfaire uniquement un intérêt privé. La notion d'installations d'intérêt général pourrait donc être définie comme visant toutes les installations ou des équipements satisfaisant un besoin collectif par opposition à des opérations et constructions destinées à une utilisation privative.

Un emplacement réservé peut, en tout état de cause, avoir une dualité de destination.

EXEMPLE

Réalisation d'aires de stationnement destinées à être implantées en sous-sol et aménagées en surface comme jardins publics(11).

Les documents graphiques doivent faire apparaître les terrains concernés par la réserve d'équipements.

Le bénéficiaire du délaissement est la collectivité ou le service public au bénéfice duquel le terrain a été réservé.

En second lieu, le PLU peut instituer, dans les mêmes zones du PLU, des servitudes consistant à indiquer la localisation et les caractéristiques es voies et ouvrages publics, ainsi que les installations d'intérêt général et les espaces verts à créer ou à modifier, en délimitant les terrains, bâtis ou non bâtis, concernés(12).

REMARQUE

Le bénéficiaire du délaissement est la commune.

(8) Code de l'urbanisme, art. L. 151-41, 1°.
(9) Code de l'urbanisme, art. L. 151-41, 2°.
(10) Code de l'urbanisme, art. L. 151-41, 3°.
(11) CE 30 juillet 1997, n° 160007.
(12) Code de l'urbanisme, art. L. 151-41, alinéa 8.

Ces charges emportent interdiction de construire sur les terrains concernés.

En contrepartie, leurs propriétaires peuvent exiger de la personne publique au bénéfice de laquelle le terrain a été grevé qu'il soit procédé à son acquisition.

13.1.1.6 Délaissement en lien avec le recul du trait de côte

Il s'agit d'une nouvelle possibilité d'emplacement réservé, institué dans le cadre de la loi n° 2021-1104 du 22 août 2021 portant lutte contre le dérèglement climatique et renforcement de la résilience face à ses effets par la loi. Il s'agit d'emplacements réservés à la relocalisation d'équipements, de constructions et d'installations exposés au recul du trait de côte, en dehors des zones touchées par ce recul(13).

13.1.1.7 Délaissement dans le périmètre d'une ZAC

Une ZAC est une zone à l'intérieur de laquelle une collectivité publique ou un établissement public y ayant vocation décide d'intervenir pour réaliser ou faire réaliser l'aménagement et l'équipement des terrains, notamment de ceux que cette collectivité ou cet établissement a acquis ou acquerra en vue de les céder ou de les concéder ultérieurement à des utilisateurs publics ou privés(14).

Les propriétaires des terrains compris dans le périmètre d'une ZAC peuvent, dès la publication de l'acte de création de la zone, exercer leur droit de délaissement à l'encontre de la collectivité ou de l'établissement public qui en a pris l'initiative.

L'emploi du mot « terrain » dans l'article L. 311-2 du Code de l'urbanisme ne signifie pas l'exclusion des terrains bâtis du champ d'application de ce texte(15).

Le droit de délaissement ne peut toutefois pas porter sur un appartement en copropriété.

Par ailleurs, la ZAC ne confère aucun droit acquis auxdits propriétaires, de telle sorte que sa suppression ou la réduction de son périmètre est de nature à faire échec à leur demande de délaissement.

REMARQUE

Le traité de concession passé en ZAC peut donner pour mission au concessionnaire d'acquérir les biens dans l'exercice de la procédure de délaissement.

REMARQUE

L'article L. 311-2, 2°, du Code de l'urbanisme précise désormais que lorsque des travaux, des constructions ou des installations sont susceptibles de compromettre ou de rendre plus onéreux l'aménagement et l'équipement de la zone, le sursis à statuer peut être prononcé dans les conditions définies à l'article L. 424-1 du même code.

(13) Code de l'urbanisme, art. L. 151-41, 6°.

(14) Code de l'urbanisme, art. L. 311-2, 1°.

(15) Cass. 3e civ., 7 mai 1996, n° 95-70100.

Tab. 13.1. Tableau récapitulatif : Droit de délaissement des « servitudes urbanistiques » régi par l'article L. 230-1 du Code de l'urbanisme

Articles du Code de l'urbanisme	Nature de la charge	Objet	Objectif	Cible	Bénéficiaire du délaissement	Conditions d'exercice
L. 424-1	Servitude en lien avec un périmètre d'étude et l'ouverture de l'enquête préalable à la DUP (sursis à statuer)	Inconstructibilité temporaire maximale de 2 ans	– Projet de travaux, constructions ou installations bénéficiaires d'une DUP ; – Réalisation d'une opération d'aménagement ou exécution de travaux publics pris en considération.	Propriétaires d'un terrain bâti ou non bâti	Collectivité ou service public à l'origine du projet	Art. L. 230-1 du Code de l'urbanisme
L. 152-2 et L. 151-41, 5°	Servitude de périmètre d'attente	Inconstructibilité temporaire maximale de 5 ans	Programme d'aménagement global	Propriétaires d'un terrain bâti ou non bâti	Commune	
L. 152-2 et L. 151-41, 4°	Emplacement réservé	Inconstructibilité temporaire	Réalisation de programmes de logements dans l'objectif de mixité sociale	Propriétaires d'un terrain bâti ou non bâti	Commune	
L. 152-2 et L. 151-41, alinéa 8	Servitude de localisation et caractéristiques d'équipements publics	Inconstructibilité temporaire	Modification ou création de voies et ouvrages publics, d'installations d'intérêt général et d'espaces verts	Propriétaires d'un terrain bâti ou non bâti	Commune	
L. 152-2 et L. 151-41, 3°, 5°	Emplacement réservé	Inconstructibilité temporaire	Réalisation de voies et ouvrages publics, d'installations d'intérêt général et d'espaces verts ou d'espaces nécessaires aux continuités écologiques	Propriétaires d'un terrain bâti ou non bâti	Collectivité ou service public au bénéfice desquels le terrain a été réservé	
L. 152-2 et L. 151-41, 6°	Emplacement réservé	Inconstructibilité temporaire	Relocalisation d'équipements, de constructions et d'installations exposés au recul du trait de côte, en dehors des zones touchées par ce recul.	Propriétaires d'un terrain bâti ou non bâti	Collectivité au bénéfice de laquelle le terrain a été réservé	
L. 311-2	Servitude de périmètre d'une ZAC	–	Propriétaires de terrains compris dans la zone	Propriétaires d'un terrain bâti ou non bâti	Collectivité ou établissement public à l'initiative de la ZAC	

13.1.2 Délaissement pour les servitudes liées aux nuisances et risques

Il s'agit des droits de délaissement prévus en contrepartie de servitudes liées à la prévention de nuisances et de risques, instituées sur le fondement de législations autres que celle de l'urbanisme :
– servitude liée à la création d'un aérodrome ;
– servitudes environnementales (servitude liée aux risques technologiques et naturels et servitude liée aux cours d'eau).

13.1.2.1 Servitude liée à la création d'un aérodrome

Préalablement à la réalisation de tout nouvel aérodrome entrant dans l'une des catégories déterminées réglementairement, un décret définit le périmètre et détermine les catégories d'immeubles dont les propriétaires peuvent mettre en demeure l'État de procéder à l'acquisition de leurs biens dans les conditions définies par les articles L. 230-1 et suivants du Code de l'urbanisme(16).

Ces dispositions s'appliquent aux catégories d'aérodromes déterminées par voie réglementaire.

La mise en demeure doit être déposée, au plus tard, deux ans après la date d'ouverture de l'aérodrome à la circulation aérienne publique.

En cas d'acquisition d'un bien immobilier situé dans la zone définie par l'État ou tout organisme agissant en son nom, l'indemnité ou le prix sont déterminés sans prendre en compte toute dévalorisation liée à la décision d'implanter le nouvel aéroport.

13.1.2.2 Servitudes environnementales

Deux catégories de servitudes « environnementales » ouvrent droit au délaissement :
– celle instituée sur des secteurs délimités par des plans de préventions des risques technologiques (PPRT) en raison de l'existence de risques graves ;
– celle instituée sur des terrains riverains d'un cours d'eau ou de la dérivation d'un cours d'eau, ou situés dans leur bassin-versant, ou dans une zone estuarienne.

13.1.2.3 Servitude liée aux risques technologiques et naturels

Un droit de délaissement a été reconnu aux propriétaires de biens localisés à l'intérieur d'un périmètre d'exposition aux risques de secteurs délimités par un PPRT, en raison de l'existence de risques importants d'accident à cinétique rapide présentant un danger grave pour la vie humaine(17).

Ce droit peut être exercé pendant une durée de six ans à compter de la date de signature de la convention fixant les contributions respectives de l'État, des exploitants des installations à l'origine du risque et des collectivités territoriales compétentes ou leurs groupements compétents ou de la mise en place de la répartition par défaut desdites contributions.

Il est, en principe, exercé à l'encontre de la commune ou de l'EPCI compétent en matière d'urbanisme.

(16) Code des transports, art. L. 6353-2.

(17) Code de l'environnement, art. L. 515-16, II.

Ces personnes publiques peuvent, toutefois, par convention passée avec un établissement public, lui confier le soin de réaliser l'acquisition des biens faisant l'objet du délaissement.

13.1.2.4 Servitude liée aux cours d'eau

Il s'agit d'une servitude de prévention des inondations sur des terrains riverains d'un cours d'eau ou de la dérivation d'un cours d'eau, ou situés dans leur bassin-versant ou dans une zone estuarienne, instituée à la demande de l'État, des collectivités territoriales ou de leurs groupements(18).

Cette servitude d'utilité publique a trois corollaires dès lors qu'elle a pour objectif :
– soit de créer des zones de rétention temporaire des eaux de crues ou de ruissellement ;
– soit de créer ou restaurer des zones de mobilité du lit mineur d'un cours d'eau en amont des zones urbanisées ;
– soit de préserver ou restaurer des zones humides.

La mise en œuvre de cette servitude est autorisée par arrêté préfectoral, et ce après constat de l'achèvement des travaux lorsqu'ils sont nécessaires.

Pendant une période de dix ans à compter de la date de publication de cet arrêté, le propriétaire du terrain grevé peut exercer son droit de délaissement en requérant son acquisition partielle ou totale par la collectivité qui en a demandé l'institution.

Il peut, dans le même temps, exercer ce droit, partiellement ou totalement, à l'égard d'autres terrains si l'existence de la servitude compromet leur exploitation ou leur usage dans des conditions similaires à celles existant avant l'institution de la servitude.

Tab. 13.2. Tableau récapitulatif : Droit de délaissement des servitudes liées aux nuisances et risques

Articles	Catégories de servitudes	Objectif de la servitude	Bénéficiaire du délaissement	Conditions d'exercice
L. 6353-2 du Code des transports	– Immeubles liés à l'habitation ou aux activités en lien immédiat avec les habitants compris dans un périmètre géographique comprenant un nouvel aérodrome.	Prévention des nuisances sonores	État	Art. L. 230-1 du Code de l'urbanisme
L. 515-16 II du Code de l'environnement	– Terrains riverains de cours d'eau ou de dérivation de cours d'eau ; – Terrains situés dans le bassin-versant d'un cours d'eau ; – Terrains situés dans une zone estuarienne.	Prévention des inondations	Commune ou EPCI compétents en matière d'urbanisme	
L. 211-12 X du Code de l'environnement	– Biens localisés dans un périmètre exposé aux risques importants d'accident cinétique rapide présentant un danger grave pour la vie humaine.	Prévention des risques technologiques et naturels	Collectivité qui a demandé l'institution de la servitude	

(18) Code de l'environnement, art. L. 211-12, X.

13.2 Autres cas de délaissement

D'autres cas de délaissement ont été prévus par le législateur qui ni ne sont répertoriés à l'article L. 230-1 du Code de l'urbanisme, ni ne comportent des dispositions spécifiques y renvoyant.

Il s'agit des droits de délaissement *stricto sensu* pouvant être exercés dans le périmètre d'une déclaration d'utilité publique (DUP) *(cf. § 13.2.1)* ou d'une association foncière urbaine (AFU) *(cf. § 13.2.2)*, ainsi que des droits de délaissement particuliers en zone d'aménagement différé (ZAD) *(cf. § 13.2.3)* ou en droit de préemption urbain (DPU) *(cf. § 13.2.3)*.

13.2.1 Délaissement dans le périmètre d'une DUP

Ouverture du droit de délaissement

Les propriétaires des biens à acquérir inclus dans une opération ayant fait l'objet d'une DUP peuvent mettre en demeure la partie expropriante, qui a bénéficié de ladite DUP, pour qu'elle procède à l'acquisition de leurs biens[19].

REMARQUE

Le terme biens « à acquérir » vise ceux sur lesquels l'expropriant exerce sa prérogative de puissance publique, c'est-à-dire ceux compris dans l'emprise de l'opération.

IMPORTANT

La mise en demeure doit impérativement être adressée par une personne ayant la qualité de propriétaire, car à défaut, elle sera considérée comme irrégulière[20].

Délai d'exercice du droit de délaissement

La demande de mise en demeure peut être déposée après l'expiration d'une période d'un an à partir de la publication de cet acte déclaratif d'utilité publique. Dit autrement, le droit de délaissement des propriétaires naît à l'expiration de ce délai d'un an.[21]

Délai de réponse de l'expropriant

L'expropriant doit se positionner dans un délai de deux ans à compter du jour de la réception de la demande des propriétaires. Ce délai peut être prorogé une fois pour une durée d'un an, sauf dans les cas où une décision de sursis à statuer a été opposée antérieurement à l'intéressé.

Six mois avant l'expiration du délai de deux ans, l'expropriant doit faire connaître au propriétaire s'il entend proroger ledit délai et en informer simultanément le préfet.

Cette mise en demeure doit être adressée à l'expropriant, dont la copie est envoyée au préfet.

REMARQUE

Il ne s'agit pas d'un droit irrévocable puisque le bénéficiaire de la DUP peut, jusqu'au transfert de propriété à intervenir, renoncer à son projet. Une telle renonciation peut, en effet, être manifestée tant que la fixation judiciaire du

(19) Code de l'expropriation, art. L. 241-1, L. 241-2 et R. 241-1.

(20) CAA Lyon, 24 novembre 2001, SCP Bécheret Thierry Sénéchal Gorrias, n° 10LY02065.

(21) Code de l'expropriation, art. L. 241-1.

prix n'est pas intervenue et que ni l'arrêté de cessibilité ni l'ordonnance d'expropriation n'ont été rendus. Dans cette hypothèse, la demande de délaissement formulée par le propriétaire se trouve alors privée d'effet(22).

En pratique, le droit de délaissement est rarement exercé dans le périmètre d'une DUP dès lors que les propriétaires préfèrent généralement attendre de recevoir les offres indemnitaires de l'expropriant formulées dans le cadre de la procédure d'expropriation.

En tout état de cause, le droit de délaissement ne peut pas être exercé lorsque l'opération déclarée d'utilité publique tend à la conservation des forêts.

13.2.2 Délaissement dans le périmètre d'une AFU

Le droit de délaissement est une garantie ouverte aux propriétaires opposés à l'AFU.

Les propriétaires d'immeubles compris dans le périmètre d'une AFU à laquelle ils n'ont pas adhéré peuvent ainsi, dans le délai de trois mois à partir de la publication de l'arrêté préfectoral l'autorisant, exercer leur droit de délaissement(23).

De même, les propriétaires d'immeubles compris dans le périmètre d'une AFU ayant pour objet le groupement de parcelles peuvent délaisser leurs propriétés ou leurs quotes-parts de propriété sur les parcelles groupées, dans le délai de trois mois à partir de la publication de l'arrêté préfectoral ayant constaté que le projet est compatible avec la réglementation de l'urbanisme et que les formalités prévues par le Code de l'urbanisme ont été régulièrement accomplies.

Les biens délaissés doivent être acquis par les personnes tenues à un engagement à cet égard.

Cet engagement, qui peut avoir été souscrit par une personne publique ou privée, doit avoir été obligatoirement joint au projet d'acte d'association, à moins que celui-ci ne prévoie que l'association y sera engagée.

13.2.3 Droits de délaissement en ZAD et en DPU

Les droits de délaissement en ZAD et en DPU se différencient des droits de délaissement susanalysés en ce qu'ils ne sont pas considérés comme des réquisitions d'achat *stricto sensu*.

En effet, dans ces deux hypothèses, le droit de délaissement se traduit par une simple proposition d'acquisition. Il n'y a donc pas de mise en demeure d'acquérir induisant une menace de transfert forcé de propriété(24).

13.2.3.1 Droit de délaissement en ZAD

Le propriétaire d'un bien soumis au droit de préemption en ZAD ou en périmètre provisoire de ZAD, ou ses ayants cause universels ou à titre universel, peuvent solliciter auprès du titulaire de ce droit l'acquisition de son bien.

Ce droit de délaissement est assez semblable, dans son principe et ses modalités de mise en œuvre, au droit de délaissement en DPU.

---

(22) Cass. 3e civ., 13 février 2008, n° 06-21202.

(23) Code de l'urbanisme, art. L. 322-5 et R. 322-3, alinéa 1er.

(24) Code de l'urbanisme, art. L. 211-5, L. 212-3 et R. 212-4, R. 213-5 et R. 211-7.

Il s'en distingue toutefois par le fait que tous les propriétaires dont les biens sont inclus dans le périmètre de la ZAD ne peuvent pas bénéficier de l'exercice de ce droit. En effet, seuls ceux qui possédaient cette qualité à la date de l'acte de création de la ZAD ou de délimitation de son périmètre provisoire sont concernés.

13.2.3.2 Droit de délaissement en DPU

Le propriétaire d'un bien soumis au DPU peut proposer au titulaire de ce droit de l'acquérir, en indiquant le prix qu'il en demande.

Le titulaire doit se prononcer dans un délai de deux mois à compter de ladite proposition.

La demande d'acquisition donne lieu à l'établissement d'une demande d'acquisition établie conformément à un modèle objet du formulaire Cerfa n° 100072*03. Dans cette perspective, la case de la rubrique G de ce formulaire « demande au titulaire du droit de préemption d'acquérir les biens désignés à la rubrique C aux prix et conditions indiqués » devra être cochée (*cf.* modèle *infra*).

Tab. 13.3. Tableau récapitulatif : Autres droits de délaissement

Articles	Périmètre	Modalités	Bénéficiaires	Redevable	Conditions d'exercice
L. 241-1 du Code de l'expropriation	DUP	Mise en demeure d'acquérir	Propriétaire d'un bien à acquérir compris dans l'opération déclarée d'utilité publique	Expropriant	Art. L. 241-1 et s. et R. 241-1 du Code de l'expropriation
L. 322-5 du Code de l'urbanisme	AFU	Mise en demeure d'acquérir	Propriétaire d'immeubles compris dans le périmètre de l'AFU	AFU ou personne ayant souscrit un engagement lors de la constitution de l'AFU	Art. L. 322-5 et L. 322 7 du Code de l'urbanisme
L. 212-3 du Code de l'urbanisme	ZAD	Proposition d'acquérir	Propriétaire, à la date de publication de l'acte instituant la ZAD ou délimitant son périmètre provisoire, d'un bien soumis au droit de préemption	Titulaire du droit de préemption	Art. L. 212-3, L. 212-4 et L. 213-14 du Code de l'urbanisme
L. 211-5 du Code de l'urbanisme	DPU	Proposition d'acquérir	Propriétaire d'un bien soumis au DPU	Titulaire du droit de préemption	Art. L. 211-5, L. 212-4, L. 213-8 et L. 213-14 du Code de l'urbanisme

CHAPITRE 14

Mise en œuvre du droit de délaissement

Le mécanisme du droit de délaissement est, en principe, mis en œuvre par l'envoi d'une mise en demeure d'acquérir le bien concerné *(cf. § 14.1)*, dont les effets sont très contraignants pour le bénéficiaire du délaissement *(cf. § 14.2)*.

14.1 Mise en demeure d'acquérir

La mise en œuvre du droit de délaissement prend la forme d'une mise en demeure d'acquérir adressé par le propriétaire du bien (voir modèle *infra*).

Ainsi que souligné *supra*, la plupart des textes renvoient, en ce qui concerne les modalités de mise en œuvre du droit de délaissement, aux dispositions des articles L. 230-1 et suivants du Code de l'urbanisme *(cf. § 14.1.1)*.

Il existe toutefois des cas particuliers où la mise en demeure d'acquérir obéit à un régime distinct en raison de la nature du droit de délaissement afférent *(cf. § 14.1.2)*.

14.1.1 Hypothèse classique de l'article L. 230-1 du Code de l'urbanisme

14.1.1.1 Expéditeur de la mise en demeure

L'expéditeur de la mise en demeure d'acquérir est le propriétaire du bien délaissé.

Cette qualité s'apprécie à la date de l'envoi de la mise en demeure.

Le propriétaire n'a pas à joindre un document justificatif à son courrier de mise en demeure mais il doit pouvoir démontrer, si la demande lui en est faite, qu'il possède bien cette qualité.

En outre, l'exercice du droit de délaissement implique également que le propriétaire du bien ait le droit d'en disposer.

Ces obligations emportent un certain nombre de conséquences.

En premier lieu, en cas de démembrement de la propriété, le nu-propriétaire et l'usufruitier doivent tous les deux demander l'acquisition du bien. En d'autres termes, la mise en demeure ne peut être souscrite par l'usufruitier ou le nu-propriétaire seul.

En second lieu, si le bien est en indivision, la mise en demeure devra émaner de l'ensemble des indivisaires.

Ainsi, s'il entre dans la communauté de biens d'un couple marié sous ce régime, elle devra être signée par les deux époux.

De même, la demande d'acquisition portant sur un lot de copropriété est irrecevable dès lors qu'elle ne concerne qu'une quote-part indivise du terrain réservé. Le fait que le transfert de propriété ne porte pas sur les parties communes est sans incidence(1).

En revanche, dans l'hypothèse où le bien fait l'objet d'une transmission pour cause de décès, la mise en demeure peut être adressée par les ayants droit du propriétaire décédé qui bénéficie d'un avantage fiscal dans l'hypothèse où ils justifient que l'immeuble en cause représente au moins la moitié de l'actif successoral et sous réserve de présenter la demande d'acquisition dans le délai de six mois à compter de l'ouverture de la succession, si celle-ci n'a pas été formulée par le propriétaire décédé.

En conclusion, les exigences liées à la qualité de propriétaires doivent être interprétées restrictivement. N'entrent pas dans cette catégorie les propriétaires de parts indivises d'un bien ou les propriétaires d'appartements en copropriété. Le cas échéant, la mise en demeure d'acquérir qui serait adressée dans ces conditions serait irrecevable(2).

14.1.1.2 Destinataire

La mise en demeure doit être adressée par le propriétaire à la mairie de la commune où se trouve le bien. À cet égard, le législateur a instauré en la matière un guichet unique.

En d'autres termes, même si la commune n'est pas la personne publique devant procéder à l'acquisition du bien, la mise en demeure d'acquérir doit tout de même lui être adressée, à charge pour elle de la transmettre ensuite à la personne publique ou à l'entité concernée.

À défaut, la mise en demeure d'acquérir sera irrecevable.

CONSEIL

Lorsque le droit de délaissement est exercé en ZAC, il est important de tenir compte des dispositions prévues à ce sujet dans le traité de concession.

En effet, si la convention stipule que le concessionnaire a pour mandat d'acquérir les biens dans l'exercice de la procédure de délaissement, la mise en demeure devra lui être adressée. *A contrario*, si une telle disposition n'y figure pas, la mise en demeure devra être faite à la collectivité ou à l'établissement public à l'initiative de la ZAC.

(1) Cass. 3e civ., 10 mars 1982, n° 81-70.312.

(2) CA Versailles, 28 février 1995, *AJDI*, 1996, p. 405.

JURISPRUDENCE

Le juge judiciaire a ainsi déclaré irrecevable la demande d'acquisition présentée à une société d'économie mixte (SEM), concessionnaire de la commune, pour la réalisation d'une ZAC nonobstant le fait, qu'en cette qualité, elle était le mandataire de la commune pour l'acquisition des biens inclus à l'intérieur du périmètre de la zone. En effet, il a considéré que la mise en demeure était irrégulière dès lors qu'elle n'avait pas été adressée à la commune, collectivité publique ayant pris l'initiative de la création de la ZAC, et que le traité de concession ne donnait pas à la SEM la qualité de mandataire de la commune, compétente pour recevoir la mise en demeure(3).

Le cas échéant, la commune doit être particulièrement diligente dans la retransmission de cette mise en demeure.

En effet, d'une part, un retard dans la transmission n'est pas de nature à proroger le délai dans lequel le bénéficiaire du délaissement doit se prononcer.

D'autre part, ce retard est susceptible de constituer une faute de nature à engager sa responsabilité.

14.1.1.3 Modalités d'envoi

Aucun texte ne précise les modalités d'envoi de la mise en demeure.

CONSEIL

Pour des raisons de sécurité juridique, il est toutefois prudent de procéder à cet envoi par lettre recommandée avec accusé de réception ou de la déposer en mairie contre décharge.

Il est, en effet, important de conserver la preuve de la date de l'accomplissement de ces formalités dès lors que le bénéficiaire du délaissement dispose d'un délai d'un an à compter de la réception en mairie de la mise en demeure pour se prononcer.

14.1.1.4 Contenu de la mise en demeure

Elle doit préciser :
– l'identité et l'adresse du propriétaire ;
– les éléments permettant d'identifier l'emplacement réservé ou la servitude applicable ;
– les éléments permettant d'identifier le bien concerné (adresse, références cadastrales, superficie du bien, etc.).

Elle doit également mentionner les fermiers, locataires, ceux qui ont des droits d'emphytéose, d'habitation ou d'usage et ceux qui peuvent réclamer des servitudes.

Elle peut, par ailleurs, comporter une proposition de prix.

COMMENTAIRE

Si le bénéficiaire du délaissement l'accepte, il y aura alors accord sur la chose et sur le prix, c'est-à-dire vente parfaite. Le propriétaire du bien objet du délaissement n'aura plus alors aucune possibilité de négocier un prix plus élevé.

Dans le cas contraire, le juge de l'expropriation devra être saisi par la partie la plus diligente afin de fixer le prix du bien délaissé.

(3) Cass. 3e civ., 9 juin 1999, n° 98-70145.

Modèle de lettre de mise en demeure

Monsieur <*nom*>

<*coordonnées postales, téléphoniques et mail*>

Monsieur le maire,

Je suis propriétaire <*préciser le régime de propriété*> du bien cadastré section <*références cadastrales*>, situé <*adresse*> sur le territoire communal, en zone <*à préciser*> du PLU approuvé le <*date*> par délibération du conseil municipal (ou du conseil communautaire, le cas échéant).

Ce bien, d'une superficie de <*à compléter*>, est composé de <*décrire la consistance du bien*>.

Il s'avère qu'il fait l'objet de l'emplacement réservé <*numéro*> inscrit au PLU du <*à compléter*> *OU* qu'il est grevé d'une servitude <*préciser la nature de la servitude et l'acte l'instituant*> *OU* qu'il est inclus dans le périmètre de la ZAC de <*ville*> créée le <*date*> à l'initiative de <*à compléter*> *OU* d'une opération relevant des dispositions de l'article L. 111-11 du Code de l'urbanisme dont <*à compléter*> est à l'initiative.

Or, en vertu des dispositions du Code de <*citer les dispositions applicables*>.

Par la présente, je vous notifie, en conséquence, sur le fondement de cet article, une mise en demeure d'acquérir le bien sus-décrit, que vous voudrez bien, le cas échéant, transmettre à la personne publique ou entité bénéficiaire du délaissement.

<*indiquer, le cas échéant, le prix sollicité*>

Je vous précise, à toutes fins utiles, que ce bien est libre de toute occupation <*OU mentionner, le cas échéant, les fermiers, locataires, ceux qui ont des droits d'emphytéose, d'habitation ou d'usage et ceux qui peuvent réclamer des servitudes*>.

<*formule de politesse*>

14.1.1.5 Publicité

La collectivité ou le service public qui fait l'objet de la mise en demeure doit procéder à une publicité collective de cet acte.

Cette publicité collective vise à faire connaître l'existence de la mise en demeure à toute personne intéressée susceptible de faire valoir un droit.

Les modalités de cette publicité collective ne sont toutefois nullement définies par le législateur.

CONSEIL

Il est recommandé de procéder au moins, d'une part, à l'affichage visible depuis la voie publique, pendant une durée d'un mois, sur le terrain ou à proximité du bien, et, d'autre part, à une publication dans un journal diffusé dans le département.

Les personnes intéressées sont tenues de se faire connaître, dans un délai de deux mois, à défaut ils perdent tout droit à indemnité.

14.1.1.6 Délai

La collectivité ou le service public qui fait l'objet de la mise en demeure d'acquérir dispose d'un délai d'un an à compter de sa réception pour se prononcer. À défaut, le juge de l'expropriation devra être saisi en fixation judiciaire du prix par la partie la plus diligente.

Ce délai permet de dégager du temps aux parties intéressées afin de négocier le prix du bien à acquérir.

14.1.2 Cas particuliers

Les conditions d'exercice du droit de délaissement ont été unifiées par les dispositions de l'article L. 230-1 du Code de l'urbanisme.

Il en va toutefois autrement du régime applicable aux biens situés dans le périmètre d'une DUP, d'une AFU ou pour ceux situés dans le périmètre d'une ZAD ou du DPU.

Chacun de ces droits de délaissement reste, en effet, régi par les textes qui leur sont propres.

Cette différence est notable en ce qui concerne le délaissement en ZAD et en DPU dont l'exercice ne passe pas par une mise en demeure d'acquérir.

14.1.2.1 Mise en demeure d'acquérir dans le périmètre d'une DUP

REMARQUE

Article R. 241-1 du Code de l'expropriation pour cause d'utilité publique

La mise en demeure doit être adressée à l'expropriant, avec copie au préfet.

L'envoi de la mise en demeure se fait par lettre recommandée avec accusé de réception, dans les mêmes conditions que celles précédemment exposées en ce qui concerne notamment les règles relatives à son contenu ou à la qualité de propriétaire de son expéditeur.

Ainsi que mentionné *supra*, le bénéficiaire de la DUP dispose d'un délai de deux ans à compter du jour de la réception de la mise en demeure pour acquérir le bien.

À défaut, le juge de l'expropriation pourra être saisi en fixation judiciaire du prix par la partie la plus diligente.

Ce délai peut être prorogé une fois pour une durée d'un an, sauf dans les cas où une décision de sursis à statuer a été opposée antérieurement à l'intéressé. Le cas échéant, l'expropriant doit le faire savoir au propriétaire six mois avant l'expiration du délai de deux ans et en informe simultanément le préfet.

Les immeubles qui font l'objet de la mise en demeure d'acquérir ne peuvent plus être soumis au DPU.

14.1.2.2 Mise en demeure dans le périmètre d'une AFU

Ainsi que mentionné *supra*, les propriétaires d'immeubles compris dans le périmètre de l'AFU doivent, dans le délai de trois mois à partir de la publication de l'arrêté préfectoral autorisant l'association, adresser une mise en demeure d'acquérir lesdits immeubles soit à la personne qui s'y est engagée lors de la constitution de l'association, soit à l'AFU elle-même.

Le même mécanisme est à nouveau applicable lors du regroupement des parcelles.

À défaut de précisions réglementaires quant aux modalités de mise en demeure, son envoi par lettre recommandée avec accusé de réception est préconisé, et ce dans les mêmes conditions que celles précédemment exposées en ce qui concerne notamment les règles relatives à son contenu ou à la qualité de propriétaire de son expéditeur.

14.1.2.3 Proposition d'achat en ZAD et en DPU

Règles communes

Dans un cas comme dans l'autre, l'exercice du droit de délaissement prend la forme non pas d'une mise en demeure mais d'une simple proposition d'achat, formalisée dans le formulaire Cerfa relatif à une telle demande d'acquisition.

Le bénéficiaire du délaissement n'a donc aucune obligation d'acquérir le bien qui lui est offert.

La proposition d'acquisition doit obligatoirement indiquer le prix demandé.

Par ailleurs, le bénéficiaire du délaissement doit se prononcer dans le délai de deux mois à compter de la date de réception ou de la décharge de la demande. À défaut, son silence vaudra renonciation à l'exercice de ce droit[4].

Ce délai pourra néanmoins être suspendu dans l'hypothèse où il formulerait une demande de communication de pièces.

REMARQUE

La demande de pièces complémentaires doit être unique et ne peut porter que sur celles limitativement énumérées à l'article R. 213-7 du Code de l'urbanisme.

Règles particulières

Les droits de délaissement en DPU et en ZAD comportent respectivement quelques particularités.

S'agissant du délaissement en DPU, la demande doit être adressée en lettre recommandée avec accusé de réception, en quatre exemplaires, déposée contre décharge à la mairie de la commune où se trouve situé le bien ou adressée par voie électronique en un seul exemplaire.

Dès réception de la proposition, le maire doit en transmettre une copie au directeur départemental ou, le cas échéant, régional des finances publiques en lui précisant si cette transmission vaut une demande d'avis.

(4) Code de l'urbanisme, art. L. 212-3.

RÉPUBLIQUE FRANÇAISE
Liberté Égalité Fraternité

cerfa

Déclaration d'intention d'aliéner ou demande d'acquisition d'un bien soumis à l'un des droits de préemption prévus par le code de l'urbanisme

Ce formulaire est émis par le ministère de la transition écologique et de la cohésion des territoires[1].

Ce formulaire peut se remplir facilement sur ordinateur. Si vous ne disposez pas du logiciel adapté, vous pouvez télécharger Adobe Acrobat Reader gratuitement via ce lien

- ☐ Déclaration d'intention d'aliéner un bien (1)
  - ☐ Soumis au droit de préemption urbain (D.P.U) (articles L. 211-1 et suivants du Code de l'urbanisme (2))
  - ☐ Compris dans une zone d'aménagement différé (Z.A.D.) (articles L. 212-1 et suivants du Code de l'urbanisme (3))
  - ☐ Compris dans une zone de préemption délimitée au titre des espaces naturels sensibles (articles L. 215-1 et suivants du Code de l'urbanisme (4))
- ☐ Demande d'acquisition d'un bien (1)
  - ☐ Soumis au droit de préemption urbain (D.P.U.) (2)
  - ☐ Compris dans une zone d'aménagement différé (Z.A.D.) (3)

Cadre réservé à l'administration

Date de dépôt au guichet : __ __/__ __/__ __ __ __ N° d'enregistrement :

Prix moyen au m² :

G - Les soussignés déclarent

Indications complémentaires concernant l'opération envisagée par l'acquéreur (facultatif) (19) :

→ ☐ 2 - Demande(nt) au titulaire du droit de préemption d'acquérir les biens désignés à la rubrique C aux prix et conditions indiqués (20).

☐ 3 - Qu'il est chargé de procéder à la vente par voie d'adjudication comme indiqué à la rubrique F-2 des biens désignés à la rubrique C appartenant au(x) proprietaire(s) nommé(s) à la rubrique A.

Fait à :

Le :

Signature et cachet s'il y a lieu

Fig. 14.1. Extrait du formulaire Cerfa n° 100072*03

Le maire transmet également copie de la proposition au délégataire éventuel du droit de préemption lorsque le titulaire de ce droit est la commune.

Dans les autres cas, il transmet copie de la proposition au titulaire du droit de préemption, à charge pour ce dernier de la transmettre à son tour à l'éventuel délégataire.

Ces transmissions doivent indiquer la date de l'avis de réception ou de la décharge de cette proposition.

On retrouve ici le principe du mécanisme du guichet unique à charge pour le maire d'assurer ensuite la transmission de la proposition de délaissement.

En ce qui concerne le délaissement en ZAD, le bénéficiaire est tenu, sur simple requête du propriétaire, d'attester dans le délai de quinze jours suivant la réception de ladite requête, que le bien n'est plus soumis au droit de préemption de la ZAD ou du périmètre provisoire de ZAD.

14.2 Effets de la mise en demeure

La mise en demeure a un caractère réellement contraignant pour la personne publique ou l'entité concernée qui doit se prononcer dans le délai légal d'un an qui lui est imparti *(cf. § 14.2.1)*.

Le bénéficiaire du droit de délaissement ne dispose pas de droit de repentir *(cf. § 14.2.2)*. Il s'expose, par ailleurs, à une levée des charges qui grève le bien si le juge de l'expropriation n'est pas saisi de manière suffisamment diligente en vue de la fixation du prix et du transfert de propriété *(cf. § 14.2.3)*.

Quant au propriétaire du bien délaissé, il ne peut pas se prévaloir d'un droit de rétrocession *(cf. § 14.2.4)*.

14.2.1 Obligation d'acquérir

Deux hypothèses sont susceptibles de se présenter :
– un accord amiable est trouvé entre les parties sur le prix ;
– aucun accord amiable n'est trouvé.

14.2.1.1 Accord amiable

Le prix doit être réglé dans les deux ans de la réception en mairie de la mise en demeure.

Par ailleurs, l'acte authentique portant transfert de propriété éteint par lui-même et à sa date tous droits réels ou personnels existants sur les immeubles cédés. Les personnes titulaires de ces droits sont susceptibles de solliciter l'indemnisation de leur préjudice au bénéficiaire du délaissement, sous réserve de leur dénonciation antérieure régulière.

14.2.1.2 Absence d'accord sur le prix

Saisine du juge

Le juge de l'expropriation peut être saisi par la partie la plus diligente, à savoir soit le propriétaire, soit le bénéficiaire du délaissement à l'expiration du délai légal imparti.

S'agissant du délaissement régi par le Code de l'urbanisme, les servitudes et les réserves ne sont plus opposables si le juge de l'expropriation n'a pas été saisi trois mois après l'expiration du délai d'un an imparti au bénéficiaire du délaissement pour se prononcer.

Cette disposition ne fait cependant pas obstacle à la saisine du juge de l'expropriation au-delà de ces trois mois.

REMARQUE

Le délai de trois mois correspond au délai minimum au-delà duquel le propriétaire peut solliciter la levée de la servitude ou de l'emplacement réservé.

Le juge de l'expropriation prononce le transfert de propriété et fixe le prix de l'immeuble.

Le prix doit permettre de réparer tous les préjudices subis. Il s'entend, en conséquence, indemnité de remploi et autres indemnités accessoires comprises.

REMARQUE

L'indemnité de remploi est destinée à couvrir les frais que le propriétaire aura à supporter pour l'achat d'un bien équivalent destiné à remplacer celui qu'il entend délaisser du fait de la servitude ou des droits qui le grèvent.

Le juge de l'expropriation fixe également, s'il y a lieu, les indemnités auxquelles peuvent prétendre les ayants droit du propriétaire décédé.

Modalités de fixation du prix

Le prix est fixé et payé comme en matière d'expropriation.

Les biens sont, par suite, estimés selon leur consistance à la date de la décision de première instance, sans tenir compte des améliorations spéculatives, en fonction de leur usage effectif à la date de référence.

Il ne peut, en tout état de cause, être tenu compte des dispositions qui ont justifié le droit de délaissement.

COMMENTAIRE

Il ne saurait notamment être tenu compte :
- des charges et servitudes d'urbanisme inscrites au PLU grevant les terrains délaissés ;
- pour les biens grevés d'une servitude liée à la création d'un aérodrome, de la dévalorisation éventuelle due à la décision d'implanter cette installation ;
- de la dépréciation supplémentaire éventuelle apportée par l'intervention de la servitude liée au cours d'eau ;
- de la dépréciation supplémentaire éventuelle apportée par l'intervention de la servitude liée aux risques technologiques et naturels.

Date de référence

La date de référence est destinée à assurer l'équilibre entre les intérêts des propriétaires, qui doivent être indemnisés de leur préjudice certain, et ceux du bénéficiaire du droit de délaissement, qui doivent être protégés de la spéculation foncière sur les biens grevés.

Il s'agit de la date à laquelle le juge de l'expropriation va se placer pour déterminer « l'usage effectif » du bien à retenir. Les changements de valeurs qui le toucheraient postérieurement à cette date de référence ne pourront pas être pris en compte dans le cadre de son évaluation.

La date de référence est, en principe, celle à laquelle est devenu opposable aux tiers le plus récent des actes rendant public le PLU ou l'approuvant, le révisant ou le modifiant et délimitant la zone dans laquelle est situé le terrain.

En l'absence de POS rendu public ou de PLU, la date de référence est fixée à :
– pour le droit de délaissement exercé dans un périmètre d'étude (sursis à statuer), à la date de la publication de l'acte ayant pris le projet en considération ;
– pour le droit de délaissement exercé dans un périmètre de DUP (sursis à statuer), à un an avant l'ouverture de l'enquête préalable à la DUP ;
– pour le délaissement en ZAD, à un an avant la création de ladite zone ;
– pour le délaissement lié à la création d'un aérodrome, la date de la publication du décret définissant le périmètre et déterminant les catégories d'immeubles liées à l'habitation ou aux activités en lien immédiat avec les habitants.

Paiement du prix

Le prix doit être payé au plus tard deux ans à compter de la réception en mairie de la mise en demande d'acquérir.

Les personnes publiques ont pour pratique de régler le prix par virement bancaire.

À l'issue de ce délai, le propriétaire devrait avoir droit, sur demande adressée par lettre recommandée avec accusé de réception au titulaire de droit de délaissement, au paiement d'intérêts.

Ces intérêts semblent devoir être dus à compter de la réception de la demande jusqu'au règlement du prix d'acquisition ou de la consignation de la somme due en cas d'obstacle au paiement.

Transfert de propriété

Le transfert de propriété est prononcé par le juge de l'expropriation.

REMARQUE

Le juge de l'expropriation est un juge spécialisé du tribunal judiciaire du ressort territorial au sein duquel se situe le bien délaissé. Il appartient à l'ordre judiciaire.

Cette décision doit être publiée au service de publicité foncière à l'instar d'un acte authentique de vente.

La décision juridictionnelle portant transfert de propriété éteint par elle-même et à sa date tous droits réels ou personnels existants sur les immeubles cédés. Les personnes détentrices de droit sur les biens cédés peuvent néanmoins réclamer une indemnisation pour le préjudice subi à condition de leur dénonciation préalable régulière.

Prise de possession

Le bénéficiaire du droit de délaissement peut prendre possession des lieux dans le délai d'un mois, soit du paiement de l'indemnité ou, en cas d'obstacle au paiement, de sa consignation.

Les détenteurs qui n'auraient pas quitté les lieux passé ce délai pourront faire l'objet d'une procédure d'expulsion.

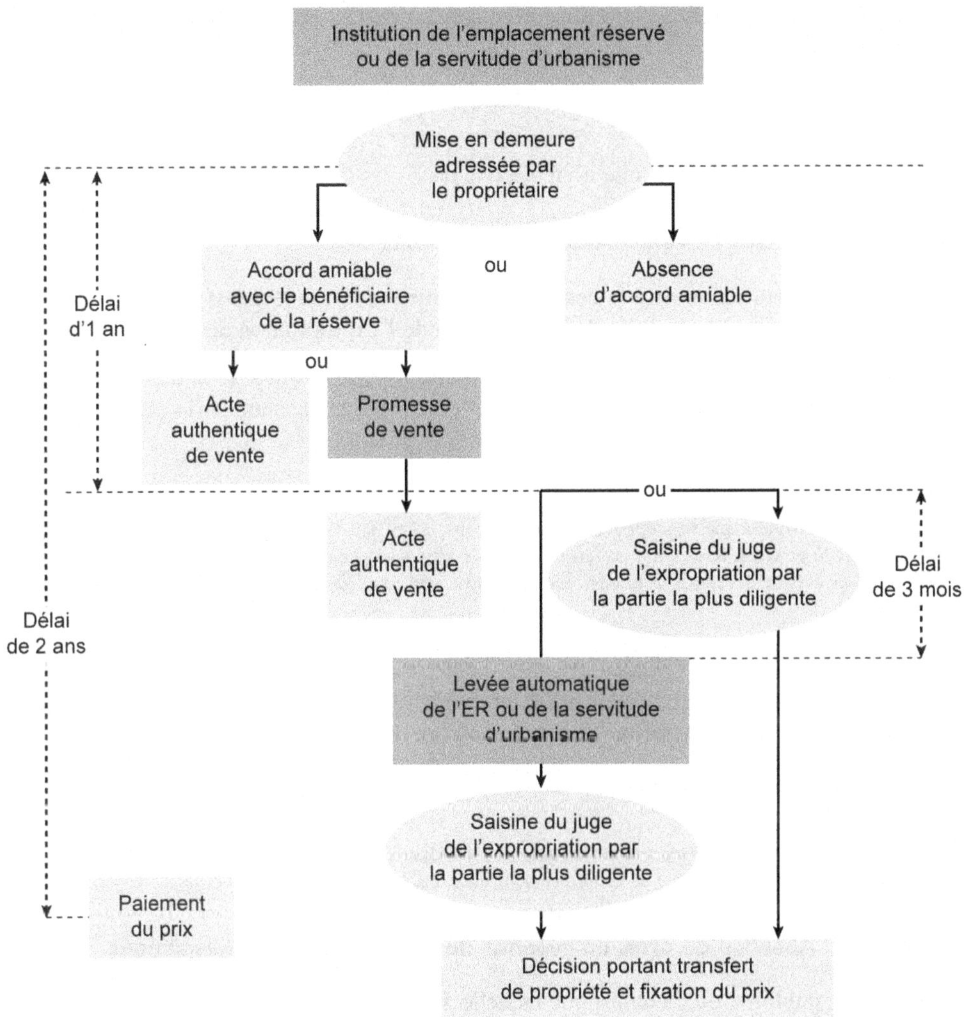

Fig. 14.2. Schéma récapitulatif sur l'envoi de la mise en demeure d'acquérir

14.2.2 Droit de repentir

Le droit de repentir se définit comme la faculté donnée à une personne déterminée de revenir, unilatéralement, sur l'une de ses demandes ou sur l'un de ses engagements.

Il s'agit d'un dispositif mis en place au bénéfice d'une personne publique qui peut ainsi acquérir des biens nécessaires à la réalisation de ses projets.

Il constitue également une garantie pour le propriétaire du bien grevé de charges puisqu'il lui permet de s'en défaire alors qu'il pourrait difficilement le céder sur le marché immobilier local en raison desdites charges.

Ce mécanisme doit toutefois être utilisé avec précaution tant par l'un que par l'autre de ces parties intéressées.

En effet, en matière de délaissement, le droit de repentir du propriétaire est encadré dans le temps.

Quant à la personne publique, elle n'en dispose pas.

14.2.2.1 Faculté de renonciation du propriétaire

Le propriétaire peut renoncer à la cession de son bien tant que le transfert de propriété n'a pas été prononcé par une décision de la juridiction de l'expropriation devenue définitive.

Une fois la décision juridictionnelle devenue définitive, il ne disposera, *a contrario*, plus du droit de repentir et devra, en conséquence, céder son bien même si le prix fixé ne lui convient pas.

JURISPRUDENCE

Le juge a ainsi considéré que le propriétaire d'un immeuble ayant fait l'objet d'un emplacement réservé peut, jusqu'à ce que le prix soit fixé et le transfert de propriété prononcé par une décision passée en force de chose jugée, renoncer unilatéralement à la faculté, dont il dispose seul, d'exiger l'acquisition de cet immeuble par la collectivité[(5)].

L'exercice du droit de repentir n'est pas formalisé légalement.

En pratique, il s'exerce par l'envoi par le propriétaire du bien, au bénéficiaire du droit de délaissement, d'un courrier faisant état de sa volonté de finalement revenir sur son intention de le lui céder.

CONSEIL

Il est recommandé de rappeler l'identité et l'adresse du propriétaire, les éléments d'identification du bien et de la charge qui le grève, ainsi que la date de la mise en demeure précédemment adressée.

14.2.2.2 Absence de droit de repentir du bénéficiaire du délaissement

La personne publique ou l'entité pour laquelle le droit de délaissement a été institué est contrainte d'acquérir le bien qui fait l'objet d'une mise en demeure à l'expiration du délai imparti dès lors que le transfert de propriété et le prix auront été fixés définitivement par le juge de l'expropriation.

CONSEIL

L'institution de réserves, servitudes ou autres charges doit faire l'objet d'une véritable réflexion de la personne publique bénéficiaire afin qu'elle soit en adéquation avec son budget.

(5) Cass. 3e civ., 5 novembre 1985, n° 84-70128.

14.2.3 Levée de la réserve

REMARQUE

La levée des réserves permet de rendre inopposables les limitations de construire et les réserves instituées par la personne publique.

Elle est opérée automatiquement si le juge judiciaire n'a pas été saisi dans un délai de trois mois à compter de l'expiration du délai d'un an dans lequel le bénéficiaire du délaissement doit se prononcer(6).

Le principe d'inopposabilité de la réserve n'est applicable qu'aux servitudes d'urbanisme.

En ce qui concerne le délaissement en ZAD, il est expressément prévu que le défaut de saisine du juge de l'expropriation à l'issue du délai de trois mois ne fait pas sortir les biens concernés du périmètre de la zone.

14.2.4 Droit de rétrocession

Le droit de rétrocession permet au propriétaire dont le bien a été acquis par une personne publique dans le cadre du droit de l'expropriation ou de préemption d'en solliciter la rétrocession s'il ne reçoit pas ou cesse de recevoir la destination qui a justifié son appropriation.

En d'autres termes, il peut demander à la personne publique de lui revendre le bien dès lors que la destination ayant justifié l'acquisition initiale n'a pas été respectée.

Un tel droit n'existe pas en matière de délaissement dès lors qu'il constitue une réquisition d'achat à l'initiative des propriétaires des biens concernés.

JURISPRUDENCE

En effet, le fait que le transfert de propriété intervienne à l'initiative des propriétaires et non de la personne publique au profit de laquelle le transfert a lieu, distingue la procédure de délaissement de la procédure d'expropriation et empêche de considérer que le délaissement constitue une privation de propriété au sens de l'article 17 de la Déclaration du 26 août 1789 des droits de l'Homme et du Citoyen(7).

L'absence de droit de rétrocession ne signifie pas pour autant que l'utilisation du bien acquis par voie de délaissement est libre pour le bénéficiaire de ce droit.

Ainsi, il doit en assurer la gestion raisonnablement.

Par ailleurs, avant son utilisation définitive, le bien ne peut pas faire l'objet d'une cession en pleine propriété en dehors des cessions que les personnes publiques pourraient se consentir entre elles et celles faites en vue de la réalisation d'opérations ayant justifié le délaissement.

Ces immeubles ne peuvent faire l'objet que de concessions temporaires qui ne confèrent au preneur aucun droit de renouvellement et aucun droit à se maintenir dans les lieux lorsque l'immeuble est repris en vue de son utilisation définitive.

Enfin, le transfert dans le patrimoine de la personne bénéficiaire du délaissement de la réserve de terrains inscrits en emplacement réservé au PLU est sans incidence sur la destination prévue par ce document d'urbanisme. Par suite, les seuls ouvrages ou installations dont

(6) Code de l'urbanisme, art. L. 230-4.

(7) Cons. const., déc. n° 2013-325 QPC du 21 juin 2013.

la réalisation peut, postérieurement à ce transfert, être autorisée sur ces terrains, sont ceux qui sont conformes à cette destination.

JURISPRUDENCE

Le juge administratif a ainsi sanctionné la délivrance par un maire d'un permis de construire ayant pour objet la réalisation d'un parc de stationnement en sous-sol, alors même que cette construction n'aurait pas fait obstacle à l'édification ultérieure de bâtiments dès lors que les parcelles assiettes du projet, dont l'acquisition avait été autorisée par le conseil municipal, avaient été réservées à l'édification de locaux scolaires[8].

(8) CE 14 octobre 1991, Association cadre de vie des résidents de Courbevoie-Bécon, n° 92532.

PARTIE 5

Annexes

ANNEXE A

Principaux outils de maîtrise foncière

Tab. A.1. Récapitulatif des principaux outils de maîtrise foncière

Mode d'acquisition	Types de procédure	Actes principaux de la procédure	Fondement légal
Acquisition amiable	Vente simple	– Promesses de vente (unilatérale ou synallagmatique) ; Acte authentique de vente.	– Art. 710-1, 1128 et s. et 1582 et s. du C. civ. ; – Art. L. 1111-1 du CGPPP.
	Vente avec charges	Idem + Cahier des charges de vente	
Bail à construction	Constitution de droits réels	Bail	– Art. L. 251-1 et s. du CCH.
Bail emphytéotique	Constitution de droits réels		– Art. L. 451-1 et s. du C. rur. ; – Art. L. 1311-2 et s. du CGCT ; – Art. L. 2122-20 et s. du CGPPP.
Bail à réhabilitation	Constitution de droits réels		– Art. L. 252-1 et s. du CCH.
AOT constituant des droits	Constitution de droits réels	Acte unilatéral ou contrat	– Art. L. 1311-5 et s. du CGCT ; – Art. L. 2122-20 du CGPPP

Mode d'acquisition	Types de procédure	Actes principaux de la procédure	Fondement légal
Bail réel solidaire	Constitution de droits réels	Bail Logement	– Art. L. 255-1 et s. et R. 252-1 et s. du C. urb. ; – Art. L. 329-1 du C. urb. ; – Art. L. 301-1 du CCH.
Bail réel et solidaire d'activité	Constitution de droits réels	Bail activités	– Art. L. 256-1 du CCH.
Acquisition des biens sans maître ou présumés tels	Mode d'acquisition dérogatoire	Pour les biens sans maîtres : incorporation de plein droit ; Pour les biens présumés sans maître : – arrêté du maire ou du préfet – délibération du conseil municipal décidant de l'incorporation du bien ; – arrêté du maire ou du préfet constatant l'incorporation.	– Art. 713 du C. civ. ; – Art. L. 1123-1 et s. du CGPPP.
Dons et legs	Gratification testamentaire	Testament	– Art. L. 1121-4 et s. du CGPPP ; – Art. L. 2242-1, L. 1121-5 et L. 1121-6, et s. du CGPPP ; – Art. 900-1 et s. du C. civ. ; – Art. 1046 du C. civ.
Parcelles en l'état d'abandon manifeste	Mode d'acquisition dérogatoire	– Procès-verbaux d'abandon (provisoire et définitif) ; – Arrêté préfectoral de DUP et de cessibilité ; – Ordonnance d'expropriation	– Art. L. 2243-1 à L. 2243-4 du CGCT.
Transfert de voies privées ouvertes à la circulation	Mode d'acquisition dérogatoire	Délibération du conseil municipal ou arrêté préfectoral en cas d'opposition des propriétaires au transfert	– Art. L. 318-3 et s. du C. urb. ; – Art. R. 318-10 et s. du C. urb.
Expropriation	Droit commun	– Arrêté de DUP ; – Arrêté de cessibilité ; – Ordonnance d'expropriation.	Code de l'expropriation
	Réserves foncières		

Mode d'acquisition	Types de procédure	Actes principaux de la procédure	Fondement légal
Préemption	Droit commun	– DIA ; – Décision de préemption ; – Acte authentique de vente (procédure de droit commun).	– Art. L. 210-1 et s. du C. urb.
	Adjudication	– DIA ; – Décision de préemption ; – Cahier des conditions de vente et jugement d'adjudication (préemption sur adjudication).	
Délaissement	Périmètres d'étude	– Mise en demeure d'acquérir ; – Acte authentique de vente (en cas d'accord amiable) ; *ou* – Jugement du juge de l'expropriation portant transfert de propriété et fixant le prix (en l'absence d'accord amiable).	– Art. L. 230-1 du C. urb.
	Périmètre d'attente		
	ER pour des programmes de logements		
	– Servitude et ER pour réalisation d'équipements publics d'installations d'intérêt général ou d'espaces verts ; – ER pour retrait du trait de côte.		
	Périmètre de ZAC		
	Servitude liée à la création d'un aérodrome		
	Servitude environnementale		
	Servitude liée aux risques technologique et naturel		
	Servitude liée aux cours d'eau		
	Périmètre d'une DUP		
	Périmètre d'une AFU		
	ZAD et DPU		

Tab. A.2. Synthèse des principaux avantages et inconvénients de chaque outil

Outils	Avantages majeurs	Inconvénients majeurs
Cession amiable simple	– Un accord de volonté entre les parties suffit ; – Outil contractuel souple ; – Perception par le vendeur d'un prix de vente reflétant la valeur du bien.	– Aucune maîtrise par la personne publique sur projet réalisé par l'opérateur privé.
Vente avec charges	– Des prescriptions peuvent être mises à la charge de l'opérateur privé dans le respect des orientations d'aménagement définies par la collectivité.	– Risque de requalification en contrat de la commande publique si les caractéristiques de l'opération ont été définies précisément par la collectivité et qu'elle répond à des besoins de celle-ci.
Bail à réhabilitation	– Amélioration du bien du bailleur du fait de sa réhabilitation par le preneur Absence de frais d'acquisition du terrain par le preneur.	– Champ d'application limité.
Bail emphytéotique	– Maîtrise de la destination du bien par la collectivité territoriale ; – Absence de frais d'acquisition du terrain par le preneur.	– Champ d'application limité Risque de requalification en contrat de la commande publique.
Bail à construction	– Amélioration du bien du bailleur du fait de l'édification de construction par le preneur ; – Absence de frais d'acquisition du terrain par le preneur.	– Droit temporaire de propriété du preneur sur les constructions édifiées.
Bail réel solidaire	– Faciliter l'acquisition de logements par les ménages modestes tout en permettant à l'OFS de conserver la maîtrise du foncier.	– Absence de propriété des terrains par les propriétaires des logements.
Bail réel et solidaire d'activité	– Faciliter l'acquisition de locaux d'activités par les micro-entreprises tout en permettant à l'OFS de conserver la maîtrise du foncier.	– Absence de propriété des terrains par les preneurs à bail.
AOT conférant des droits réels	– Dépendances soumises aux conditions générales de vente concernées ; – Utilisation d'un bien appartenant au domaine public par le titulaire ; – Droits réels temporaires du titulaire sur le bien.	– Champ d'application limité ; – Risque de requalification en contrat de la commande publique.

Outils	Avantages majeurs	Inconvénients majeurs
Dons et legs	– Gratuité de l'acquisition.	– Étroitement liés à la volonté du donateur ; – Nécessité de respecter les charges afférentes au legs.
Déclaration de parcelles en l'état d'abandon	– Affectation du bien abandonné à la réalisation d'un projet de construction ou de réhabilitation aux fins d'habitat, soit de tout objet d'intérêt collectif.	– Nécessité d'un abandon de parcelles par son propriétaire.
Bien sans maître ou présumé tel	– Gratuité de l'acquisition (sauf manifestation ultérieure des propriétaires).	– Étroitement lié à l'absence d'héritiers.
Transfert d'office de voies privées	– Gratuité de l'acquisition (sauf cas exceptionnel).	– Champ d'application limité.
Expropriation	– Acquisition forcée du bien.	– Procédure de mise en œuvre lourde nécessitant l'intervention du préfet ; – Mode d'acquisition souvent conflictuel du fait de l'opposition du propriétaire à la cession de son bien.
Préemption	– Simple décision de préemption ; – Le vendeur a décidé de l'aliénation de son bien.	– Étroitement liée à l'intervention d'une DIA ; – Immixtion dans une transaction de droit privé, d'où de nombreux contentieux introduits par les acquéreurs évincés.
Délaissement	– Contrepartie d'un ER ou d'une servitude qui permet à la collectivité territoriale d'anticiper l'acquisition d'un bien afin de geler tout projet incompatible.	Étroitement lié à la volonté du propriétaire de se défaire de son bien en raison de l'ER ou de la servitude ; Obligation de la collectivité territoriale d'acquérir le bien délaissé.

ANNEXE B

Cahier des charges et conditions de vente en matière de licitation

Annexe créée par DCN n° 2008-002, assemblée générale du Conseil national des barreaux du 12 décembre 2008, publiée par décision du 24 avril 2009 (*JO* 12 mai 2009, modifiée lors de l'AG des 14 et 15 septembre 2012 – annexe modifiée par DCN n° 2018-002, AG du 17 novembre 2018, publiée par décision du 13 février 2019 – *JO* 7 mars 2019).

Chapitre 1er – Dispositions générales

Article 1er – Cadre juridique

Le présent cahier des charges et conditions de la vente s'applique à une vente sur adjudication ordonnée par le tribunal dans le cadre général des dispositions des articles 1271 à 1281 du Code de procédure civile et de celles du Code des procédures civiles d'exécution.

Article 2 – État de l'immeuble

L'acquéreur prendra les biens dans l'état où ils se trouvent au jour de la vente, sans pouvoir prétendre à aucune diminution de prix, ni à aucune garantie ou indemnité contre les parties pour dégradations, réparations, défauts d'entretien, vices cachés, vices de construction, vétusté, erreurs dans la désignation, la consistance ou la contenance alors même que la différence excéderait un vingtième, ni à raison des droits de mitoyenneté ou de surcharge des murs séparant lesdits biens des propriétés voisines, alors même que ces droits seraient encore dus et sans garantie de la nature, ni de la solidité du sol ou du sous-sol en raison des carrières et des fouilles qui ont pu être faites sous sa superficie, des excavations qui ont pu se produire, des remblais qui ont pu être faits, des éboulements et glissements de terre.

L'acquéreur devra en faire son affaire personnelle, à ses risques et périls sans aucun recours contre qui que ce soit.

En vertu des dispositions de l'article 1649 du Code civil, l'acquéreur ne bénéficiera d'aucune garantie des vices cachés.

Article 3 - Baux et locations

L'acquéreur fera son affaire personnelle des baux, locations et occupations relatées par ailleurs.

Il tiendra compte, en sus et sans diminution de son prix, aux différents locataires, des loyers qu'ils auraient pu payer d'avance et qui auront été déclarés.

À défaut de cette déclaration, l'acquéreur tiendra compte aux locataires des loyers qu'ils justifieront avoir régulièrement payés d'avance ou dépôts de garantie de toute nature et il en retiendra le montant sur le prix principal de sa vente.

Il fera également son affaire personnelle de tout droit locatif ou occupation qui se révélerait et qui n'aurait pas été porté à la connaissance du poursuivant.

L'acquéreur sera subrogé tant activement que passivement dans les droits, obligations et actions des vendeurs tels qu'ils résultent de la loi, qu'il y ait eu ou non déclaration à ce sujet dans le présent cahier des charges et conditions de vente, sans aucune garantie ni recours contre le poursuivant et l'avocat rédacteur.

Article 4 - Préemption, substitution et droits assimilés

Les droits de préemption, de substitution et assimilés conformément à la loi s'imposeront à l'acquéreur.

Si l'acquéreur est évincé par l'exercice de l'un des droits de préemption, de substitution et assimilés institués par la loi, il n'aura aucun recours contre le poursuivant à raison de l'immobilisation des sommes par lui versées ou à raison du préjudice qui pourrait lui être occasionné.

Article 5 - Assurances et abonnements divers

L'acquéreur fera son affaire personnelle de tous contrats ou abonnements relatifs à l'immeuble qui auraient pu être souscrits ou qui auraient dû l'être, sans aucun recours contre le poursuivant et l'avocat rédacteur du cahier des charges et conditions de vente.

La responsabilité du poursuivant ne peut en aucun cas être engagée en cas d'absence d'assurance.

L'acquéreur sera tenu de faire assurer l'immeuble dès la vente contre tous les risques, et notamment l'incendie, à une compagnie notoirement solvable et ce pour une somme égale au moins au prix de la vente.

En cas de sinistre avant le paiement intégral du prix, l'indemnité appartiendra de plein droit aux vendeurs à concurrence du solde dû sur ledit prix en principal et intérêts.

En cas de sinistre non garanti du fait de l'acquéreur, celui-ci n'en sera pas moins tenu de payer son prix outre les accessoires, frais et dépens de la vente.

Article 6 - Servitudes

L'acquéreur jouira des servitudes actives et souffrira toutes les servitudes passives, occultes ou apparentes, déclarées ou non, qu'elles résultent des lois ou des règlements en vigueur, de la situation des biens, de contrats, de la prescription et généralement quelles que soient leur origine ou leur nature ainsi que l'effet des clauses dites domaniales, sauf à faire valoir les unes et à se défendre des autres, à ses risques, périls, frais et fortune, sans recours contre le poursuivant, l'avocat rédacteur ou les vendeurs.

Chapitre II - Enchères

Article 7 - Réception des enchères

Les enchères ne sont portées, conformément à la loi, que par le ministère d'un avocat postulant près le tribunal de grande instance devant lequel la vente est poursuivie.

Pour porter des enchères, l'avocat devra se faire remettre tous éléments relatifs à l'état-civil ou à la dénomination de ses clients ainsi que s'enquérir, auprès du client et sur déclaration de celui-ci, de sa capacité juridique, de sa situation juridique, et s'il s'agit d'une personne morale, de la réalité de son existence, de l'étendue de son objet social et des pouvoirs de son représentant.

Article 8 - Garantie à fournir par l'acquéreur

Avant de porter les enchères, l'avocat se fait remettre par son mandant et contre récépissé une caution bancaire irrévocable ou un chèque de banque rédigé à l'ordre du séquestre désigné, représentant 10 % du montant de la mise à prix avec un minimum de 3 000 euros.

La caution ou le chèque lui est restituée, faute d'être déclaré acquéreur.

En cas de surenchère, la caution bancaire ou le chèque est restituée en l'absence de contestation de la surenchère.

Si l'acquéreur est défaillant, la somme versée ou la caution apportée est acquise aux vendeurs et à leurs créanciers ayants droit à la distribution et, le cas échéant, pour leur être distribuée avec le prix de l'immeuble.

Article 9 - Surenchère

La surenchère est formée sous la constitution d'un avocat postulant près le tribunal de grande instance compétent dans les dix jours qui suivent la vente forcée.

La surenchère est égale au dixième au moins du prix principal de vente. Elle ne peut être rétractée.

La publicité peut être effectuée par l'avocat du créancier poursuivant.

En cas de pluralité de surenchérisseurs, les formalités de publicité seront accomplies par l'avocat du premier surenchérisseur. À défaut, le créancier ayant poursuivi la première vente peut y procéder.

L'acquéreur sur surenchère doit régler les frais de la première vente en sus des frais de son adjudication sur surenchère. L'avocat du surenchérisseur devra respecter les dispositions générales en matière d'enchères.

Si au jour de la vente sur surenchère, aucune enchère n'est portée, le surenchérisseur est déclaré acquéreur pour le montant de sa surenchère.

Article 10 – Réitération des enchères

À défaut pour l'acquéreur de payer dans les délais prescrits le prix ou les frais taxés, le bien est remis en vente à la demande du poursuivant, d'un créancier inscrit ou des parties, aux conditions de la première vente.

Si le prix de la nouvelle vente est inférieur à celui de la première, l'enchérisseur défaillant sera contraint au paiement de la différence par toutes les voies de droit, selon les dispositions de l'article L. 322-12 du Code des procédures civiles d'exécution.

L'enchérisseur défaillant conserve à sa charge les frais taxés lors de la première audience de vente. Il sera tenu des intérêts au taux légal sur son enchère passé un délai de deux mois suivant la première vente jusqu'à la nouvelle vente. Le taux d'intérêt sera majoré de cinq points à l'expiration d'un délai de quatre mois à compter de la date de la première vente définitive, conformément aux dispositions de l'article L. 313-3 du Code monétaire et financier.

En aucun cas, l'enchérisseur défaillant ne pourra prétendre à la répétition des sommes versées.

Si le prix de la seconde vente est supérieur à la première, la différence appartiendra aux vendeurs.

L'acquéreur à l'issue de la nouvelle vente doit les frais afférents à celle-ci.

Chapitre III - Vente

Article 11 – Transmission de propriété

L'acquéreur sera propriétaire par le seul effet de la vente sauf exercice d'un droit de préemption ou des droits assimilés conformément à la loi.

L'acquéreur ne pourra, avant le versement du prix et le paiement des frais, accomplir un acte de disposition sur le bien à l'exception de la constitution d'une hypothèque accessoire à un contrat de prêt destiné à financer l'acquisition de ce bien.

Avant le paiement intégral du prix, l'acquéreur ne pourra faire aucun changement notable, aucune démolition ni aucune coupe extraordinaire de bois, ni commettre aucune détérioration dans les biens, à peine d'être contraint à la consignation immédiate de son prix, même par voie de réitération des enchères.

Article 12 – Désignation du séquestre

Les fonds à provenir de la vente seront séquestrés entre les mains du Bâtonnier de l'Ordre des avocats du barreau de l'avocat postulant.

Article 13 – Versement du prix de vente

Au plus tard à l'expiration du délai de deux mois à compter de la vente définitive, l'acquéreur sera tenu impérativement et à peine de réitération des enchères de verser son prix en principal entre les mains du séquestre désigné, qui en délivrera reçu.

Si le paiement intégral du prix intervient dans le délai de deux mois de la vente définitive, l'acquéreur ne sera redevable d'aucun intérêt.

Passé ce délai de deux mois, le solde du prix restant dû sera augmenté de plein droit des intérêts calculés au taux légal à compter du prononcé du jugement d'adjudication.

Le taux d'intérêt légal sera majoré de cinq points à l'expiration du délai de quatre mois du prononcé du jugement d'adjudication, conformément à l'article L. 313-3 du Code monétaire et financier.

La somme séquestrée entre les mains du séquestre désigné produira intérêts au taux de 105 % de celui servi par la Caisse des dépôts et consignations au profit des parties, à compter de l'encaissement du prix jusqu'au paiement des sommes distribuées.

En aucun cas, le séquestre ne pourra être tenu pour responsable ou garant à l'égard de quiconque des obligations de l'acquéreur, hors celle de représenter en temps voulu, la somme consignée et les intérêts produits.

L'acquéreur qui n'aura pas réglé l'intégralité du prix de la vente dans le délai de deux mois supportera le coût de l'inscription du privilège du vendeur, si bon semble au vendeur de l'inscrire, et de sa radiation ultérieure.

Article 14 – Paiement des frais de poursuites et des émoluments

Conformément à l'article 1593 du Code civil, l'acquéreur paiera entre les mains et sur les quittances de l'avocat poursuivant la vente, en sus du prix de vente et dans le délai d'un mois à compter de la vente définitive, la somme à laquelle auront été taxés les frais de poursuites et le montant des émoluments fixés selon le tarif en vigueur, majorés de la TVA applicable.

Il fournira justificatif au greffe de la quittance des frais de la vente avant l'expiration du délai de deux mois à compter de la date de l'adjudication définitive. Le titre de vente ne sera délivré par le greffe du tribunal qu'après la remise qui aura été faite de la quittance des frais de poursuite, laquelle quittance demeurera annexée au titre de vente.

Si la même vente comprend plusieurs lots vendus séparément, les frais taxables de poursuites sont répartis proportionnellement à la mise à prix de chaque lot.

Article 15 – Droits de mutation

L'acquéreur sera tenu d'acquitter, en sus de son prix, et par priorité, tous les droits d'enregistrement et autres auxquels la vente donnera lieu. Il en fournira justificatif au greffe avant l'expiration du délai de deux mois à compter de la date de l'adjudication définitive.

Si l'immeuble présentement vendu est soumis au régime de la TVA, le prix de vente est hors taxes. Dans ce cas, l'acquéreur devra verser au Trésor, d'ordre et pour le compte du vendeur et à sa décharge, en sus du prix de vente, les droits découlant du régime de la TVA dont ce dernier pourra être redevable à raison de la vente, compte tenu de ses droits à déduction, sauf à l'acquéreur à se prévaloir d'autres dispositions fiscales et, dans ce cas, le paiement des droits qui en résulterait sera libératoire.

Les droits qui pourront être dus ou perçus à l'occasion de locations ne seront à la charge de l'acquéreur que pour le temps postérieur à son entrée en jouissance, sauf son recours, s'il y a lieu, contre son locataire.

L'acquéreur fera son affaire personnelle, sans recours contre quiconque du montant et des justificatifs des droits à déduction que le vendeur pourrait opposer à l'administration fiscale.

Article 16 – Obligation solidaire des co-acquéreurs

Les co-acquéreurs et leurs ayants droit seront obligés solidairement au paiement du prix et à l'exécution des conditions de la vente.

ANNEXE C

Tableau annexé à l'article R. 122-2 du Code de l'urbanisme

<table>
<tr><th>Catégories de projets</th><th>Projets soumis à évaluation environnementale</th><th>Projets soumis à examen au cas par cas</th></tr>
<tr><td colspan="3">Installations classées pour la protection de l'environnement (ICPE)</td></tr>
<tr><td rowspan="5">1. Installations classées pour la protection de l'environnement</td><td>a) Installations mentionnées à l'article L. 515-28 du Code de l'environnement</td><td rowspan="5">a) Autres installations classées pour la protection de l'environnement soumises à autorisation.
b) Autres installations classées pour la protection de l'environnement soumises à enregistrement (pour ces installations, l'examen au cas par cas est réalisé dans les conditions et formes prévues aux articles L. 512-7-2 et R. 512-46-18 du code de l'environnement.
c) Extensions inférieures à 25 ha des carrières soumises à autorisation mentionnées par la rubrique 2510 de la nomenclature des ICPE</td></tr>
<tr><td>b) Création d'établissements entrant dans le champ de l'article L. 515-32 du code de l'environnement, et modifications faisant entrer un établissement dans le champ de cet article (*).</td></tr>
<tr><td>c) Carrières soumises à autorisation mentionnées par la rubrique 2510 de la nomenclature des installations classées pour la protection de l'environnement et leurs extensions supérieures ou égales à 25 ha.</td></tr>
<tr><td>d) Parcs éoliens soumis à autorisation mentionnés par la rubrique 2980 de la nomenclature des installations classées pour la protection de l'environnement.</td></tr>
<tr><td>e) Élevages bovins soumis à autorisation mentionnés par la rubrique 2101 (élevages de veaux de boucherie ou bovins à l'engraissement, vaches laitières) de la nomenclature des installations classées pour la protection de l'environnement.</td></tr>
</table>

Catégories de projets	Projets soumis à évaluation environnementale	Projets soumis à examen au cas par cas
	f) Stockage géologique de CO 2 soumis à autorisation mentionnés par la rubrique 2970 de la nomenclature des installations classées pour la protection de l'environnement.	
	g) Usines intégrées de première fusion de la fonte et de l'acier.	
	h) Installations d'élimination des déchets dangereux, tels que définis à l'article 3, point 2, de la directive 2008/98/CE du Parlement européen et du Conseil du 19 novembre 2008 relative aux déchets, par incinération, traitement chimique, tel que défini à l'annexe I, point D 9, de ladite directive, ou mise en décharge.	
	i) Installations destinées à l'extraction de l'amiante ainsi qu'au traitement et à la transformation de l'amiante et de produits contenant de l'amiante, à la production d'amiante et à la fabrication de produits à base d'amiante.	
Installations nucléaires de base (INB)		
2. Installations nucléaires de base (dans les conditions prévues au titre IX du livre V du présent code, notamment en matière de modification ou d'extension en application de l'article R. 593-47).	Création d'une installation, y compris pour une courte durée, démantèlement d'une installation ou passage en phase de surveillance d'une installation consacrée au stockage de déchets radioactifs, mentionnés aux articles L. 593-7, L. 593-37, L. 593-28 et L. 593-31 du code de l'environnement.	
Installations nucléaires de base secrètes (INBS)		
3. Installations nucléaires de base secrètes.	Installations soumises à une autorisation de création ou une autorisation de poursuite d'exploitation de création.	
Stockage de déchets radioactifs		
4. Forages nécessaires au stockage de déchets radioactifs.	a) Forages de plus d'un an effectués pour la recherche des stockages souterrains des déchets radioactifs, quelle que soit leur profondeur.	
	b) Forages pour l'exploitation des stockages souterrains de déchets radioactifs.	
	c) Installation et exploitation des laboratoires souterrains destinés à étudier l'aptitude des formations géologiques profondes au stockage souterrain des déchets radioactifs.	

Catégories de projets	Projets soumis à évaluation environnementale	Projets soumis à examen au cas par cas
Infrastructures de transport		
5. Infrastructures ferroviaires (les ponts, tunnels et tranchées couvertes supportant des infrastructures ferroviaires doivent être étudiés au titre de cette rubrique).	Construction de voies pour le trafic ferroviaire à grande distance.	a) Construction de voies ferroviaires principales non mentionnées à la colonne précédente de plus de 500 mètres et de voies de services de plus de 1 000 m. b) Construction de gares et haltes, plates-formes et de terminaux intermodaux.
6. Infrastructures routières (les ponts, tunnels et tranchées couvertes supportant des infrastructures routières doivent être étudiés au titre de cette rubrique). On entend par « route » une voie destinée à la circulation des véhicules à moteur, à l'exception des pistes cyclables, des voies vertes et des voies destinées aux engins d'exploitation et d'entretien des parcelles.	a) Construction d'autoroutes et de voies rapides. b) Construction d'une route à quatre voies ou plus, élargissement d'une route existante à deux voies ou moins pour en faire une route à quatre voies ou plus, lorsque la nouvelle route ou la section de route alignée et/ou élargie a une longueur ininterrompue supérieure ou égale à 10 kilomètres. c) Construction, élargissement d'une route par ajout d'au moins une voie, extension d'une route ou d'une section de route, lorsque la nouvelle route ou la section de route élargie ou étendue a une longueur ininterrompue supérieure ou égale à 10 kilomètres.	a) Construction de routes classées dans le domaine public routier de l'État, des départements, des communes et des établissements publics de coopération intercommunale non mentionnées aux b) et c) de la colonne précédente. b) Construction d'autres voies non mentionnées au a) mobilisant des techniques de stabilisation des sols et d'une longueur supérieure à 3 km. En Guyane, ce seuil est porté à 30 km pour les projets d'itinéraires de desserte des bois et forêts mentionnés au premier alinéa de l'article L. 272-2 du code forestier, figurant dans le schéma pluriannuel de desserte forestière annexé au programme régional de la forêt et du bois mentionné à l'article L. 122-1 du code forestier et au 26° du I de l'article R. 122-17 du code de l'environnement. c) Construction de pistes cyclables et voies vertes de plus de 10 km.
7. Transports guidés de personnes (les ponts, tunnels et tranchées couvertes supportant des transports guidés de personnes doivent être étudiés au titre de cette rubrique).	Tramways, métros aériens et souterrains, funiculaires ou lignes analogues.	a) Lignes suspendues ou lignes analogues de type particulier servant exclusivement ou principalement au transport des personnes, y compris gares.
		b) Gares de tramways, de métros aériens et souterrains, de funiculaires.
8. Aérodromes. On entend par « aérodrome » : un aérodrome qui correspond à la définition donnée par la convention de Chicago de 1944 constituant l'Organisation de l'aviation civile internationale (annexe 14).	Construction d'aérodromes dont la piste de décollage et d'atterrissage a une longueur d'au moins 2 100 mètres.	Construction d'aérodromes non mentionnés à la colonne précédente.

Catégories de projets	Projets soumis à évaluation environnementale	Projets soumis à examen au cas par cas
Milieux aquatiques, littoraux et maritimes		
9. Infrastructures portuaires, maritimes et fluviales.	a) Voies navigables et ports de navigation intérieure permettant l'accès de bateaux de plus de 1 350 tonnes.	a) Construction de voies navigables non mentionnées à la colonne précédente.
	b) Ports de commerce, quais de chargement et de déchargement reliés à la terre et avant-ports (à l'exclusion des quais pour transbordeurs) accessibles aux bateaux de plus de 1 350 tonnes.	b) Construction de ports et d'installations portuaires, y compris de ports de pêche (projets non mentionnés à la colonne précédente).
	c) Ports de plaisance d'une capacité d'accueil supérieure ou égale à 250 emplacements.	c) Ports de plaisance d'une capacité d'accueil inférieure à 250 emplacements.
		d) Zones de mouillages et d'équipements légers.
10. Canalisation et régularisation des cours d'eau.		Ouvrages de canalisation, de reprofilage et de régularisation des cours d'eau s'ils entraînent une artificialisation du milieu sous les conditions de respecter les critères et seuils suivants : – installations, ouvrages, travaux ou activités conduisant à modifier le profil en long ou le profil en travers du lit mineur d'un cours d'eau sur une longueur de cours d'eau supérieure ou égale à 100 m ; – consolidation ou protection des berges, par des techniques autres que végétales vivantes sur une longueur supérieure ou égale à 200 m ; – installations, ouvrages, travaux ou activités, dans le lit mineur d'un cours d'eau, étant de nature à détruire les frayères, les zones de croissance ou les zones d'alimentation de la faune piscicole, des crustacés et des batraciens, ou dans le lit majeur d'un cours d'eau, étant de nature à détruire les frayères de brochet pour la destruction de plus de 200 m^2 de frayères ; – installations, ouvrages, travaux ou activités conduisant à la dérivation d'un cours d'eau sur une longueur supérieure ou égale à 100 m.
11. Travaux, ouvrages et aménagements en zone côtière.		a) Ouvrages et aménagements côtiers destinés à combattre l'érosion et travaux maritimes susceptibles de modifier la côte par la construction notamment de digues, de môles, de jetées, d'enrochements, d'ouvrages de défense contre la mer et d'aménagements côtiers constituant un système d'endiguement. b) Reconstruction d'ouvrages ou aménagements côtiers existants.
12. Récupération de territoires sur la mer.		Tous travaux de récupération de territoires sur la mer.

Catégories de projets	Projets soumis à évaluation environnementale	Projets soumis à examen au cas par cas
13. Travaux de rechargement de plage.		Tous travaux de rechargement de plage.
14. Travaux, ouvrages et aménagements dans les espaces remarquables du littoral et mentionnés au 2 et au 4 du R. 121-5 du code de l'urbanisme.		Tous travaux, ouvrages ou aménagements.
15. Récifs artificiels.		Création de récifs artificiels.
16. Projets d'hydraulique agricole, y compris projets d'irrigation et de drainage de terres.		a) Projets d'hydraulique agricole y compris projets d'irrigation et de drainage de terres, sur une superficie supérieure ou égale à 100 ha.
		b) Projets d'hydraulique agricole nécessitant l'assèchement, la mise en eau, l'imperméabilisation, le remblaiement de zones humides ou de marais, la zone asséchée ou mise en eau étant d'une surface supérieure ou égale à 1 ha.
		c) Projets d'irrigation nécessitant un prélèvement supérieur ou égal à 8 m^3/h dans une zone où des mesures permanentes de répartition quantitative ont été instituées.
17. Dispositifs de captage et de recharge artificielle des eaux souterraines (telles que définies à l'article 2.2 de la directive 2000/60/CE).	Dispositifs de captage ou de recharge artificielle des eaux souterraines lorsque le volume annuel d'eaux à capter ou à recharger est supérieur ou égal 10 millions de mètres cubes.	a) Dispositifs de recharge artificielle des eaux souterraines (non mentionnés dans la colonne précédente). b) Dispositifs de captage des eaux souterraines, lorsque le volume annuel prélevé est inférieur à 10 millions de mètres cubes et supérieur ou égal à 200 000 mètres cubes, excepté en zone où des mesures permanentes de répartition quantitative instituées ont prévu l'abaissement des seuils. c) Dispositifs de captage des eaux souterraines en nappe d'accompagnement : – d'une capacité totale maximale supérieure ou égale à 1 000 m^3/heure ou à 5 % du débit du cours d'eau ou, à défaut, du débit global d'alimentation du canal ou du plan d'eau ; – lorsque le débit du cours d'eau en période d'étiage résulte, pour plus de moitié, d'une réalimentation artificielle. Toutefois, en ce qui concerne la Seine, la Loire, la Marne et l'Yonne, le seuil à utiliser est une capacité de prélèvement supérieure à 80 m^3/heure. d) Dispositifs de captage des eaux souterraines en zone où des mesures permanentes de répartition quantitative instituées ont prévu l'abaissement des seuils, lorsque la capacité totale est supérieure ou égale à 8 m^3/heure.

Catégories de projets	Projets soumis à évaluation environnementale	Projets soumis à examen au cas par cas
18. Dispositifs de prélèvement des eaux de mer.		Tous dispositifs dont le prélèvement est supérieur ou égal à 30 m^3 par heure d'eau de mer.
19. Rejet en mer.		Rejet en mer dont le débit est supérieur ou égal à 30 m^3/h.
20. Travaux, ouvrages et aménagements réalisés en vue de l'exploitation d'eau destinée à la consommation humaine dans une forêt de protection.		Tous travaux, ouvrages et aménagements réalisés en vue de l'exploitation d'eau destinée à la consommation humaine dans une forêt de protection, à l'exclusion des travaux de recherche.
21. Barrages et autres installations destinées à retenir les eaux ou à les stocker.	Barrages et autres installations destinées à retenir les eaux ou à les stocker de manière durable lorsque le nouveau volume d'eau ou un volume supplémentaire d'eau à retenir ou à stocker est supérieur ou égal à 1 million de m^3 ou lorsque la hauteur au-dessus du terrain naturel est supérieure ou égale à 20 mètres.	Barrages et autres installations destinées à retenir les eaux ou à les stocker de manière durable non mentionnés à la colonne précédente : a) Barrages de classes B et C pour lesquels le nouveau volume d'eau ou un volume supplémentaire d'eau à retenir ou à stocker est inférieur à 1 million de m^3. b) Plans d'eau permanents dont la superficie est supérieure ou égale à 3 ha pour lesquels le nouveau volume d'eau ou un volume supplémentaire d'eau à retenir ou à stocker est inférieur à 1 million de m^3. c) Réservoirs de stockage d'eau « sur tour » (château d'eau) d'une capacité égale ou supérieure à 1 000 m^3. d) Installations et ouvrages destinés à retenir les eaux ou à les stocker, constituant un obstacle à la continuité écologique ou à l'écoulement des crues, entraînant une différence de niveau supérieure ou égale à 50 cm pour le débit moyen annuel de la ligne d'eau entre l'amont et l'aval du barrage ou de l'installation. e) Ouvrages construits ou aménagés en vue de prévenir les inondations et les submersions tels que les systèmes d'endiguement au sens de l'article R. 562-13 du code de l'environnement. f) Ouvrages construits ou aménagés en vue de prévenir les inondations et les submersions tels que les aménagements hydrauliques au sens de l'article R. 562-18 du code de l'environnement.
22. Installation d'aqueducs sur de longues distances.		Canalisation d'eau dont le produit du diamètre extérieur avant revêtement par la longueur est supérieur ou égal à 2 000 m^2.

Catégories de projets	Projets soumis à évaluation environnementale	Projets soumis à examen au cas par cas
23. Ouvrages servant au transvasement des ressources hydrauliques entre bassins fluviaux au sens de la directive 2000/60/CE. Dans les deux cas, les transvasements d'eau potable amenée par canalisation sont exclus.	a) Ouvrages servant au transvasement de ressources hydrauliques entre bassins fluviaux lorsque cette opération vise à prévenir d'éventuelles pénuries d'eau et que le volume annuel des eaux transvasées est supérieur ou égal à 100 millions de m^3. b) Dans tous les autres cas, ouvrages servant au transvasement de ressources hydrauliques entre bassins fluviaux lorsque le débit annuel moyen, sur plusieurs années, du bassin de prélèvement dépasse 2 000 millions de m^3 et que le volume des eaux transvasées dépasse 5 % de ce débit.	Ouvrages servant au transvasement des ressources hydrauliques entre bassins fluviaux non mentionnés dans la colonne précédente dont le débit est supérieur ou égal à 1 m^3/s.
24. Système de collecte et de traitement des eaux résiduaires. On entend par « un équivalent habitant (EH) » : la charge organique biodégradable ayant une demande biochimique d'oxygène en cinq jours (DBO5) de 60 grammes d'oxygène par jour.	Système d'assainissement dont la station de traitement des eaux usées est d'une capacité est supérieure ou égale à 150 000 équivalents-habitants.	a) Système d'assainissement dont la station de traitement des eaux usées est d'une capacité inférieure à 150 000 équivalents-habitants et supérieure ou égale à 10 000 équivalents-habitants. b) Système d'assainissement situé dans la bande littorale de cent mètres prévue à l'article L. 121-16 du code de l'urbanisme, dans la bande littorale prévue à l'article L. 121-45 de ce code, ou un espace remarquable du littoral prévu à l'article L. 121-23 du même code.
25. Extraction de minéraux par dragage marin ou fluvial.	Extraction de minéraux par dragage marin : ouverture de travaux d'exploitation concernant les substances minérales ou fossiles contenues dans les fonds marins du domaine public, de la zone économique exclusive et du plateau continental.	a) Dragage et/ou rejet y afférent en milieu marin : – dont la teneur des sédiments extraits est supérieure ou égale au niveau de référence N2 pour l'un au moins des éléments qui y figurent ; – dont la teneur des sédiments extraits est comprise entre les niveaux de référence N1 et N2 pour l'un des éléments qui y figurent : i) et, sur la façade métropolitaine Atlantique-Manche-mer du Nord et lorsque le rejet est situé à 1 kilomètre ou plus d'une zone conchylicole ou de cultures marines dont le volume maximal in situ dragué au cours de douze mois consécutifs est supérieur ou égal à 50 000 m^3 ; ii) et, sur les autres façades ou lorsque le rejet est situé à moins de 1 km d'une zone conchylicole ou de cultures marines dont le volume maximal in situ dragué au cours de douze mois consécutifs est supérieur ou égal à 5 000 m^3 ; – dont la teneur des sédiments extraits est inférieure ou égale au niveau de référence N1 pour l'ensemble des éléments qui y figurent et dont le volume in situ dragué au cours de douze mois consécutifs est supérieur ou égal à 500 000 m^3.

Catégories de projets	Projets soumis à évaluation environnementale	Projets soumis à examen au cas par cas
		b) Entretien d'un cours d'eau ou de canaux, à l'exclusion de l'entretien mentionné à l'article L. 215-14 du code de l'environnement réalisé par le propriétaire riverain, le volume des sédiments extraits étant au cours d'une année : – supérieure à 2 000 m^3 ; – inférieure ou égal à 2 000 m^3 dont la teneur des sédiments extraits est supérieure ou égale au niveau de référence S1.
26. Stockage et épandages de boues et d'effluents.		a) Plan d'épandage de boues relevant de l'article R. 214-1 du même code et comprenant l'ensemble des installations liées à l'épandage de boues et les ouvrages de stockage de boues, dont la quantité de matière sèche est supérieure à 800 t/an ou azote total supérieur à 40 t/an.
		b) Épandages d'effluents ou de boues relevant de l'article R. 214-1 du même code, la quantité d'effluents ou de boues épandues présentant les caractéristiques suivantes : azote total supérieur à 10 t/an ou volume annuel supérieur à 500 000 m^3/an ou DBO5 supérieure à 5 t/an.
	Forages et mines	
27. Forages en profondeur à l'exception des forages pour étudier la stabilité des sols.	Forages d'exploration ou d'exploitation d'hydrocarbures liquides ou gazeux.	a) Forages pour l'approvisionnement en eau d'une profondeur supérieure ou égale à 50 mètres ; b) Forages pour l'exploration de mines, à l'exception des forages isolés n'excédant pas 100 mètres de profondeur ; c) Forages pour l'exploitation de mines, à l'exception des forages de surveillance isolés n'excédant pas 100 mètres de profondeur ; d) Forages pour l'exploration ou l'exploitation de gîtes géothermiques, à l'exception des gîtes géothermiques de minime importance ; e) Forages de puits pour les stockages souterrains de gaz naturel, d'hydrocarbures liquides, liquéfiés ou gazeux, d'hydrogène, de produits chimiques à destination industrielle ; f) Autres forages en profondeur de plus de 100 mètres, à l'exclusion des forages géothermiques de minime importance, au sens de l'article L. 112-3 du code minier.

Catégories de projets	Projets soumis à évaluation environnementale	Projets soumis à examen au cas par cas
28. Exploration et exploitation minière.	a) Exploitation et travaux miniers à ciel ouvert : travaux d'exploitation de mines, y compris ceux relevant de l'article L. 611-1 du code minier, de haldes et de terrils lorsque la surface totale dépasse 25 hectares ; b) Exploitation et travaux miniers souterrains : travaux de création et d'aménagement de cavités souterraines naturelles ou artificielles ou de formations souterraines naturelles présentant les qualités requises pour constituer des réservoirs étanches ou susceptibles d'être rendus tels, en vue du stockage de gaz naturel, d'hydrocarbures liquides, liquéfiés ou gazeux, d'hydrogène ou de produits chimiques à destination industrielle.	a) Travaux de recherche de mines à ciel ouvert : – lorsqu'ils doivent être effectués sur des terrains humides ou des marais à l'exception, en Guyane, de travaux de recherche exécutés, à terre, sans utilisation directe de l'énergie mécanique fournie par l'action d'une machine ; – lorsqu'il est prévu que les travaux provoquent un terrassement total d'un volume supérieur à 20 000 mètres cubes ; – lorsqu'ils entraînent la dissolution de certaines couches du sous-sol ; b) Travaux d'exploitation de mines à ciel ouvert, y compris ceux relevant de l'article L. 611-1 du code minier, de haldes et de terrils lorsque la surface totale est inférieure ou égale à 25 hectares ; c) Exploitation et travaux miniers souterrains : – travaux d'exploitation de mines ; – travaux de recherche et d'exploitation des gîtes géothermiques de plus de 200 mètres de profondeurs ou dont la puissance thermique récupérée dans l'ensemble de l'installation est supérieure ou égale à 500 kW ; – mise en exploitation d'un stockage souterrain de gaz naturel, d'hydrocarbures liquides, liquéfiés ou gazeux, d'hydrogène ou de produits chimiques à destination industrielle ; – essai d'injection et de soutirage effectué en nappe aquifère contenant ou en contact avec de l'eau potable ou qui peut être rendue potable, réalisé avec un produit qui n'est pas reconnu sans danger pour l'alimentation humaine ou animale.
	Énergie	
29. Installations destinées à la production d'énergie hydroélectrique.	Installations d'une puissance maximale brute totale supérieure à 4,5 MW.	Nouvelles installations d'une puissance maximale brute totale inférieure ou égale à 4,50 MW. Augmentation de puissance de plus de 20 % des installations existantes.
30. Installations photovoltaïques de production d'électricité (hormis celles sur toitures, ainsi que celles sur ombrières situées sur des aires de stationnement)	Installations d'une puissance égale ou supérieure à 1 MWc, à l'exception des installations sur ombrières	Installations d'une puissance égale ou supérieure à 300 kWc

Catégories de projets	Projets soumis à évaluation environnementale	Projets soumis à examen au cas par cas
31. Installation en mer de production d'énergie.	Éolienne en mer.	Toute autre installation.
32. Construction de lignes électriques aériennes en haute et très haute tension.	Construction de lignes électriques aériennes de très haute tension (HTB 2 et 3) et d'une longueur égale ou supérieure à 15 km.	Construction de lignes électriques aériennes en haute tension (HTB 1), et construction de lignes électriques aériennes en très haute tension (HTB 2 et 3) inférieure à 15 km. Postes de transformation dont la tension maximale de transformation est égale ou supérieure à 63 kilovolts, à l'exclusion des opérations qui n'entraînent pas d'augmentation de la surface foncière des postes.
33. Lignes électriques sous-marines en haute et très haute tension.	Construction de lignes électriques en haute et très haute tension (HTB) en milieu marin.	
34. Autres câbles en milieu marin.		Autres câbles en milieu marin installés sur le domaine public maritime, la zone économique exclusive ou sur le plateau continental.
35. Canalisations de transport d'eau chaude de température inférieure à 120 C° ou d'eau de refroidissement.		Canalisations dont le produit du diamètre extérieur avant revêtement par la longueur du réseau de transport aller et retour est supérieur ou égal à 10 000 m^2.
36. Canalisations de transport de vapeur d'eau ou d'eau surchauffée de température égale ou supérieure à 120 °C.		Canalisations dont le produit du diamètre extérieur avant revêtement par la longueur du réseau de transport aller et retour est supérieur ou égal à 4 000 m^2.
37. Canalisations de transport de gaz inflammables, nocifs ou toxiques, et de dioxyde de carbone en vue de son stockage géologique.	Canalisations dont le diamètre extérieur avant revêtement est supérieur à 800 millimètres et dont la longueur est supérieure à 40 kilomètres, y compris stations de compression pour le dioxyde de carbone.	Canalisations dont le produit du diamètre extérieur avant revêtement par la longueur est supérieur ou égal à 500 m^2, ou dont la longueur est égale ou supérieure à 2 kilomètres.
38. Canalisations de transport de fluides autres que ceux visés aux rubriques 22 et 35 à 37.	Canalisations de transport de pétrole et de produits chimiques dont le diamètre extérieur avant revêtement est supérieur à 800 millimètres et dont la longueur est supérieure à 40 kilomètres.	Canalisations dont le produit du diamètre extérieur avant revêtement par la longueur est supérieur ou égal à 500 m^2, ou dont la longueur est égale ou supérieure à 2 kilomètres.

Catégories de projets	Projets soumis à évaluation environnementale	Projets soumis à examen au cas par cas
	Travaux, ouvrages, aménagements ruraux et urbains	
39. Travaux, constructions et opérations d'aménagement.	a) Travaux et constructions créant une emprise au sol au sens de l'article R.* 420-1 du Code de l'urbanisme supérieure ou égale à 40 000 m² dans un espace autre que : – les zones mentionnées à l'article R. 151-18 du code de l'urbanisme, lorsqu'un plan local d'urbanisme est applicable ; – les secteurs où les constructions sont autorisées au sens de l'article L. 161-4 du même code, lorsqu'une carte communale est applicable ; – les parties urbanisées de la commune au sens de l'article L. 111-3 du même code, en l'absence de plan local d'urbanisme et de carte communale applicable ;	a) Travaux et constructions qui créent une surface de plancher au sens de l'article R. 111-22 du code de l'urbanisme ou une emprise au sol au sens de l'article R.* 420-1 du même code supérieure ou égale à 10 000 m² ;
	b) Opérations d'aménagement dont le terrain d'assiette est supérieur ou égal à 10 ha ;	
	c) Opérations d'aménagement créant une emprise au sol au sens de l'article R.* 420-1 du code de l'urbanisme supérieure ou égale à 40 000 m² dans un espace autre que : – les zones mentionnées à l'article R. 151-18 du code de l'urbanisme lorsqu'un plan local d'urbanisme est applicable ; – les secteurs où les constructions sont autorisées au sens de l'article L. 161-4 du même code, lorsqu'une carte communale est applicable ; – les parties urbanisées de la commune au sens de l'article L. 111-3 du même code, en l'absence de plan local d'urbanisme et de carte communale applicable.	b) Opérations d'aménagement dont le terrain d'assiette est compris entre 5 et 10 ha, ou dont la surface de plancher au sens de l'article R. 111-22 du code de l'urbanisme ou l'emprise au sol au sens de l'article R.* 420-1 du même code est supérieure ou égale à 10 000 m².
40. Villages de vacances et aménagements associés.	Villages de vacances et aménagements associés dont les travaux créent une surface de plancher supérieure ou égale à 40 000 m² ou dont le terrain d'assiette couvre une superficie supérieure ou égale 10 hectares.	Villages de vacances et aménagements associés dont les travaux créent une surface de plancher supérieure ou égale 10 000 m² ou dont le terrain d'assiette couvre une superficie supérieure ou égale 3 ha.
41. Aires de stationnement ouvertes au public, dépôts de véhicules et garages collectifs de caravanes ou de résidences mobiles de loisirs.		a) Aires de stationnement ouvertes au public de 50 unités et plus.
		b) Dépôts de véhicules et garages collectifs de caravanes ou de résidences mobiles de loisirs de 50 unités et plus.

Catégories de projets	Projets soumis à évaluation environnementale	Projets soumis à examen au cas par cas
42. Terrains de camping et caravanage.	Terrains de camping et de caravanage permettant l'accueil de plus de 200 emplacements de tentes, caravanes, résidences mobiles de loisirs ou d'habitations légères de loisirs.	a) Terrains de camping et de caravanage permettant l'accueil de 7 à 200 emplacements de tentes, caravanes, résidences mobiles de loisirs ou d'habitations légères de loisirs.
		b) Aires naturelles de camping et de caravanage permettant l'accueil de 7 à 30 emplacements de tentes, caravanes.
43. Pistes de ski, remontées mécaniques et aménagements associés.	a) Création de remontées mécaniques ou téléphériques transportant plus de 1 500 passagers par heure.	a) Remontées mécaniques ou téléphériques transportant moins de 1 500 passagers par heure à l'exclusion des remontées mécaniques démontables et transportables et des tapis roulants mentionnés à l'article L. 342-17-1 du code du tourisme.
	b) Pistes de ski (y compris les pistes dédiées à la luge lorsque celles-ci ne comportent pas d'installation fixes d'exploitation permanente) d'une superficie supérieure ou égale à 2 hectares en site vierge ou d'une superficie supérieure ou égale à 4 hectares hors site vierge.	b) Pistes de ski (y compris les pistes dédiées à la luge lorsque celles-ci ne comportent pas d'installation fixes d'exploitation permanente) d'une superficie inférieure à 2 hectares en site vierge ou d'une superficie inférieure à 4 hectares hors site vierge.
	c) Installations et aménagements associés permettant d'enneiger une superficie supérieure ou égale à 2 hectares en site vierge ou d'une superficie supérieure ou égale à 4 hectares hors site vierge.	c) Installations et aménagements associés permettant d'enneiger une superficie inférieure à 2 hectares en site vierge ou une superficie inférieure à 4 hectares hors site vierge.
	Pour la rubrique 43, est considéré comme « site vierge » un site non accessible gravitairement depuis les remontées mécaniques ou du fait de la difficulté du relief, ou accessible gravitairement depuis les remontées mécaniques mais ne revenant pas gravitairement sur une piste de ski ou un départ de remontée mécanique du même domaine skiable au sens de l'article R. 122-10 du code de l'urbanisme. (1)	
44. Équipements sportifs, culturels ou de loisirs et aménagements associés.		a) Pistes permanentes de courses, d'essais et de loisirs pour véhicules motorisés. b) Parcs d'attractions à thème et attractions fixes. c) Terrains de golf et aménagements associés d'une superficie supérieure à 4 hectares. d) Autres équipements sportifs, culturels ou de loisirs et aménagements associés.
45. Opérations d'aménagements fonciers agricoles et forestiers mentionnées au 1° de l'article L. 121-1 du code rural et de la pêche maritime, y compris leurs travaux connexes.	Toutes opérations.	

Catégories de projets	**Projets soumis à évaluation environnementale**	**Projets soumis à examen au cas par cas**
46. Projets d'affectation de terres incultes ou d'étendues semi-naturelles à l'exploitation agricole intensive.		a) Projets d'affectation de plus de 4 hectares de terres non cultivées à l'exploitation agricole intensive.
		b) Projets d'affectation de plus de 4 hectares d'étendues semi-naturelles à l'exploitation agricole intensive.
47. Premiers boisements et déboisements en vue de la reconversion de sols.	a) Défrichements portant sur une superficie totale, même fragmentée, égale ou supérieure à 25 hectares.	a) Défrichements soumis à autorisation au titre de l'article L. 341-3 du code forestier en vue de la reconversion des sols, portant sur une superficie totale, même fragmentée, de plus de 0,5 hectare.
	b) Pour La Réunion et Mayotte, dérogations à l'interdiction générale de défrichement, mentionnée aux articles L. 374-1 et L. 375-4 du code forestier, ayant pour objet des opérations d'urbanisation ou d'implantation industrielle ou d'exploitation de matériaux.	b) Autres déboisements en vue de la reconversion des sols, portant sur une superficie totale, même fragmentée, de plus de 0,5 hectare. En Guyane, ce seuil est porté à 20 ha dans les zones classées agricoles par un plan local d'urbanisme ayant fait l'objet d'une évaluation environnementale ou, en l'absence d'un tel plan local d'urbanisme, dans le schéma d'aménagement régional.
		c) Premiers boisements d'une superficie totale de plus de 0,5 hectare.
48. Crématoriums.		Toute création ou extension.

Index

D

E

R

S

T

Table des matières

Editions
LE MONITEUR
Une marque du groupe
infoprodigital

Le groupe Infopro Digital, certifié ISO 14001,
est engagé dans une démarche environnementale.
Cet ouvrage est imprimé en France sur un papier issu de forêts gérées durablement.

Achevé d'imprimer sur les presses SEPEC Numérique
"les Bruyères", 01960 Péronnas France
Dépôt légal : avril 2024

PEFC 10-31-3532